2024

TERMINE MIT GOTT

366 Tage mit der Bibel

BRUNNEN
NEUKIRCHENER VERLAG

Herausgeber: Hansjörg Kopp, Generalsekretär CVJM Deutschland e.V.

Redaktion: Holger Noack, Jörg Kailus
Lektorat: Uwe Bertelmann

Erstellung des Bibelleseplans
Ökumenische Arbeitsgemeinschaft für Bibellesen
Caroline-Michaelis-Str. 1, 10115 Berlin

FSC MIX Papier | Fördert gute Waldnutzung FSC® C083411 www.fsc.org

2023 Brunnen Verlag Gießen und CVJM-Gesamtverband in Deutschland e.V.
Umschlagfotos:
Tb: mauritius images / Mirko Costantini
HC: Adobe Stock
Fotos Innenteil: Adobe Stock
Umschlaggestaltung: Jonathan Maul
Gestaltung der Monatssprüche: Jonathan Maul
Satz: Uhl+Massopust, Aalen
Herstellung: CPI books GmbH, Leck

Kartonierte Ausgabe
ISBN 978-3-7655-3074-6 (Brunnen)
ISBN 978-3-7615-6907-8 (Neukirchener)

Gebundene Ausgabe
ISBN 978-3-7655-0634-5 (Brunnen)
ISBN 978-3-7615-6908-5 (Neukirchener)

Elektronische Ausgaben:
ISBN 978-3-7655-3634-2 (E-Book)

Jahreslosung 2024
Alles, was ihr tut,
geschehe in Liebe.
1. Korinther 16,14 (E)

Inhalt

Vorwort

Alles in Liebe

Liebe Leserin, lieber Leser,
alles Liebe, oder was? Ja, in der Tat: Alles, was ihr tut, geschehe in, mit, durch, umgeben von, geprägt von, durchdrungen von Liebe. Das ist eine wunderbare Jahreslosung. So einfach und so klar. So schön und eingängig. Die hängt man sich gerne an die eigene Haustür, die Kirchentür oder nutzt sie für Internetauftritte.
Ein einfacher Satz des Apostels Paulus aus 1 Kor 16, der zeigt, weshalb es so wichtig und hilfreich ist, in der Bibel zu lesen, um einen Blick für das Größere zu bekommen, Zusammenhänge zu verstehen. Und der zugleich zeigt: Was wir lesen, sagen, schreiben, muss ins Leben kommen. Sonst werden wir schnell zu einem „scheppernden Becken“ bzw. einem „tönenden Erz“, wie Paulus in 1. Korinther 13 über fehlende Liebe schreibt.
Beziehungsstatus „kompliziert“ könnte man über das Miteinander von Paulus und der christlichen Gemeinde in Korinth sagen: Grüppchenbildung, Eifersucht, Frömmeleien und hinterhältige Aussagen über Anwesende und vor allem Nichtanwesende.
Am Ende seines langen Briefes schreibt Paulus das den Verantwortlichen, letztlich der gesamten Gemeinde in Korinth ins Stammbuch: Alles (!) geschehe in Liebe. In dieser selbstlosen Liebe (Agape), von der in der Bibel so viel zu lesen ist.
Wenn man tiefer einsteigt in den 1. Korintherbrief – und das ist für dieses Jahr im ökumenischen Bibelleseplan, der *Termine mit Gott* zugrunde liegt, vorgesehen –, dann kann man nach und nach verstehen, weshalb Paulus so hartnäckig eine Selbstverständlichkeit einfordert. Vielleicht schmerzt es gerade deshalb so stark. Deutlich wird in diesen Worten nämlich nicht nur, wie wir leben sollen, sondern auch, was leider zu selten gelingt. Wir bekommen den Spiegel vorgehalten.
Paulus beschreibt im 1. Korintherbrief, wie wunderbar die Liebe ist, nämlich langmütig und freundlich und vieles mehr. Paulus hat

seine Briefe meist diktiert. Diesen fulminanten 1. Korintherbrief beendet er mit einer persönlichen Unterschrift. Damit verstärkt er die Bedeutung des Geschriebenen nochmals. Zugleich zeigt dies die wunderbare Lebendigkeit und Einzigartigkeit der Bibel. Geschrieben meist in einer besonderen historischen Situation hat Gottes Geist z.B. die Briefe des Paulus zu einem Teil der Bibel, seinem Wort, gemacht. Weder die Korinther noch Paulus ahnten, dass wir dadurch heute noch inspiriert, ermutigt, herausgefordert werden.
Und noch eines ist deutlich: Es ist nicht nur wichtig, dass wir in der Bibel lesen, sondern dass sie ins Leben kommt. Es würde niemandem helfen, wenn wir nur lesen würden, dass alles in Liebe geschehen soll. Denn auch Christinnen und Christen sind gefährdet: zu wissen, dass alles in Liebe geschehen soll, und es kommt nicht dazu. Damit ist nicht gemeint, dass es uns nicht immer gelingt, sondern wir es erst gar nicht tun, obwohl wir doch wissen...
Deshalb: Liebt! Alles, was ihr tut, geschehe in Liebe – auch das Lesen in der Bibel aus Liebe zu Gott und seinem Wort und zu Menschen. Wenn wir glauben, dass die Bibel Kraft hat, das Leben zu verändern, dann gilt das zuerst für das eigene. Die Frage, die unser Handeln und Reden, unser Tun und Lassen begleiten soll, ist: „Steckt Liebe drin"? Und wenn nicht, dann lohnt es sich, solche Gedanken, Gespräche etc. zu lassen. Nur Mut.
In diesem Sinne: Auch diese Ausgabe von „Termine mit Gott" ist eine Hilfe, um den Liebesratgeber Gottes besser zu verstehen. Es lohnt sich, darin regelmäßig zu lesen. Ein herzlicher Dank gilt allen, die diese Ausgabe der Termine mit Gott möglich gemacht haben als Autorinnen und Autoren, Redakteure und im Verlag vor und hinter den Kulissen. Alle verbindet die Liebe zu Gott, seinem Wort und zu den Menschen. Möge der dreieinige Gott Ihnen beim Lesen der Bibel in diesem Jahr spezielle Momente schenken, Momente des Segens, der Hoffnung, der Ermutigung, der Herausforderung und des Trostes.

Herzlich Ihr
Hansjörg Kopp,
Generalsekretär des CVJM Deutschland

Monatsspruch Januar

Junger Wein gehört
in neue Schläuche.

Markus 2,22 (E)

Ein Startschritt

Psalm 89,1-19 **Neujahr, 1.**

Singend in das neue Jahr gehen. Mit einem Lied von der Zuverlässigkeit Gottes. Gott ist kein wankelmütiger, unzuverlässiger Gott, der heute so und morgen anders handelt. Gott ist beständig und treu. Das kann der Beter sehen an der Schöpfung und am Weg durch die Geschichte. Für ewig steht die Gnade fest. Ja, das kann ich auch bezeugen, denn ich habe ja das Zeichen der ewigen Gnade Gottes vor Augen – das Kreuz des Herrn Jesus Christus. Am Kreuz hat Gott Frieden gemacht, am Kreuz hat Gott sich selbst auf Vergebung festgelegt. Das ist sicherer Grund im Himmel und auf Erden. Darum singen auch Himmel und Erde das Lied von der Treue Gottes. Darum ruft mich jeder neue Tag in den Dank, in das Lob dieses treuen Herrn. Gott ist treu – dieses Bekenntnis zu hören und mir vorzusprechen am Anfang des Jahres tut einfach gut.

„Ich will singen dem Herrn, ich will singen, will spielen dem Herrn, dem Gott Israels.“ *Richter 5,3*

Das Markusevangelium: drei Wege durch das Evangelium

Das Markusevangelium ist wie eine theologische Schatzsuche, bei der die Leser und Leserinnen immer ein wenig mehr wissen als die Beteiligten, aber der Schatz erst am Ende gefunden wird. Das Markusevangelium lässt sich dreifach gliedern, wobei jede Gliederung unterschiedliche Schwerpunkte setzt und so eine unterschiedliche Dynamik der Gesamterzählung bewirkt.

1. Die geografische Gliederung

Markus, das wohl älteste der vier biblischen Evangelien, ordnet das Wirken Jesu drei unterschiedlichen Gegenden zu:
Markus 1–9 erzählt, wie Jesus in Galiläa wirkt. Er sammelt seine Jünger und gerät in erste Auseinandersetzungen mit seinen

Gegnern, die sogar zu einem ersten Todesbeschluss führen (3,6). Er vollbringt Wunder, heilt Menschen, treibt Dämonen aus. Er spricht in Gleichnissen, die nur die verstehen, die ihm nachfolgen (4,11). Er schult seine Jünger, sodass Petrus bekennt: „Du bist der Christus“ (8,29).

Markus 10 berichtet von der Reise Jesu nach Jerusalem, auf der er seinen Jüngern das Wesen der Nachfolge noch einmal vertiefend erklärt und die mit der Heilung des Bartimäus (10,46-52) endet.

Markus 11–16 schildert Jesu letzte Woche in Jerusalem. Sein triumphaler Einzug, die Streitgespräche mit seinen Gegnern, die Endzeitrede (Kap 13). Jesu letztes Abendmahl mit seinen Jüngern, seine Gefangennahme und Verurteilung. Seine Kreuzigung und seinen Tod. Und schließlich: das Auffinden des leeren Grabes, die Botschaft des Engels und das rätselhafte Schweigen der Frauen (16,1-8).

2. Die „Sohn Gottes“-Gliederung

An vier Stellen wird Jesus ausdrücklich als Sohn Gottes bezeichnet. Dabei weitet sich der Kreis derer aus, die diese Wahrheit über Jesus hören.

In **1,11** wird Jesus bei seiner Taufe von einer Himmelsstimme zugesprochen: „**Du bist mein lieber Sohn.**“

In **9,7** wird den Jüngern, die Jesus bei seiner Verklärung begleiten, durch eine Himmelsstimme die Wahrheit über ihn verkündet: **„Das ist mein lieber Sohn, den sollt ihr hören!“**

Bei dem Verhör vor dem Hohen Rat wird Jesus gefragt: „Bist du der Christus, der Sohn des Hochgelobten?“ (14,61). Worauf Jesus antwortet: „Ich bin’s“. **(14,62)**

Nach dem Tod Jesu bekennt der römische Hauptmann, der die Kreuzigung beaufsichtigt hat: **„Wahrlich, dieser Mensch ist Gottes Sohn gewesen!“ (15,39)**.

Diese fortschreitende Offenbarung Jesu als Sohn Gottes verdeutlicht zum einen die unbedingte Autorität, in der Jesus redet und wirkt, aber zugleich auch den unbedingten Gehorsam Jesu gegenüber Gott, seinem Vater.

3. Die „Christus"-Gliederung
Von 1,1 leitet sich eine zweite Gliederung ab, die das Evangelium in zwei Teile teilt.
Vom Anfang bis zum Christusbekenntnis von Petrus (8,26). Hier werden vor allem die Wunder Jesu berichtet, die Jesus als den von Gott gesandten Christus ausweisen sollen (vgl. Jes 35, 5-6). Die Menschen außerhalb des Jüngerkreises sehen Jesus höchstens als Vorbereiter des Christus an, Petrus spricht es dann stellvertretend für die Jünger aus: Jesus selbst ist der Christus.
Vom Christusbekenntnis von Petrus (8,26) bis zur Kreuzigung Jesu (15,39). Auch wenn die Jünger verstanden haben, dass Jesus der Christus ist, müssen sie jetzt unter großen Mühen begreifen, was das bedeutet. In drei Leidensankündigungen (8,31; 9,31; 10,32-34) versucht Jesus seinen Jüngern zu erklären, dass er leiden, sterben und auferstehen muss. Erst bei der Kreuzigung scheinen sie dieses Messias-Verständnis verinnerlicht zu haben. Nachfolge Jesu Christi bedeutet: nicht zu herrschen, sondern zu dienen, indem man sein Kreuz auf sich nimmt und dem Gekreuzigten nachfolgt.

Die drei Wege
Drei Gliederungen – drei Wege durch das Markusevangelium. Drei unterschiedliche Spannungsbögen, die an der Kreuzigung Jesu zusammenlaufen und in der Erkenntnis münden, dass der gekreuzigte Jesus in der Vollmacht Gottes gesprochen und gehandelt hat. Der Bericht vom leeren Grab (16,1-8) ergänzt: Die Geschichte Jesu, des Sohnes Gottes und des Christus, endet nicht am Kreuz, sondern geht weiter ... (HN)

Die Ankündigung

Markus 1,1-8 **Dienstag, 2.**

Die Menschen machen sich auf den Weg und gehen in die Wüste, weil sie Vergebung für ihre Sünden suchen. Sie begegnen dem geringen Johannes, wie er sich selbst bezeichnet. Er predigt, tauft und kündigt einen viel Stärkeren an. Warum tut er das? Haben die Menschen nicht bereits das gefunden, wonach sie gesucht haben? Sie tun Buße und lassen sich taufen – mit Wasser, wohl bemerkt. Später soll es eine Taufe mit dem Heiligen Geist geben. Der Advent mit seiner Bedeutung der Ankunft liegt noch nicht lange hinter uns. Die Ankunft Jesu, seine Geburt, haben wir vor wenigen Tagen gefeiert. Sind wir Jesus begegnet, den Johannes angekündigt hat? Die Gelegenheit ist da: Wir stehen am Anfang des neuen Jahres und könnten uns auf den Weg machen, ihm zu begegnen. Das könnte auch bedeuten, durch eine „Wüste" zu gehen, um uns auf ihn vorzubereiten.

„Und er predigte und sprach: Nach mir kommt der, der stärker ist als ich." *Markus 1,7*

Die Begegnung

Markus 1,9-13 **Mittwoch, 3.**

Welche der vielen Begegnungen in diesem Text ist wohl die interessanteste? Ist es die, als Johannes Jesus trifft und ihn tauft? Oder die Begegnung mit dem Heiligen Geist? Zweifelsfrei sind die Begegnungen mit dem Satan, den wilden Tieren und den Engeln ebenso interessant und besonders. Aber ich entscheide mich für die Begegnung mit der Stimme Gottes. Weil Gott selbst bezeugt, wer Jesus ist, nämlich sein geliebter Sohn. Wer ist Jesus für mich? Gottes Sohn kam für uns Menschen in diese Welt, damit wir ihm und durch ihn dem himmlischen Vater begegnen. Ich will heute Jesus begegnen – erfahren, wer er ist. In meinen Anfechtungen und Zweifeln, zu Hause und am Arbeitsplatz will ich staunen über die Liebe Gottes zu mir und erleben, wie stark Gott ist. Bin ich bereit dafür?

„Wer mich sieht, der sieht den Vater." *Johannes 14,9*

Die Berufung

Markus 1,14-20 **Donnerstag, 4.**

In jeder Berufung steckt ein Ruf. Jesus ruft die ersten Jünger in seine Nachfolge. Gleichermaßen ruft er sie heraus aus ihrem Alltag, ihrem Beruf und ihrer Familie. Die Gerufenen lassen Besitz und Vaterhaus zurück. Offenbar lohnt es sich, alles für die Nachfolge Jesu aufzugeben und sich nach ihm auszurichten! Die Nachfolge beinhaltet eine neue Aufgabe. Jesus will sie zu Menschenfischern machen. Das meint, andere Menschen für die Nachfolge Jesu zu gewinnen. Er gibt ihrem Leben den Fokus auf das Reich Gottes. Jesus will auch unseren Fokus verändern, auch an unserem Arbeitsplatz. Was dient dem Reich Gottes? Der Blick für meinen Arbeitskollegen und ein stilles oder gemeinsames Gebet. Die Nachfolge mit einem Fokus auf dem Reich Gottes prägt unser Verhalten, etwa unsere Ehrlichkeit, gegenüber anderen.

„Trachtet zuerst nach dem Reich Gottes und nach seiner Gerechtigkeit, so wird euch das alles zufallen.“ *Matthäus 6,33*

Der starke Befreier

Markus 1,21-28 **Freitag, 5.**

Wie hätten wir wohl in dieser Situation in der Synagoge reagiert? Die Menschen hören eine vollmächtige Predigt. Die muss es schon in sich gehabt haben, dass selbst die bösen (unreinen) Geister die Macht und Stärke Jesu spüren. Unbekannt ist Jesus ihnen nicht. Selbst die bösen Mächte bezeugen vor aller Ohren, wer Jesus ist und welche Macht er hat. Trauen wir Jesus zu, dass er auch in unseren Lebenssituationen seine Macht zeigt und uns von bösen Einflüssen und Mächten befreit? Auch heute ist die Vollmacht Jesu zu erleben. Was damals gilt, ist heute ebenso aktuell: Jesus ist stärker und will auch uns befreien. Welchen Einflüssen von Menschen und Situationen sind wir heute ausgesetzt, die Macht über uns ausüben wollen? Wer sich Jesus heute anvertraut, kann seine Macht erfahren. Welches Zeugnis könnten wir dann über ihn weitergeben!

„Er gebietet auch den unreinen Geistern, und sie gehorchen ihm!"
Markus 1,27

Predigen und Beten

Markus 1,29-39 **Samstag, 6.**

Die Hauptaufgabe eines Predigers ist es, Gottes Wort weiterzugeben. Und so beschreibt es Jesus in V. 38 seinen Jüngern: „Meine Aufgabe ist es, zu predigen und Gottes Gedanken und Ziele weiterzusagen. Nicht nur zu heilen oder Dämonen auszutreiben, sondern in der Einheit mit meinem Vater und in seiner Kraft den Menschen Gott nahezubringen." Der Grund für Jesu Aussage liegt in V. 35: Er ging in die Einsamkeit zu seinem Vater und sprach mit ihm. Er betete. Und so soll es auch im Leben der Christen sein. Zeit mit Gott verbringen, ihm das Herz ausschütten und hören, was er sagt. Immer wieder zu ihm zu kommen und auf sein Reden und Handeln zu warten. Das ist nicht immer einfach und braucht Zeit.

Ob als Prediger oder als Nachfolger Jesu: Geben wir täglich Raum für Gottes Gegenwart!

„Gelobt sei Gott, der mein Gebet nicht verwirft, noch seine Güte von mir wendet." *Psalm 66,20*

Wochenspruch

Welche der Geist Gottes treibt, die sind Gottes Kinder. Römer 8,14

Auf Gott ist Verlass

Psalm 89,20-53 **Sonntag, 7.**

Gott sagt seine Treue zu – über die Sünde hinweg. Sünde ist mehr als ein harmloser Betriebsunfall, mehr als eine Störung des Entwicklungsgangs der Welt. Sie ist Verlassen des Weges Gottes und darin Misstrauenserklärung gegen Gott. Sie ist Bruch der Beziehung, ist Auflösung des Bundes von der Seite des Menschen her. Aber obwohl Gott damit rechnen muss – er kennt uns ja so viel besser als wir uns selbst kennen! –, hält Gott an diesem Bund fest. Obwohl er diese Misstrauenserklärung kommen sieht, bleibt er dabei: Ich will nicht von meiner Gnade lassen. Gott macht nicht auf halbem Weg mit der Welt halt, sondern er geht seinen Weg ganz. Er geht ihn mit seinem „Modellvolk" Israel, er geht ihn auch mit seinem Volk der Christenheit. Eines kann die Welt sehen: dass Gottes Treue unsere Untreue trägt, Gottes Geduld allen Schaden unseres Lebens überwindet.

„Halte fest an Liebe und Recht und hoffe stets auf deinen Gott!"

Hosea 12,7

Das tiefe Mitleid Jesu

Markus 1,40-45 **Montag, 8.**

Den nicht mehr sehr gebräuchlichen Ausdruck „es jammerte ihn" finden wir am Anfang des V. 41. Das Wort „jammern" hat im Laufe der Zeit eine eher negative Bedeutung entwickelt. Aber hier geht es um etwas anderes: Jesus war von tiefem Mitleid ergriffen, so drückt es die Neue Genfer Übersetzung aus. Und er rührte den aussätzigen Mann auch noch an. Was für eine barmherzige Liebe Jesu, die zur Heilung des Kranken führte und dem Priester wohl nicht gefallen hat. Dieses aktive Mitleid und das helfende Handeln als Christ haben wir vielleicht auch in der aktuellen Situation des Erdbebens in der Türkei und in Syrien im Frühjahr 2023 miterlebt. Lassen wir uns nicht beirren, wenn es um Not geht und wir ein tiefes Mitleid zu Menschen erleben und helfen wollen. Jesus hat es uns vorgelebt!

„Und es jammerte ihn, und er streckte seine Hand aus, rührte ihn an und sprach zu ihm: Ich will's tun; sei rein!" *Markus 1,41*

„Wir haben solches noch nie gesehen"

Markus 2,1-12 **Dienstag, 9.**

Das würde auch unserer Gemeinde sehr gefallen: dass wir etwas von Jesus sehen und über sein Handeln staunen könnten! Zunächst die Vergebung der Sünden des gelähmten Mannes, dann die beginnende Auseinandersetzung mit den Schriftgelehrten und zum Schluss die Heilung des Kranken – Jesus greift ein.
Haben wir vielleicht auch eine Situation erlebt, in der Gott eingegriffen und unser weiteres Leben verändert hat? Auf ein Gebet ganz persönlich geantwortet oder im Leben anderer Menschen Veränderungen geschenkt hat, für die wir gebetet haben? Gott ist ein liebevoller und gewaltiger Gott, und sein Sohn Jesus Christus greift ein und verändert uns und unser Umfeld. Er handelt, und wir können immer wieder nur staunen. Ist das nicht toll?

„Da wurde auch Simon gläubig und ließ sich taufen und hielt sich zu Philippus. Und als er die Zeichen und mächtigen Taten sah, die geschahen, geriet er außer sich vor Staunen." Apostelgeschichte 8,13

Jesus liebt Sünder

Markus 2,13-17 **Mittwoch, 10.**

„Ich bin nicht gekommen, Gerechte zu rufen, sondern Sünder" (V. 17). Das ist die Aufgabe, mit der Jesus sein eigenes Leben beschreibt. Menschen, die von Gott getrennt sind, in Verbindung mit ihm zu bringen und sie von ihren Sünden zu befreien. Und das geschieht auch hier im Leben von Levi, einem Zöllner, der alles liegen lässt, aufsteht und Jesus folgt. Ganz konsequent, nüchtern und ohne viele Worte.
Wie ist es bei uns mit der Nachfolge Jesu? Vielleicht haben wir noch nicht so viel von dem kennengelernt, was es bedeutet, Jesus nachzulaufen. Oder wir sind gestandene Christen, wissen ganz viel und merken in manchen Bereichen, dass wir müde geworden sind in der Nachfolge Jesu. Er ist gekommen für Sünder, für alle Fehler und Schuld, alle Müdigkeit und Verzagtheit. Reden wir heute mit ihm – er ist da!

„Siehe, dem Gerechten wird vergolten auf Erden, wie viel mehr dem Gottlosen und Sünder!“ *Sprüche 11,31*

Fast(en) geschafft!

Markus 2,18-22 **Donnerstag, 11.**

Juden betreiben strenges Bußfasten. Bis heute. Doch Jesus und seine Jünger tanzen aus der Reihe. Die Empörung ist groß: Erst mit Zöllnern und Sündern essen (Mt 11,19), dann aber das Fasten unterlassen? Jesus kontert: Fastet man während einer Hochzeit? Das wäre eine Beleidigung des Bräutigams. Jüdische Vorschriften sind streng. Aber eine Hochzeit ist pure Freude: sieben Tage ausgelassene Party.

Jesus macht klar: Mit seiner Person endet das Bußfasten. Er selbst ist das wirksamste Mittel gegen Schuld (Mk 2,10.11). Fasten können die Jünger, wenn sie auf Jesu Wiederkunft warten. Und indem sie das Leid ertragen, das ihnen begegnet, weil sie an ihn glauben. Warten wir auf Jesus? Sehnen wir die bevorstehende Himmelshochzeit mit ihm herbei? Wir haben es fast geschafft. Darauf sollte unser Fokus liegen. Nicht auf dem Fasten.

„Freuet euch im Herrn allewege, und abermals sage ich: Freuet euch!“ *Philipper 4,4*

Gesetzlich oder barmherzig?

Markus 2,23-28 **Freitag, 12.**

Kleinkariert und gesetzlich – so kann man das Verhalten der Pharisäer bezeichnen. Es ist in der Torah nicht verboten, am Sabbat Ähren auszurupfen. Nur die jüdische Tradition untersagt das. Notwendige Dinge wie Essen waren am Sabbat erlaubt.

Auch David musste essen, als er auf der Flucht vor Saul war. Seine Gefolgsleute und er waren wahrscheinlich in Gottes Auftrag unterwegs. Das Essen der Schaubrote war den Priestern vorbehalten. Trotzdem wird David nicht verurteilt, als er davon isst. Das Gesetz ist für den Menschen da. Lebendiger Glaube erfährt

Gottes Barmherzigkeit. Das sollten die Pharisäer lernen. Und zwar vom Messias, auf den sie eigentlich warteten. Und schon David hat prophetisch auf ihn hingedeutet. Gebrauchst du den erhobenen Zeigefinger? Oder zeigst du auf Jesus?

„Denn Christus ist des Gesetzes Ende; zur Gerechtigkeit für jeden, der glaubt." *Römer 10,4*

Hartherzig oder einsichtig?

Markus 3,1-6 **Samstag, 13.**

Lieblos und hinterhältig – so muss man das Vorhaben der Pharisäer hier verurteilen.
Jesus tut ein Wunder, um Glauben zu wecken. Die Pharisäer wollen es sehen, um ihn anzuklagen. Ihr Vorwand: Es geschieht am Sabbat. Dabei brachen damals viele das Sabbatgebot, ohne verurteilt zu werden. Jesus demonstriert durch die Heilung seine göttliche Autorität. Das passt ihnen nicht. Deshalb machen sie dicht und beschließen seine Hinrichtung.
Was ist unsere Reaktion, wenn wir von Gottes Wort überführt werden? Vielleicht sogar durch Dritte? Ist es demütige Anbetung, Buße oder „Verhärtung"? Die Pharisäer schlagen sich auf die Seite des Feindes, der Nachkommen von Kindermörder-Herodes, der Marionetten Roms. Lasst uns heute nicht den Weg des geringsten Widerstands gehen. Denn mit Gott können wir über Mauern springen. Und somit auch über den eigenen Schatten.

„Der Stein, den die Bauleute verworfen haben, ist zum Eckstein geworden." *Psalm 118,22*

Wochenspruch
Von seiner Fülle haben wir alle genommen Gnade um Gnade.
Johannes 1,16

Gott oder Zufall?

Psalm 148 **Sonntag, 14.**

Wer von uns wird nicht gerne gelobt? Wertschätzung belebt den Alltag. Oft setzen wir dafür gewisse Leistungen voraus. Von nichts kommt nichts. Zumindest der gute Wille sollte erkennbar sein. Gott wird als Welt-Erfinder gelobt, der natürlichen Welt und der übernatürlichen. Der Mensch bildet den Höhepunkt, sein erwähltes Volk das Ziel seines Schaffens. Die Artenvielfalt ist ein Grund zum Loben. Wer Gott als Schöpfer ablehnt, muss sich fragen: „Wen soll ich alternativ loben, den Zufall?" Interessant ist, dass viele für das Leid der Welt meist nicht den Zufall, sondern Gott verantwortlich machen.
Sind bei mir Loben und Klagen Gott gegenüber im rechten Verhältnis? Die ganze Schöpfung lobt ihn. Da sollte uns, als seinem Ebenbild, das Loben nicht nur zufällig über die Lippen kommen.

„Danket dem HERRN mit der Harfe; [...] Denn des HERRN Wort ist wahrhaftig, und was er zusagt, das hält er gewiss." *Psalm 33,2.4*

Erster und zweiter Timotheusbrief, Titusbrief

Heute hätte Paulus vermutlich eine monatliche Zoom-Konferenz vereinbart. Er hatte Mitarbeiter eingesetzt und will ihnen nun mit Rat und Tat zur Seite stehen. Er schreibt ihnen persönliche Briefe: zwei an Timotheus und einen an Titus – die sog. Hirten- oder Pastoralbriefe. In Sprache, wichtigen Gedankengängen und Zielsetzung sind sie einander sehr ähnlich. Da sie sich mit dem Bericht aus der Apg nur schwer verbinden lassen, liegt die Vermutung nahe, dass sie nach den dort berichteten Ereignissen geschrieben wurden.
Es geht um Ermutigungen und Ermahnungen an die Leitungspersonen. Nach vielen Gemeindeneugründungen im Missionsgebiet des Paulus schafft das verstärkte Auftreten von Irrlehrern

erhebliche Unruhe. Viele sind offen für alles Neue, können aber nur begrenzt zwischen Irrtum und Wahrheit unterscheiden. Wie kann in Zukunft das Evangelium in seiner ursprünglichen Kraft bewahrt bleiben? Wie können Gemeinden in veränderten Zeiten und angesichts Verfolgungen wachsen? Wie können die Person und das Amt des Gemeindeleiters gestärkt werden? Viele Ratschläge, die Paulus hier gibt, haben überpersönliche und zeitlose Bedeutung. So finden wir im 1. Timotheusbrief und im Titusbrief die wohl älteste Gemeindeordnung der jungen Christengemeinschaft.

Timotheus: Paulus hatte Timotheus während einer Missionsreise in der griechischen Stadt Ephesus zurückgelassen, um der dortigen Gemeinde weiter mit Rat und Tat zur Seite zu stehen. Der Sohn einer jüdischen Mutter und eines griechischen Vaters ist wahrscheinlich auf der ersten Missionsreise des Paulus während dessen Predigten in Lystra Christ geworden. Paulus nimmt den gerade Zwanzigjährigen in seinen Mitarbeiterstab auf. Timotheus wird zu einem wichtigen und ständigen Begleiter des Apostels. Verschiedene Irrlehrer (Gnostiker und Judaisten) verwirren die Gemeinden. Die einen reklamieren für sich „höhere Erkenntnisse" (Gnosis), andere verstricken die Gemeindeglieder in fruchtlose Diskussionen über das Gesetz (1Tim 6,20). Paulus gibt in dieser Situation dem Timotheus seelsorgerliche Hilfestellungen und empfiehlt ihm neue Richtlinien für den Gottesdienst und für die Gemeindeleitung und die Diakone (1Tim 3,1-13). Den zweiten Brief schreibt Paulus aus seiner Gefängnishaft in Rom. Er rechnet mit seinem Todesurteil – der Brief wird daher zu einer Art Testament, in dem Paulus seinen treuen Mitarbeiter auffordert, trotz der Schwierigkeiten an dem, was er von Paulus gelernt hat, festzuhalten.

Titus: Titus war ein weiterer Mitarbeiter des Paulus, der ihn auf den Missionsreisen begleitete (Gal. 2,1). Über Titus selbst ist nicht viel bekannt. Er scheint administrative Fähigkeiten besessen zu haben und ist von Paulus auf vielen Positionen eingesetzt worden. Ähnliche Irrlehrer wie im 1. Timotheusbrief treiben ihr Unwesen. Paulus stellt deshalb nochmals heraus, wie das geistliche Leben eines Christen aussehen soll – vor allem, wenn er Leitungsaufgaben in der Gemeinde wahrnimmt. Wie sehr das alles von Gottes Gnade abhängt, wird in Titus 2,11-15 ausgeführt. (UB)

Das Gesetz

1. Timotheus 1,1-11 **Montag, 15.**

Was ist eigentlich das Gesetz? Schränkt mich das nicht in meiner Freiheit ein, wenn ich mich an so strenge Vorgaben halten muss? Was Paulus hier an Timotheus schreibt, zeigt uns: Das Gesetz meint es nicht böse mit uns und will uns auch nicht einschränken. Es ist gut und hilfreich, sein Ziel ist vor allem Liebe aus reinem Herzen. Es sind diejenigen, die das Gesetz nicht verstehen und trotzdem lehren wollen, die das Gute und Hilfreiche in unnützes Geschwätz verdrehen. Das Gesetz ist heilsame Lehre (V. 10) und ist deswegen nicht den Gerechten gegeben (wir wissen – niemand ist ohne Jesu Opfer gerecht vor Gott), sondern den Ungerechten.

„Da das Jesus hörte, sprach er zu ihnen: Nicht die Starken bedürfen des Arztes, sondern die Kranken. Ich bin nicht gekommen, Gerechte zu rufen, sondern Sünder." *Markus 2,17*

Göttliche Barmherzigkeit

1. Timotheus 1,12-20 **Dienstag, 16.**

Paulus erzählt Timotheus noch einmal von seiner eigenen Berufungsgeschichte. Er betont: So groß wie seine Sünde war, bevor er Jesus begegnet ist, so groß ist die Barmherzigkeit, die ihm widerfahren ist. Diese Erfahrung soll als ein Vorbild für andere dienen, die ebenfalls Gottes Barmherzigkeit erleben sollen. Die wichtigste Anweisung, die Paulus an Timotheus weitergibt, ist, festzuhalten, dass Gott der ewige König ist und ihm alle Ehre gebührt. Er sandte seinen Sohn, „die Sünder selig zu machen". Den Glauben daran soll Timotheus unbedingt behalten, denn Paulus hat schon andere Gläubige gesehen, die „am Glauben Schiffbruch erlitten“ haben (V. 19), und er möchte nicht, dass das auch Timotheus passiert.

„Das ist gewisslich wahr und ein teuer wertes Wort: Christus Jesus ist in die Welt gekommen, die Sünder selig zu machen, unter denen ich der erste bin.“ *1. Timotheus 1,15*

Ein kleines Evangelium

1. Timotheus 2,1-7 **Mittwoch, 17.**

In diesen Versen finden wir so etwas wie ein kleines Evangelium. Paulus erklärt, dass es Gottes Wille ist, dass alle Menschen gerettet werden. Die Gemeinde soll dafür beten, ein ruhiges und stilles Leben führen (V. 2) und Jesus Christus, der die Verbindung zwischen den Menschen und Gott schafft, verkündigen zu können. Dank ihm können wir Bitte, Gebet, Fürbitte und Danksagung (V. 1) an Gott richten, denn Jesus Christus ist der Mittler zwischen Gott und den Menschen. Er ist es, „der sich selbst gegeben hat als Lösegeld für alle“ (V. 6). Christus ist nicht nur ein einfacher Name, sondern ein Titel, den Jesus innehat und der ihn als „Gesalbten“ von Gott auszeichnet.

„Dies ist gut und wohlgefällig vor Gott, unserm Heiland, welcher will, dass alle Menschen gerettet werden und sie zur Erkenntnis der Wahrheit kommen.“ *1. Timotheus 2,3-4*

Ohne Zorn und Zweifel

1. Timotheus 2,8-15 **Donnerstag, 18.**

Manchmal haben wir schon das Gefühl, dass es in unserem Alltag eine klare Linie gibt zwischen Heiligem und Profanem. Wir lesen morgens in der Bibel und schimpfen dann im Berufsverkehr über den Idioten, der seinen Führerschein im Lotto gewonnen hat. Paulus möchte nicht, dass wir so leben. Unser ganzes Leben soll davon bestimmt sein, dass wir die Hände heben und zu Gott beten, egal, ob wir in unserem Stille-Zeit-Sessel sitzen oder hinter dem Steuer. Und vor allem soll das Gebet ohne Zorn und Zweifel geschehen. Nicht der Ort, an dem wir uns befinden, bestimmt, wie „heilig“ unser Gebet ist, sondern die Einstellung, mit der wir unser Gebet an Gott richten.

„So will ich nun, dass die Männer beten an allen Orten und aufheben heilige Hände ohne Zorn und Zweifel.“ *1. Timotheus 2,8*

Hohe Ansprüche

1. Timotheus 3,1-13 **Freitag, 19.**

Puh! Die moralischen Ansprüche an geistliches Leitungspersonal sind hoch: moralische Integrität, ein großes Maß an Güte, keine Gier, emotionale Ausgeglichenheit und geregelte Familienverhältnisse. Dazu das geistliche Anforderungsprofil, die Gabe, zu predigen, kommunikativ und seelsorgerlich zu handeln. Auch wenn uns heute das Wort „Bischof“ eher ganz oben innerhalb der Kirchenleitung begegnet: Hier geht es um die Gemeindeebene. Auf heute übertragen: Pfarrer, Kirchengemeinderat, Diakone und Jugendreferenten. Nicht leicht, dieser Stellenbeschreibung gerecht zu werden. Doch steht neben Gottes Anspruch auch immer sein Zuspruch. Unser heutiger Text ermutigt mich, für unsere Leiter zu beten und Gott um Weisheit zu bitten, sodass auch junge Menschen für den herausfordernden und zugleich wichtigen Dienst der Leitung berufen werden.

„Und wir geben in nichts irgendeinen Anstoß, damit dieser Dienst nicht verlästert werde.“ *2. Korinther 6,3*

Das Geheimnis des Glaubens: Christus

1. Timotheus 3,14-16 **Samstag, 20.**

Paulus kommt zum Höhepunkt seines Briefes. Und wie es sich gehört, wird dieser als Hymnus kunstvoll in Szene gesetzt: „das Geheimnis des Glaubens“ (V. 16). Es ist das wunderbare Geschenk, das uns Gott mit seinem Sohn Jesus Christus, dessen Sterben, Auferstehen und seiner Himmelfahrt gemacht hat und das wir durch seinen Heiligen Geist erkennen dürfen. Oft wird heute vernachlässigt, dass Gottes Wort den „Heiden" gepredigt und weitergesagt werden muss. Das ist die Aufgabe der Gemeinde, die den lebendigen Gott (V. 15) bezeugt. Deshalb ist es ein Grund, Gott dafür zu danken, dass wir das Geheimnis erkannt haben und glauben dürfen – und zugleich Motivation, dass wir anderen von unserem Glauben weitererzählen und Jesus Christus bezeugen.

„Und das Wort ward Fleisch und wohnte unter uns, und wir sahen seine Herrlichkeit, eine Herrlichkeit als des eingeborenen Sohnes vom Vater, voller Gnade und Wahrheit." *Johannes 1,14*

Wochenspruch
Und es werden kommen von Osten und von Westen, von Norden und von Süden, die zu Tisch sitzen werden im Reich Gottes. *Lukas 13,29*

Aus der Tiefe nach Gott rufen

Psalm 86 **Sonntag, 21.**

Der Beter streckt sich nach Gott aus. Würde Gott sein Rufen nicht hören, wäre alles verloren und er könnte nicht leben. So bittet er auch nicht um dieses oder jenes, sondern um Gottes Weggemeinschaft. *„Weise mir, HERR, deinen Weg, dass ich wandle in deiner Wahrheit"* (V. 11). Von selbst finde ich diesen Weg nicht. Er ist nicht in mir vorgegeben, sodass ich nur auf die Stimmen in mir hören müsste. Gott muss mir den Weg zeigen. Wo ich aber Gottes Weg gehe, da werde ich in seine Wahrheit geführt. Gottes Wahrheit erschließt sich im Gehen, sie wird zum Lebensraum, der mich gestaltet. Nicht ich gestalte die Wahrheit – das Leben in der Wahrheit gestaltet mich und mein Verhältnis zu ihr. Solches Leben aber wird nicht aus vollen, ungehemmten Kräften gelebt. Sondern dieses Leben erwächst aus der Fürsorge Gottes und wird erhalten in seiner Treue.

„Ach, Herr, du Sohn Davids, erbarme dich meiner!“ *Matthäus 15,22*

Von Gott und vom Danken

1. Timotheus 4,1-11 **Montag, 22.**

Irrlehren in Ephesus! „Als Christ darfst du nicht…“, das muss damals oft zu hören gewesen sein, gerade bei der Frage von reinen und unreinen Speisen. Paulus schiebt dem einen Riegel vor (V. 4): Was von Gott kommt, das ist gut. Ein guter Gott kann eben nur Gutes schaffen – auch wenn wir vom Weg abkommen und Dinge falsch gebrauchen. Welche Reaktion ist angemessen, wenn wir Gottes Gaben empfangen? Es ist die Dankbarkeit, die weiß, dass nichts selbstverständlich ist und alles ein Geschenk Gottes darstellt. Kein kurzes „Danke“, sondern ein Lebensstil. Wer dankt, der bekennt, dass er abhängig ist und es nicht aus eigener Kraft schafft. Wo brauche ich neue Gewissheit, dass nicht mein Tun, sondern Gottes Gnade, seine Gabe, alles bewirkt?

„Alle gute Gabe und alle vollkommene Gabe kommt von oben herab, von dem Vater des Lichts, bei dem keine Veränderung ist noch Wechsel von Licht und Finsternis.“ *Jakobus 1,17*

Im geistlichen Leben dranbleiben

1. Timotheus 4,12–5,2 **Dienstag, 23.**

Wie leicht geraten unsere guten Vorsätze und Pläne durcheinander, wenn wir unter Druck stehen! Die Stille Zeit fällt aus, das klärende Gespräch findet nicht statt, der Gottesdienst wird nicht besucht. Timotheus wird von Paulus ermutigt, weiterzumachen: „mit Vorlesen, mit Ermahnen, mit Lehren“ (V. 13). Anders gesagt: Timotheus soll auf sich aufpassen, sein geistliches Leben pflegen und sich nicht von anderen irritieren lassen (V. 12). Gott ist es, der im Leben von Timotheus wirkt – und das zählt. Unser geistliches Leben ist dabei kein Werk, sondern eine Hilfe, um uns auf Gott auszurichten.

Wo bin ich gefragt, in meinem geistlichen Leben dranzubleiben?

Welches Buch will ich in den nächsten Wochen lesen, um mich geistlich weiterzubilden?

„Der HERR sprach aber zu mir: Sage nicht: ‚Ich bin zu jung', sondern du sollst gehen, wohin ich dich sende, und predigen alles, was ich dir gebiete." *Jeremia 1,7*

Ein Blick für die Übersehenen

1. Timotheus 5,3-16 **Mittwoch, 24.**

Paulus regelt in diesem Abschnitt, wer Anspruch auf finanzielle Unterstützung aus der Gemeindekasse erheben kann. Die Gemeinde soll sich darauf konzentrieren, die zu versorgen, die sonst ohne Beistand wären – also die alten Witwen, die keine Familie haben und auch nicht wieder heiraten können. Sie fallen in der damaligen Gesellschaft, in der sich Kinder und Enkel um die greisen Eltern kümmern, durch das soziale Netz. Und damit die Gemeinde möglichst viele dieser Schwächsten unterstützen kann, erinnert Paulus die Gemeindeglieder an ihre Pflichten in ihren Familien und Häusern. Denn je mehr Bedürftige in den eigenen Familien versorgt werden, desto mehr wirklich Einsame kann die Gemeinde versorgen. Auch heute fallen Menschen durchs soziale Netz. Wie können wir persönlich und in unseren Gemeinden für die völlig Hilflosen und Vergessenen unserer Gesellschaft da sein?

„Ehre die Witwen, die allein sind." *1. Timotheus 5,3*

Accountability Partners

1. Timotheus 5,17-25 **Donnerstag, 25.**

Paulus spricht sich hier dafür aus, dass Leitende nicht nur von der Gemeinde versorgt, sondern auch vor rufschädigenden und falschen Anklagen geschützt werden. Gleichzeitig sind sie angehalten, für die Gemeinde eine Vorbildfunktion zu übernehmen. Kommt es tatsächlich zu Fehlverhalten, muss dies daher offen angesprochen und ausgeräumt werden.

Nicht nur für Leitende in der Gemeinde ist es gesund, regelmäßig gegenüber Vertrauten Rechenschaft über ihre Leitung und ihren Lebensstil abzulegen. Sogenannte *Accountability Partners* bewahren uns vor Selbstgerechtigkeit und Machtmissbrauch. Denn im Blick auf unsere eigenen Fehler werden wir schnell betriebsblind. Wer ist berechtigt, mich in meinem Leben auf Sünde hinzuweisen? Und wem kann ich einen unangenehmen, aber heilsamen Blick von außen anbieten?

„Die da sündigen, die weise zurecht vor allen, damit sich auch die andern fürchten.“ *1. Timotheus 5,20*

Glaube vs. Geldgier

1. Timotheus 6,1-10 **Freitag, 26.**

Im Fokus der Mahnungen und Ratschläge dieses Abschnittes steht das Geld. Einige Verse zuvor hatte Paulus noch darauf verwiesen, dass die Gemeindeleitung Anspruch auf finanzielle Versorgung hat. Hier warnt er nun davor, sich aus falschen Motiven mit Theologie und den Fragen des Glaubens zu beschäftigen: Wer versucht, aus seinem vermeintlich vorbildlichen Lebenswandel, seiner Lehrtätigkeit oder Leitungsfunktion finanziellen Profit zu schlagen, hat nicht verstanden, worum es geht. Wo Menschen aber in Beziehung zu Gott leben, weicht die Sehnsucht nach Sicherheit der Gewissheit, von Gott versorgt und begleitet zu werden. Und die Sehnsucht wird gestillt von der Entdeckung, ein geliebtes, angenommenes und gebrauchtes Ebenbild des Schöpfers zu sein.
Welche Sehnsucht bestimmt aktuell mein Herz? Und welche Antwort hat der Glaube auf diese Sehnsucht?

„Ein großer Gewinn aber ist die Frömmigkeit zusammen mit Genügsamkeit.“ *1. Timotheus 6,6*

Der gute Kampf des Glaubens

1. Timotheus 6,11-21 Samstag, **27.**

Paulus gebraucht für das Leben im Glauben das Bild des Kampfes. Selbstverständlich ist und bleibt der Glaube ein Geschenk aus Gnade allein. Mündiges, lebendiges Christsein hat aber durchaus etwas mit bewussten Entscheidungen und auch Anstrengungen zu tun. Wir können uns aktiv dafür entscheiden, „der Gerechtigkeit, der Frömmigkeit, dem Glauben, der Liebe, der Geduld, der Sanftmut" (V. 11) nachzujagen. Der Heilige Geist lässt diese Früchte in uns wachsen. Er tut das aber nicht an unserem Willen vorbei, sondern nimmt ihn in Gebrauch. Wer sich aktiv auf Liebe, Sanftmut etc. ausrichten möchte, muss daher keine Sorge haben, in etwaige Werkgerechtigkeit zu verfallen. Denn selbst den Wunsch, den „guten Kampf des Glaubens" (V. 12) zu kämpfen, wirkt Gott in uns. Bin ich dafür offen?

„Kämpfe den guten Kampf des Glaubens; ergreife das ewige Leben, wozu du berufen bist und bekannt hast das gute Bekenntnis vor vielen Zeugen." *1. Timotheus 6,12*

Wochenspruch

Über dir geht auf der HERR, und seine Herrlichkeit erscheint über dir. *Jesaja 60,2*

Nicht ans Ende kommen mit dem Lob Gottes

Psalm 135 Sonntag, **28.**

„Herr, dein Name sei erhöht. Herr, wir singen dir zur Ehre." Ja, das steht uns zu, das ist die Aufgabe des Lebens: Gott loben, seine Taten preisen, seine Ehre mehren. Persönlich gesprochen: Wie viel Grund habe ich dazu, der ich ein schüchternes, unsicheres Kind war und heute ein zögerlicher alter Mann bin, der am liebsten für sich ist? Und allgemeiner: Wie viel Grund haben wir, gesegnet mit Kindern und Enkeln? Wir dürfen sein Lob singen,

dafür, dass wir arbeiten können, dass wir Zugang gewährt bekommen zu Menschen in ihrer Freude und in ihrem Schmerz. Wir dürfen in den Vorhöfen Gottes stehen. Wir dürfen seine Taten preisen. Wie wunderbar, dass Gott uns Frieden und Freiheit gewährt hat. Es ist eine große Gnade, die guten Spuren Gottes im eigenen Leben anschauen zu können und dafür danken zu dürfen.

„Wer sich rühmt, der rühme sich des Herrn!" *1. Korinther 1,31*

Ist Glaube vererbbar?

2. Timotheus 1,1-12 **Montag, 29.**

Glaube lässt sich nicht vererben. Eine fromme Großmutter nützt wenig, wenn man nicht selbst an Gott glaubt. Oder doch? Mir fallen einige Bemerkungen des Paulus ins Auge, welche die anfängliche Behauptung hinterfragen. Einmal erwähnt er seine Vorfahren, die schon Gott dienten. Dann nennt er namentlich Großmutter und Mutter des Timotheus, die ebenfalls mit Gott leben. Was für ein Glück, „aus frommem Hause" zu sein! Es kann uns eine Prägung mitgeben. Wem es so geht, der muss das nicht gering schätzen, sondern darf dankbar sein! Andererseits bezeichnet Paulus den Timotheus als seinen Sohn, auch wenn er es im biologischen Sinn nicht ist. Gläubige Vorfahren sind ein Segen. Für Gott aber spielt die biologische Herkunft nur eine Nebenrolle. Unabhängig von der Herkunft steht jedem die Tür zu ihm offen.

„Denn wer Gottes Willen tut, der ist mein Bruder und meine Schwester und meine Mutter." *Markus 3,35*

Halt dich fest!

2. Timotheus 1,13-18 **Dienstag, 30.**

Woran halte ich mich fest? Unter anderem sind es Vorbilder, die mir Orientierung geben – Menschen, deren Glaube bleibenden Eindruck hinterlässt. Einen Mann namens Onesiphorus würdigt Paulus hier besonders ausführlich. Er ist ihm Freund und Glaubensbruder, besonders in harten Zeiten, gewesen. Dass Menschen auch enttäuschen können, erfährt Paulus leider ebenso. Dafür nennt er stellvertretend zwei weitere Namen, Phygelus und Hermogenes. Wer sich an Menschen ausrichtet, muss wissen: Niemand ist ohne Fehl und Tadel. Große Personen der Bibel wie David oder Petrus erinnern daran. Doch was sie weitergeben, ist ein großer Schatz: das Evangelium von Gottes Gnade und Barmherzigkeit, das durch Jesus sichtbar und erfahrbar wird. Das will Paulus auch dem Timotheus mitgeben. Wer daran festhält, wird auch dann gehalten, wenn Menschen enttäuschen.

„Halte, was du hast, dass niemand deine Krone nehme!“
Offenbarung 3,11

Jesus zuerst

2. Timotheus 2,1-13 **Mittwoch, 31.**

Jesus ist meine Nummer eins! Das sagt sich leicht, wenn um seinetwillen nichts auszustehen ist. Ganz anders ist die Lage von Paulus, Timotheus und vielen seither. Viele Gläubige geraten wegen ihrer Jesustreue ins Visier von Verfolgern und müssen um ihr Leben fürchten. Paulus legt die Karten auf den Tisch. Er verhehlt seinem jungen Mitarbeiter nicht, was ihn um Jesu willen erwarten kann: ein Leben voll Gefahr, Kampf und Leiden. Da geht es an die Substanz und um Konzentration auf das Wesentliche. Doch das ist eben nicht alles. Durch alle dunklen Wolken der Bedrängnis leuchtet Jesus, das Licht der Welt! Wen der Mut verlässt, den verlässt Jesus trotzdem nicht. Wer sein Leben um Jesu willen verliert, der wird es finden (Mt 10,39).

„Der auch seinen eigenen Sohn nicht verschont hat, sondern hat ihn für uns alle dahingegeben – wie sollte er uns mit ihm nicht alles schenken?“
Römer 8,32

Monatsspruch Februar

Alle Schrift, von Gott eingegeben, ist nütze zur Lehre, zur Zurechtweisung, zur Besserung, zur Erziehung in der Gerechtigkeit.

2. Timotheus 3,16

Bei der Sache bleiben

2. Timotheus 2,14-21 **Donnerstag, 1.**

Unterschiedliche Standpunkte in Glaubensfragen sind oft nicht das Problem. Schwierig wird es, wenn einer seine private Erkenntnis zum Maßstab erhebt. Fraglich wird es, wenn Debatten die alltägliche Praxis des Glaubens zum Stillstand bringen. Oder zentrale Inhalte des Glaubens verfälschen, wie hier anscheinend die Auferstehung. Traurig wird es, wenn Einzelne dabei das Vertrauen auf Gott verlieren. Davon berichtet Paulus. Wie schon vorher scheut er sich auch hier nicht, die Namen der Verantwortlichen zu nennen. Es zeigt, dass geistliche Streitgespräche dort ihre Grenze überschreiten, wo Glaube nicht gestärkt, sondern geschwächt wird oder kaputtgeht. Bei der Sache bleiben heißt für mich: im Reden und Hören das Tun nicht vergessen – und im Tun das miteinander Reden und aufeinander Hören nicht.

„Was nennt ihr mich aber Herr, Herr, und tut nicht, was ich euch sage?“ *Lukas 6,46*

Sanftmut

2. Timotheus 2,22-26 **Freitag, 2.**

Johann Hinrich Wichern, der Gründer des Rauhen Hauses in Hamburg, erzählt in seinem Tagebuch, wie er das Herz eines seiner verwahrlosten Jungen erreichen konnte. Dieser Junge versuchte in einer einzigen Nacht dreimal, aus dem Rettungshaus wegzulaufen. Das Einzige, was ihn zurückhielt, war eine rote Federbüchse in Wicherns Zimmer. Die wollte er erst stehlen und dann ausbüchsen. Als Wichern das hörte, wurde er nicht wütend – er schenkte ihm die Federbüchse. Der Junge brach innerlich zusammen und konnte sich dem Pastor öffnen, der für ihn wie ein zweiter Vater wurde.

Wichern versuchte es bei seinen Kindern im Rauhen Haus nicht mit strengen Regeln, sondern mit Liebe und Vergebung, und das war ein ganz neuer pädagogischer Ansatz im 19. Jahrhundert. Hätten gerade wir Frommen nicht schon früher darauf kommen können?

„Denn ich bin Gott und nicht ein Mensch, heilig in deiner Mitte. Darum komme ich nicht im Zorn.“ *Hosea 11,9*

Endzeit?

2. Timotheus 3,1-9 **Samstag, 3.**

Leben wir gerade in den „letzten Tagen“? Es ist leicht, die Beschreibung des Paulus auf heute zu beziehen, leicht, unsere Zeit und ihre Menschen resigniert abzuschreiben. Sinnvoll ist es nicht. Leben gerade wir in den „letzten Tagen“? Das haben Menschen zu allen Zeiten geglaubt. Jede ältere Generation sieht die Veränderungen bei der jüngeren und bewertet sie als Sittenverfall. Wie aktuell sind Aussagen über die Endzeit? In Luthers Bibelausgabe trägt das Tier aus dem Abgrund eine Papstkrone. Ein (theologischer) Gegner ist schnell verteufelt. Aber sind wir Menschen nicht ziemlich konstant in unserer Bosheit? Den Geiz etwa beklagt Luther in der Bibelausgabe von 1546 mit Worten, die zu allen Zeiten passend wären. Überlassen wir Gott den Zeitplan! Christen dürfen Leuchttürme der Hoffnung und Liebe sein. Von den ersten Tagen bis zu den letzten.

„Und der auf dem Thron saß, sprach: Siehe, ich mache alles neu!“ *Offenbarung 21,5*

Wochenspruch

Heute, wenn ihr seine Stimme hört, so verstockt eure Herzen nicht. *Hebräer 3,15*

Selig seid ihr, wenn ihr einfach lebt

Psalm 128 **Sonntag, 4.**

Ein Lobpreis des einfachen, klaren Lebens. Halte dich auf rechtem Wege. Halte dich auf deinen Wegen an das, was gut ist, was ehrbar ist, was zuchtvoll ist. Meide allen falschen Schein und alles böse Gespött. Tue deine Arbeit ordentlich und lass dich auch durch Mühe darin nicht verdrießen. So ungefähr könnte ich mir diesen Psalm in mein Leben hinein sagen. Es spricht mich an, dass hier ein ordentlicher Lebenswandel gelobt wird, dass hier schlichte Verheißungen ausgesprochen werden – Verheißungen, die ein Stück „häusliches Glück“ beschreiben, wie ich und hoffentlich viele andere es erleben. „Wer auf Gott vertraut, braucht sich nicht zu fürchten.“ Dieser Psalm ruft und hilft zur Dankbarkeit: Vergiss nicht, was er dir Gutes getan hat. Er ruft und hilft zu dem Zutrauen, dass die Wege Gottes auch weiter gut sein werden.

„Trachtet nicht nach hohen Dingen, sondern haltet euch zu den niedrigen.“ *Römer 12,16*

Nicht ohne Widerstand

2. Timotheus 3,10-17 **Montag, 5.**

Die drei jungen Knappen lassen erschöpft ihre Übungsschwerter sinken. Konrad, der alte Waffenmeister, hatte die Edelknaben mal wieder tüchtig getriezt. Schwertfechten, Reiten, Lanzenstechen, Ringen... „Der übertreibt doch!“, mault Rudolf genervt. „Es kommt nicht jeder mit einem Leib aus Eisen und Leder auf die Welt, wie dieser Menschenschinder.“ „Du tust ihm Unrecht.“, entgegnet Robert, der älteste Knappe. „Mein Großvater hat mir erzählt, dass Konrad als Knappe ziemlich schwächlich war. Aber er hat mehr Schlachten gesehen als die meisten. Und mehr tote Kameraden. Darum nimmt er uns so hart ran. Wir sollen vorbereitet sein.“
Christen sollten durch Liebe auffallen, nicht Streit mit ihrer Umwelt suchen. Aber wird Harmonie immer erreichbar sein, Verfolgung immer vermeidbar? Wir haben kein Recht auf Bequemlichkeit. Aber: Gott hat alles in der Hand.

„Und aus allen hat mich der Herr erlöst.“ *2. Timotheus 3,11*

Den Lauf vollendet

2. Timotheus 4,1-8 Dienstag, **6.**

Klingt es nicht ganz so, als habe sich Paulus doch den Himmel selbst verdient? Er zieht am Ende seines Lebens Bilanz und freut sich auf die Krone der Gerechtigkeit. Das Bild des Laufs weckt Assoziationen. Beim Wettlauf kommen maximal drei aufs Treppchen. Wer nicht ins Ziel kommt, bleibt auf der Strecke.
Ich glaube, unser Lauf als Christen ist anders. Ja, Gott will, dass wir laufen, immer hinter Jesus her. Aber zugleich bleibt Jesus immer an unserer Seite, lässt uns nicht hinter sich. Manchmal trägt er uns. Vor allem: Wir laufen nicht um unser (ewiges) Leben. Sondern immer schon vom Ziel her. Jesus hat den ganzen Sieg für uns errungen. Für jeden, der an ihn glaubt. Am Anfang und am Ende unseres Christenlebens steht das Evangelium.

„Wer mein Wort hört und glaubt dem, der mich gesandt hat, der hat das ewige Leben und kommt nicht in das Gericht, sondern er ist vom Tode zum Leben hindurchgedrungen.“ *Johannes 5,24*

Hintergrund: Gerechter und Sünder zugleich

Wie können wir sicher sein, dass unser Glaube echt ist, dass wir tatsächlich Christen sind? Manche verweisen dazu gern auf die lebensverändernde Kraft des Glaubens. Sind Christen nicht irgendwie moralischer, irgendwie besser als andere Menschen? Diese Gedankenlinie ist in doppelter Weise verhängnisvoll. Entweder, ich halte mich tatsächlich für besser als andere und werde so gerade die Art Christ, die für ihre Umgebung, fromm oder nicht, absolut unerträglich ist. Oder ich schaue in mein Leben und verzweifle daran, wie viel Sünde und wie wenig Gerechtigkeit ich dort finde. Aber spricht uns nicht auch Paulus in seinen Briefen als veränderte, neue Menschen an?
Nun, es gibt tatsächlich die verändernde Kraft des Heiligen Geistes, aber unser Heil hängt nicht an dem gefühlten Maß der

Veränderung. Es hängt allein an dem, was Christus am Kreuz für uns getan hat. Kein Christ ist nur Neuer Mensch. Wir sind auch noch Alter Mensch, haben zeitlebens mit der Sünde zu kämpfen. Das meint Luthers Formulierung „simul iustus et peccator" (Gerechter und Sünder zugleich). Er schreibt: „Inzwischen werden wir in diesem Vertrauen aufrechterhalten, daß Christus [...] uns mit seiner Gerechtigkeit überschattet. Mit diesem Schirm, mit dem Himmel der Sündenvergebung und mit dem Gnadenthron umschlossen und bedeckt, fangen wir an zu lieben und das Gesetz zu erfüllen. Aber wegen dieser Erfüllung werden wir in diesem Leben nicht gerechtfertigt und angenommen." Vollkommen werden wir erst im Himmel sein. Um uns unseres Glaubens zu vergewissern, sollten wir nicht auf uns schauen, sondern auf Christus. Ich darf an ihn glauben, und er ist meine Gerechtigkeit. Übrigens: Der Kampf zwischen Altem und Neuem Menschen in unserem Leben ist vielleicht das beste Zeichen dafür, dass sich etwas verändert hat. (JK)

Protagonisten

2. Timotheus 4,9-22 **Mittwoch, 7.**

Der Regisseur sitzt im dunklen Vorführraum und rauft sich die Haare. „Der Mantel" sollte der Film heißen. Mit Karpus als dem Helden. Ein Sandalen-Epos im Stil von „Das Gewand": orchestraler Soundtrack. Die Kamera schwenkt dramatisch von einer Straße in das Innere eines Hauses, ruht auf dem Mantel des Apostels Paulus. Achtundachtzig Minuten lang. Dann eine kurze Szene, in der Karpus dem Timotheus den Mantel mitgibt. Abspann. Der Regisseur seufzt. „Oh Mann! Dagegen ist ‚Warten auf Godot' ja ein Suspense-Thriller ..."

Ich bin sicher, über Karpus und seine Geschichte mit Gott wäre viel mehr zu sagen. Sie bleibt uns unbekannt, weil die biblische Kamera Paulus in den Blick nimmt, und vielleicht noch Timotheus. Aber Gott kennt Karpus' Geschichte. Er kennt auch unsere.

„Deine Augen sahen mich, da ich noch nicht bereitet war, und alle Tage waren in dein Buch geschrieben, die noch werden sollten und von denen keiner da war." *Psalm 139,16*

Schlüsselqualifikation: Integrität und Charakter

Titus 1,1-9 **Donnerstag, 8.**

Er war ein brillanter Kopf. Seine Vorträge und Bücher hatten vielen geholfen, Glauben und Denken zusammenzubringen oder sich dem Glauben überhaupt erst zu öffnen. Ein beeindruckender geistlicher Leiter! Bis sich Frauen an die Öffentlichkeit wandten – er hatte seine Machtposition ausgenutzt und Berufliches und Privates nicht voneinander trennen können. Die Beweislage wurde erdrückend...

Die Anforderungen, die Paulus hier an geistliche Leitungspersonen stellt, erscheinen nur auf den ersten Blick übermäßig hoch. Es geht ihm nicht um geistliche Strahlemänner, deren makellose Zähne auch in der letzten Reihe der Megachurch noch weiß leuchten – sondern um integre Menschen mit Charakter. Denen man abspürt, dass sie mit Jesus unterwegs sind. Leiter oder nicht: Woran orientiere ich mich?

„Was gering ist vor der Welt und was verachtet ist, das hat Gott erwählt, was nichts ist, damit er zunichtemache, was etwas ist."
1. Korinther 1,28

Wahrheit – und es gibt sie doch

Titus 1,10-16 **Freitag, 9.**

Gespräche über religiöse Fragen finden heute zumeist unter der Voraussetzung statt: Niemand darf behaupten, er habe die Wahrheit – sie entsteht erst auf unserer gemeinsamen Suche. Was genau genommen bedeutet: Bei Glaubensfragen geht es nicht um Realitäten – religiöse Aussagen sind Chiffren für Bedürfnisse, Ängste, Ziele etc., die wir Menschen haben. Paulus sieht das offenkundig anders: Er kämpft in drastischer Ausdrucksweise für die Wahrheit, von der er überzeugt ist. Dabei zitiert er das berühmte Paradoxon des Parmenides („Epimenides der Kreter sagte: Alle Kreter sind Lügner." Wenn Epimenides als Kreter – und damit Lügner – das sagt, kann es ja logisch betrachtet nicht stimmen ...). Bei den Christen in Kreta hatten offenkundig einige Menschen das Evangelium so raffiniert verdreht, dass für andere Lüge und Wahrheit nicht mehr zu unterscheiden waren. Was sind Wahrheiten, für deren Geltung sich zu kämpfen lohnt? Habe ich meine Überzeugungen wirklich durchdacht?

„Ihr werdet die Wahrheit erkennen, und die Wahrheit wird euch frei machen." *Johannes 8,32*

Ellenbogen einklappen

Titus 2,1-10 **Samstag, 10.**

Als Paulus über die Charaktereigenschaften von geistlichen Leitern sprach, konnte ich mich noch entspannt zurücklehnen (vgl. 8.2.). Und als Titus in den Gemeinden diesen Brief vorlas, dachten vielleicht die meisten: Aha, diese Predigt gilt nur für ... Als die Zeigefinger gerade schon auf die Gemeindeleitung zeigen wollten, klappt Paulus jeder einzelnen Gruppe in der Gemeinde die Ellenbogen ein (können Sie mal probieren und sehen, wo der Zeigefinger dann hinzeigt). Paulus möchte, dass sich das Zusammenleben der Menschen ändert. Ich wäre an seiner Stelle versucht gewesen, ein großes Reformprogramm zur Gesellschaftsveränderung zu entwerfen. Das wäre aber wieder der Zeigefinger, der auf das zeigt, was sich ändern muss. Paulus klappt mir den Ellenbogen ein! Wenn von Gottes Geist erneuerte Menschen anfangen, anders zu leben – dann ist so etwas wie Sklaverei nicht mehr lebbar. Wo fängt es bei mir heute an? (Zur Aussage, dass die Frauen sich den Männern unterordnen sollen, vgl. 24.05.)

„Dich selbst aber erweise als Vorbild [...]" *Titus 2,7*

WOCHENSPRUCH

Seht, wir gehen hinauf nach Jerusalem, und es wird alles vollendet werden, was geschrieben ist durch die Propheten von dem Menschensohn. *Lukas 18,31*

In Deinen Händen

Psalm 31 **Sonntag, 11.**

„In deine Hände befehle ich meinen Geist" (V. 6) – Die letzten Worte Jesu am Kreuz, geliehen von David, aus diesem Psalm (Lk 23,46). Ich muss ihn heute dreimal lesen: Beim ersten Mal versetze ich mich in Gedanken in das Leben Davids. Vor meinem geistigen Auge sehe ich Saul, der ihn umbringen will. Absalom, der ihn aus Jerusalem vertreibt. Beim zweiten Lesen sehe ich Jesus, der diesen Psalm betet. Ich sehe die Pharisäer und Schriftgelehrten. Die pennenden Jünger in Gethsemane. Judas. Die römischen Soldaten. Beim dritten Mal lese ich ihn vor der Hintergrundfolie meines eigenen Lebens. Ich persönlich merke dankbar: So übel hat man mir noch nicht mitgespielt. Was passiert vor Ihrem geistigen Auge? Was auch immer da jetzt für Bilder erscheinen – Sie können mit dem Psalm beten:

„In deine Hände befehle ich meinen Geist [...] Meine Zeit steht in deinen Händen." *Psalm 31,6.16*

Gute Taten – gelebter Glaube

Titus 2,11-15 **Montag, 12.**

Zwei unscheinbare Worte ziehen sich wie ein roter Faden durch die Texte der nächsten Tage: gute Werke. Wortgenau übersetzt sind es Taten, Handlungen, die von guter Art, ja schön sind. Diese Schönheit speist sich aus einem Leben im Einklang mit Gott. Unsere Vergangenheit ist geklärt durch Christus (V. 14), die Zukunft durch Gott selbst garantiert (V. 13), in der Gegenwart ist unsere Tat gefordert (V. 12,14). Die „heilende Gnade" betrifft nicht allein unsere Erlösung, sie zielt auch auf Veränderung unseres Alltags.

Sie fordert heraus, wörtlich: erzieht und befähigt uns zu guten Taten, nicht damit wir uns „den Himmel verdienen", sondern heute von Gottes Maßstäben geprägt leben. „Die Werke wenden nicht meine Not, sondern sie sind bestimmt, die Not meines Nächsten zu wenden." (Hans J. Iwand). Wem kann ich heute eine schöne Überraschung bereiten?

„So ist auch der Glaube, wenn er nicht Werke hat, tot in sich selber."
Jakobus 2,17

Gute Taten – Echo auf Gottes Güte

Titus 3,1-7 **Dienstag, 13.**

Titus soll die Gemeinde erinnern, stets zu guten Taten bereit zu sein. Keine Schmähungen, keine Rufschädigungen, kein Streuen von Gerüchten, sondern freundlicher, wohlwollender, gütiger Umgang mit „allen Menschen". Das klingt nach permanenter Überforderung. Aber alles beginnt mit unverdienter Gnade, Gottes Barmherzigkeit, die sich gezeigt hat als Freundlichkeit und Menschenliebe. Das gilt es, sich immer wieder vor Augen zu führen. „Die Liebe zum Nächsten ist ein Zeichen, wie reich uns Gott mit seiner Gnade beschenkt hat [...] Ich suche nicht den Nächsten, um ihm Liebe anzutun, sondern ich glaube an die Liebe Gottes und in solcher Liebe finde ich den Nächsten, der sie braucht." (Hans J. Iwand). Gebet: Herr, öffne alle meine Sinne für deine Freundlichkeit und Menschenliebe.

„Als aber erschien die Freundlichkeit und Menschenliebe Gottes, unseres Heilands, machte er uns selig [...] nach seiner Barmherzigkeit."
Titus 3,4-5

Gute Taten – keine wertlosen Wortgefechte

Titus 3,8-15 **Mittwoch, 14.**

„Hervortun mit guten Werken“ bildet die Klammer um die Schlussgedanken des Briefes (V. 8,14). Gestern wurde die Triebkraft für gute Taten dargelegt, Gottes Freundlichkeit und das erneuernde Wirken des Heiligen Geistes. Gute Lehre darüber führt zu guten Taten. Wo ernsthaftes Lehren und Lernen vernachlässigt wird, bleiben nicht nur entsprechende Taten aus; es kommt vielmehr zu abstoßenden, dummen Wortgefechten, schließlich zu Zwiespalt, Streit und Trennungen. Die Themen wechselten im Laufe der Jahrhunderte, die Ergebnisse sind gleichermaßen fruchtlos. Gefragt sind Menschen, die ihren Glauben in wohltuende Taten umsetzen und so zu Vorbildern werden (wörtlich: sich hervortun). Auf welchen Leserbrief, welchen Gesprächsbeitrag, welche Tweets und Posts kann ich heute verzichten?

„Darum will ich, dass du festbleibst, damit alle, die zum Glauben an Gott gekommen sind, darauf bedacht sind, sich mit guten Werken hervorzutun.“ *Titus 3,8*

Gute Taten – Lebensstil der Christen

Philemon 1-25 **Donnerstag, 15.**

In unseren Bibeln schließt sich der kurze Philemonbrief an den Titusbrief an. Wieder geht es um das Gute (V. 6.14). Thema ist nicht in erster Linie der Konflikt um Onesimus, sondern dass in dieser Situation der Glaube seine verändernde Kraft entfaltet. Das gute Werk ist weniger eine einzelne Tat, vielmehr eine von Christus her bestimmte neue Sicht- und Lebensweise („in Christus“, V. 8,20, finden wir oft bei Paulus). Die Sklaverei an sich thematisiert er nicht (vgl. hierzu den „Hintergrund“ S. 79). Aber die christliche Liebesethik war so radikal, dass sie in der Antike die Sklaverei ins Wanken brachte. Wo Menschen christusorientiert leben, wirkt das in den politischen Raum hinein. (Dass es in der Neuzeit mit der Sklavenfrage so lange gedauert hat, bleibt ein „Stachel“

für das Christentum). Gebet: Jesus, hilf mir, dass mein Lebensstil immer deutlicher sichtbar von dir geprägt ist.

„Hier ist nicht Jude noch Grieche, hier ist nicht Sklave noch Freier, hier ist nicht Mann noch Frau; denn ihr seid allesamt einer in Christus Jesus.“ *Galater 3,28*

Das zweite Buch Mose (= Exodus)

Am 20. Juli 1947 landete das Flüchtlingsschiff „Exodus“ mit etwa 5000 europäischen Juden in Haifa. Der Name des Schiffes erinnert an das wichtigste Ereignis in Israels Geschichte: „Ich bin der HERR, dein Gott, der ich dich aus Ägypten, aus der Knechtschaft, geführt habe“ (2 Mose 20,2).

Vor über 3000 Jahren fing die Geschichte an: Gott befreit das Volk aus der Sklaverei – die 10 Plagen, das Passah, der Durchzug durchs Schilfmeer (Kap. 1–15). Er bewahrt es auf dem Weg durch die Wüste (Kap. 16–18). Er schließt mit den Israeliten am Sinai einen Bund und gibt ihnen die Gebote, angefangen mit den berühmten 10 (Kap. 19+20). Durch die Anbetung des Goldenen Kalbes kommt es zum Bruch. Der Bund und die Gesetzestafeln werden erneuert (Kap. 32–34). In alldem lernt Israel Gott als einen befreienden und gnädigen Gott kennen. Ein Gott, der vorangeht, auf den Verlass ist und der sein Volk durch Gebote zu einem förderlichen Gemeinschafsleben verpflichtet. Und ein Gott, der sich mit seinem Namen, Jahwe, vorstellt (3,14). All dies wird durch ausführliche Geschichten z. T. doppelt erzählt und durch lange Gesetzestexte konkretisiert, die weit über das Buch Exodus hinausreichen. Der Sinai-Abschnitt endet erst in 4. Mose 10, die Erzählung vom 2. Teil der Wüstenwanderung wird dort erst fortgesetzt.

Die diesjährige Bibellese überspringt manche Texte, so die nochmalige Erzählung der Mose-Berufung (Kap. 6), die 2.–9. Plage in Ägypten (Kap. 8–10), einige Gesetzestexte, die Anweisungen für

die Gestaltung sowie den Bau der Stiftshütte, dem „Zelt der Begegnung“ (Kap. 26–31; 35–39).
Aus den Sklaven in Ägypten wird ein freies Volk – mit eigener Gesetzgebung, eigenem Heiligtum, und vor allem einem Gott, dessen Treue und Geduld von Anfang an jede menschliche Vorstellungskraft übersteigen. Bis heute werden Befreiungsbewegungen, wie z.B. die amerikanische Bürgerrechtsbewegung, von dieser „Ur-Befreiung“ inspiriert. (UB)

Leben ermöglichen – solange es geht!

2. Mose 1,1-22 **Freitag, 16.**

Hebammen tun ihren Dienst an der Grenze zwischen Leben und Tod. Längst nicht immer kommt ein gesundes Kind zur Welt, manchmal sterben Kinder bei der Geburt, in vergangenen Zeiten noch sehr viel öfter als heute. Immer sind solche schrecklichen Momente auch eine besondere Herausforderung in der Seelsorge, bei Eltern und Hebammen. Pharao will neben der Versklavung der Israeliten auch ihr biologisches Leben vereinnahmen und die neugeborenen Söhne töten. Die Hebammen wissen: Gott schenkt und nimmt das Leben der Menschen. Für sie ist Gottesfurcht Glaubensgehorsam. Schifra und Pua, ihre Namen sind überliefert, wenden eine List an, um dem grausamen Auftrag auszuweichen. Sie ermöglichen Leben – solange es geht. Was bedeuten für mich Glaubensgehorsam und Gottesfurcht? Wie bestimme ich für mein Leben ihr Verhältnis zueinander?

„Die Furcht des HERRN ist eine Quelle des Lebens, dass man meide die Stricke des Todes.“ *Sprüche 14,27*

Die überaus erstaunliche Tochter des Pharao

2. Mose 2,1-10 **Samstag, 17.**

Das Weinen eines kleinen Babys lässt kaum jemand ungerührt – es sei denn, man ist grausam genug, den Mord an kleinen Kindern für seine politischen Ziele in Kauf zu nehmen, wie der Pharao.

Seine Absicht ist es, das Volk biologisch auszulöschen. Dreimal überrascht ausgerechnet die Tochter des Pharaos: Es „jammert" sie das Schicksal des kleinen, „feinen" Jungen, den sie sofort als hebräisches „Kindlein" (wahrscheinlich an der Kleidung) erkennt. Eine Amme wird gesucht – und nicht ganz zufällig hielt sich die Schwester des Mose in der Nähe auf. So wird die eigene Mutter auf wundersame Weise kurzfristig zur „Pflegemutter". Schließlich wird Mose zur Tochter des Pharao gebracht und adoptiert. Was wohl der Pharao dazu zu sagen hatte?

„Als es aber Jesus sah, wurde er unwillig und sprach zu ihnen: Lasset die Kinder zu mir kommen und wehret ihnen nicht, denn solchen gehört das Reich Gottes." *Markus 10,14*

Wochenspruch

Dazu ist erschienen der Sohn Gottes, dass er die Werke des Teufels zerstöre. *1. Johannes 3,8 b*

Keine Garantieerklärung

Psalm 91 **Sonntag, 18.**

Wer den Psalm 91 rational und mit kühlem Kopf liest, gerät unwillkürlich in ein Dilemma. Denn rein objektiv betrachtet kann auch Menschen, die sich zu Gott bekennen, Schlimmes widerfahren. Bewusst zitiert darum der Teufel, als er Jesus in Versuchung führen will (Mt 4), V. 11-12 dieses Psalms. Recht verstanden handelt es sich hier also nicht um eine Kopfaussage, sondern um eine Herzenserfahrung. So wie ein impressionistischer Maler in den kühnsten Farben einen Sonnenaufgang festhalten würde, so beschreibt der Beter überschwänglich das Gefühl einer unerschütterlichen Geborgenheit in Gott. Praktisch bedeutet dies: Es mag zwar geschehen, dass mich ein Schicksalsschlag trifft, aber selbst das entreißt mich nicht dem Schutzraum Gottes.

„Seine Wahrheit ist Schirm und Schild, dass du nicht erschrecken musst vor dem Grauen der Nacht.“ *Psalm 91,4-5*

Gott schreibt auch auf krummen Linien gerade

2. Mose 2,11-25 **Montag, 19.**

Die besonderen Geschicke von Hagar, Rebekka und jetzt auch Mose nehmen an einem Brunnen eine Wende. Im Neuen Testament gilt das dann auch für die Frau, mit der Jesus am Jakobsbrunnen spricht. Ein Ereignis folgt im Leben des Mose nach dem anderen, von der Kindheit im Palast bis zur Hochzeit in der Wüste. Eine lange Zeit vergeht. Es scheint, als liefe dieses alles ab, ohne dass Gott irgendwie tätig wäre. Dieser Schein trügt: Im Blick auf das wortlose Stöhnen des unterdrückten Volkes, den Aufschrei aus der Bedrängung und das Schreien aus Angst, Zorn und Schmerz greift Gott ein. Gott hört, gedenkt, sieht und offenbart sich, wie wir an Moses Lebenslauf sehen. Gott handelt damals durch Vorsorge, Fürsorge und Vorkehrung – heute nicht minder. Mitten in unseren teils sehr widrigen Lebensumständen vertrauen wir darauf, dass Gott sein Wort hält.

„Er hielt sich an den, den er nicht sah, als sähe er ihn.“ *Hebräer 11,27*

Sag mir deinen Namen und ich sage dir, wer du bist

2. Mose 3,1-22 **Dienstag, 20.**

Welchen oder wie viele Namen hat Gott? 99? Oder weniger? Wie sprechen wir Gott als Herrn mit Namen in unseren Gebeten an? Interessant ist, wie Gott, der HERR (was in unseren Bibeln für Gottes Eigennamen, Jahwe, steht), sich Mose vorstellt, als dieser nach seinem Namen fragt: „Ich werde sein, der ich sein werde“. Einerseits eine etwas rätselhafte Antwort, andererseits klingt in diesem Namen so etwas wie eine Verheißung an. Gott wird sich als Herr der Geschichte und der Geschicke erweisen – was den

Weg des Mose angeht, indem Gott sein Volk in Ägypten aus der Versklavung und Unterdrückung erlöst. Mehr noch: Gott der Herr erweist sich als der, „der er sein wird", in Jesus Christus. Als Gott, der uns frei macht von Schuld, Sünde und vom Tod.

„Und in keinem andern ist das Heil, auch ist kein andrer Name unter dem Himmel den Menschen gegeben, durch den wir sollen selig werden." *Apostelgeschichte 4,12*

Holpriger Start im Dienst des Herrn

2. Mose 4,1-17 **Mittwoch, 21.**

Gott möchte Mose unbedingt beauftragen, das Volk aus der Unterdrückung zu befreien. Mose aber ziert sich, und zwar nicht nur ein wenig. Man werde ihm nicht glauben, sagt er. Außerdem könne er nicht so überzeugend reden. Schließlich sei er der Aufgabe nicht gewachsen, jemand anders solle an seiner Stelle gehen. Gott hält wenig von solchen Ausflüchten, wirkt leicht verärgert. Er bleibt bei seinem Auftrag. Vielleicht ist das etwas, das uns erschreckt oder beunruhigt. Gott möchte keine Ausreden von uns. Gott will unser ganzes Leben ausfüllen. Er will uns gebrauchen. Sowohl die Erfahrungen unseres Lebens, unsere Herkunft und Erziehung, unser Charakter, unsere Stärken, als auch unsere sozialen Kontakte: Alles wird von Gott in den Dienst genommen. Für Gott ist kein Mensch unbrauchbar.

„Seid nicht träge in dem, was ihr tun sollt. Seid brennend im Geist. Dient dem Herrn." *Römer 12,11*

Überwindbar

2. Mose 4,18-31 **Donnerstag, 22.**

„Wie schaffst du das nur?" Wie oft habe ich das schon gedacht, gesagt oder sogar gehört. Es sind Situationen, in denen etwas unmöglich scheint, zu groß, zu schwer, zu viel. Und dann gibt es dieses „trotzdem" und es ist möglich. Auch Mose macht sich trotzdem auf den Weg, der ihm viel zu schwer scheint und der für das Volk Israel Erleichterung bedeutet. Und er ist nicht alleine. Gott rüstet Mose aus, sorgt mit Unterstützung für ihn und ist bei jedem Schritt da. Gottes Handeln ist verflochten auch mit unserer Geschichte. Lasst uns nicht nur auf das sehen, was uns unüberwindbar scheint. Wir können staunen, wo Gott Situationen in unserem Leben schafft, in denen wir wie das Volk Israel voller Freude und Dankbarkeit Erleichterung erleben. Unser Gott hält mich und dich in seiner Hand und macht alles gut.

„Er wird deinen Fuß nicht gleiten lassen, und der dich behütet, schläft nicht."
Psalm 121,3

Ich bin bei dir

2. Mose 5,1–6,1 **Freitag, 23.**

„Kann es überhaupt noch schlimmer kommen?" Solche Zeiten können ganz schön hart sein. Vielleicht habe ich sogar Hoffnung in etwas oder jemanden gesetzt und doch geht es weiter bergab. Das Volk Israel hatte Hoffnung in Mose und Aaron gesetzt, die von Gottes Errettung aus ihrer Not gesprochen hatten. Doch nun wird genau durch sie alles nur noch schlimmer. Auch Mose wendet sich in seinen Zweifeln erneut an Gott und stellt die Frage: Warum lässt Gott sein Volk so sehr leiden? Aber Gott verliert sein Volk nicht aus den Augen. Nicht die Entscheidung des Pharao zählt, sondern Gottes Stärke: Gott wird sein Volk erretten. Lasst auch uns heute auf die starke Hand, auf die Stärke vertrauen, die von Gott kommt. Das letzte Wort über unser Leben und unsere Rettung hat Gott. Und er hat diesen Weg für uns schon vorbereitet.

„Seid fröhlich in Hoffnung, geduldig in Trübsal, beharrlich im Gebet."
Römer 12,12

Genau so!

2. Mose 7,1-13 Samstag, **24.**

Noch einmal. Sich nach einer negativen Erfahrung mit der gleichen Aufgabe, dem gleichen Ziel noch einmal auf den Weg zu machen, kann ganz schön schwer sein. Wie gut ist es dann, einen Plan zu haben, genau zu wissen, was passieren wird. Als Mose und Aaron erneut zum Pharao gehen, erleben auch sie: Es passiert genau so, wie Gott es gesagt hat. Gott hatte sie genau vorbereitet auf das, was geschehen würde, hatte ihnen Sicherheit gegeben. Und so wird in einem Wunder vor dem Pharao, den Weisen und Zauberern des Landes deutlich: Der Gott Israels wirkt durch Mose und Aaron. Ich möchte aufmerksam werden, wo Gott heute in meinem Leben wirkt, möchte auch da die kleinen und großen Wunder im Alltag entdecken. Auch heute gilt: Gott hat einen Plan für uns. Wir dürfen sicher unsere Schritte gehen, auf dem Weg, den er für uns erdacht hat.

„Dein Reich komme. Dein Wille geschehe wie im Himmel so auf Erden." *Matthäus 6,10*

Wochenspruch

Gott aber erweist seine Liebe zu uns darin, dass Christus für uns gestorben ist, als wir noch Sünder waren. *Römer 5,8*

Neuausrichtung

Psalm 123 Sonntag, **25.**

Wo brauche ich heute Gottes Gnade? Wo hoffe ich auf sein Eingreifen? Für den Psalmbeter ist es eine Situation, in der er sich schon zu lange wiederfindet. In einer Zeit, in der er Spott und Verachtung erlebt, richtet er sich auf und bringt seine Klage vor seinen Herrn. Er spricht dem Volk Gottes aus der Seele, das darunter leidet, was ihm begegnet. Wie oft erleben auch wir Momente, in denen uns unser Leben gar nicht so leicht vorkommt. Ich möchte von der Geduld und dem Glauben des Psalmbeters lernen, der in

Bedrückung nicht bei sich bleibt, sondern aufschaut, den Blick auf Gott richtet und von ihm alles erwartet. Gott verliert uns nicht aus dem Blick und greift auch in unser Leben wohlwollend ein.

„Der Gott aller Gnade aber, der euch berufen hat zu seiner ewigen Herrlichkeit in Christus, der wird euch, die ihr eine kleine Zeit leidet, aufrichten, stärken, kräftigen, gründen." *1. Petrus 5,10*

Wer nicht hören will, muss fühlen

2. Mose 7,14-25 **Montag, 26.**

Was das Sprichwort besagt, erlebt der ägyptische Herrscher auf drastische Weise. Erneut hat er die Forderung von Mose und Aaron negativ beschieden, das Volk Israel ziehen zu lassen. So kommt, was kommen muss: Aus Wasser wird Blut. Der Lebenssaft des Nils, der Lebensader Ägyptens, wird zur ekligen Brühe. Das gesamte Volk muss durchleiden, was ihm der Pharao durch seinen Ungehorsam eingebrockt hat. Zwar hat Gott das vorausgesehen, aber das entschuldigt den Herrscher nicht. Der „nahm sich auch dies nicht zu Herzen" und wandte sich seinen Alltagsgeschäften zu. Wohl uns, wenn wir's heute anders halten! Manchmal steht uns klar vor Augen, was Gott von uns will. Aber leider haben wir oft anderes im Sinn. So ziehen wir uns einige Schäden selbst zu, weil wir unseren eigenen Kopf durchsetzen wollen. Davor möge uns Gott bewahren, indem wir zu ihm beten und auf sein Wort hören.

„Lass mein Volk ziehen, dass es mir diene in der Wüste." *2. Mose 7,16*

Ein Ende mit Schrecken

2. Mose 11,1-10 **Dienstag, 27.**

In Ägypten folgt eine Plage auf die andere, jede noch schrecklicher als die vorherige. Neun an der Zahl. Die schlimmste steht noch aus: Tötung der erstgeborenen Kinder – ohne Rücksicht auf Namen und Stand. Sogar Tiere sind in das grausame Geschehen einbezogen (V. 5). Dennoch lehnt der Pharao weiterhin den Auszug der Israeliten ab. Was muss wohl noch passieren, bis er endlich zur Besinnung kommt? Wenn berichtet wird, dass Gott das Herz des Pharaos „verstockt hat" (V. 10), entschuldigt das keineswegs das Verhalten des Königs. Er trägt die volle Verantwortung für sein Tun. Wie „Verstocken" und Entscheidungsfreiheit zusammenhängen, durchschaut nur Gott. Aber keiner kann sich für sein böses Handeln auf Gott berufen und sich damit entschuldigen. Wohl uns, wenn wir in Gottes Spur denken und leben. Das wird uns und anderen zum Segen sein.

„[...], auf dass meiner Wunder noch mehr werden in Ägyptenland."
2. Mose 11,9

Die Rettung steht bevor

2. Mose 12,1-20 Mittwoch, **28.**

Das Passahfest, das bis zum heutigen Tag von den Juden in aller Welt gefeiert wird, startet unter dramatischen Umständen in Ägypten. Während im Land die erstgeborenen Kinder getötet werden, setzt Gott für sein Volk Israel erfreuliche Akzente: Bald geht es in die Freiheit! Minutiös wird geschildert, wie das Passahfest zu feiern ist. Eine üppige Mahlzeit – es wird die letzte in Ägypten sein – bildet den Auftakt. Dabei soll nichts aus der Vergangenheit mit in die Zukunft gehen: Deshalb ist Sauerteig verboten. Daneben macht das Blut den Unterschied. Es wird zum rettenden Signal (V. 13). Kein Wunder, dass die christliche Gemeinde seit jeher das Passahfest mit Jesus verbindet. Er ist das wahre und endgültige „Lamm Gottes" (Joh 1,29), das für uns geopfert wurde. Sein Blut „macht uns rein von aller Sünde" (1 Joh 1,7). Damit werden auch in unserem Leben neue Anfänge gesetzt.

„Wo ich das Blut sehe, will ich an euch vorübergehen." *2. Mose 12,13*

Weitersagen, was Gott getan hat

2. Mose 12,21-33.51 **Donnerstag, 29.**

Die Israeliten tun das Befohlene und bestreichen die Pfosten ihrer Türen mit Blut. So wird das Verderben an ihnen vorübergehen. Währenddessen geht in ganz Ägypten das große Sterben der Erstgeborenen um. Der Tod macht weder vor Mensch noch Tier halt (V. 29) und löst „ein großes Geschrei" aus (V. 30). Am Ende steht die Freiheit für das Gottesvolk (V. 32f.). Die israelitischen Kinder werden über die göttliche Rettungsaktion informiert (V. 26f.). Was Gott getan hat, soll von Generation zu Generation weitererzählt werden. Diese Aufgabe bleibt bis zum heutigen Tag – auch in der Christenheit: Einer erzählt's dem anderen. So läuft die rettende Botschaft weiter. Vielleicht ergeben sich auch für uns gute Gelegenheiten, anderen von dem zu berichten, was Gott an uns getan hat und was wir ihm verdanken.

„Kommt her, [...], ich will erzählen, was er an mir getan hat."

Psalm 66,16

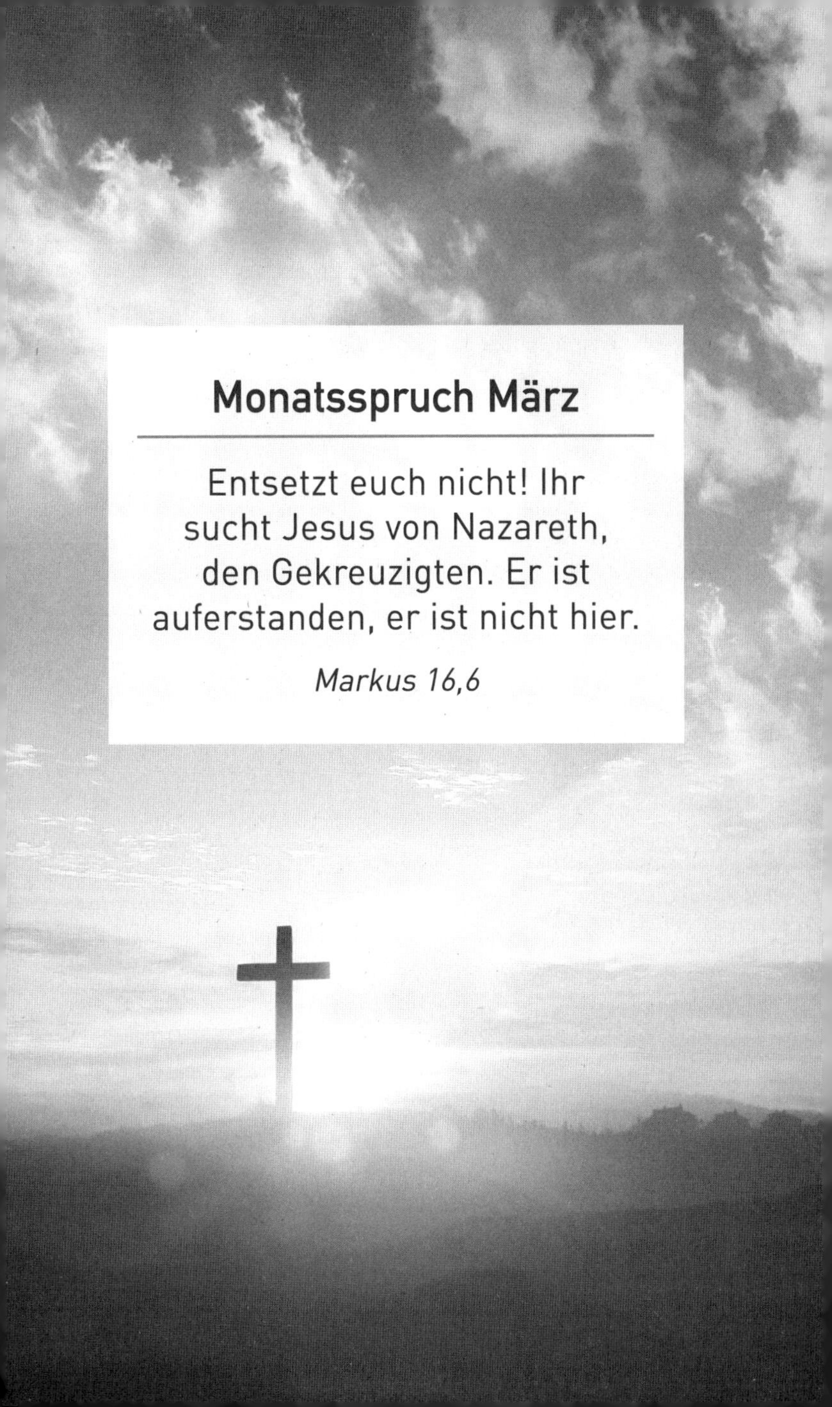

Monatsspruch März

Entsetzt euch nicht! Ihr sucht Jesus von Nazareth, den Gekreuzigten. Er ist auferstanden, er ist nicht hier.

Markus 16,6

Einführung in das Markusevangelium
s. S. 8

Im falschen Zug

Markus 10,32-45 **Freitag, 1.**

Ehepaar Schulz quält sich durch den vollen Zug, die Gattin im Pelzmantel und in gebieterischer Pose vorneweg, der kleine Mann ächzend unter vier Koffern hintendrein. Vierter Waggon. Nichts frei. „Äh, Schatz, ich denke…“, piepst Herr Schulz verzweifelt. „Herbert, wo bleibst du mit den Koffern?“ Neunter Waggon. „Endlich, zwei Plätze.“ Frau Schulz triumphierend. „Aber Schätzchen…“, „Pack die Koffer oben ins Gepäcknetz. Und die anderen dort unters Fenster.“ Sie sitzen. „Äh, Schatz…!“ „Was ist denn noch, Herbert?“ „Entschuldige, aber das hier ist nicht unser Zug nach Salzburg.“

Die beiden Jünger träumen von Ministerposten, aber ihr Zug fährt in eine ganz andere Richtung: in Kreuz und Leiden für Jesus – und für die beiden (und uns) in ein Leben als Diener, nicht als Herrscher. Mehr noch: Für Jesus ist gerade ein echter Leiter ein Diener.

„Denn ein Beispiel habe ich euch gegeben, damit ihr tut, wie ich euch getan habe.“ *Johannes 13,15*

Der Schritt ins Licht

Markus 10,46-52 **Samstag, 2.**

Wer immer im Schatten gelebt hat, der fürchtet das Licht. Das Licht, das er liebt, ohne es zu kennen. Das Licht einer nie gesehenen Heimat, nach der sein Herz sich sehnt. Zögernd strebt er nach dem Licht, doch die Schatten werden dichter, werden dunkler, wollen ihn zurückziehen ins Gewohnte, in die alte, bequeme, vertraute Hoffnungslosigkeit. Aber er geht weiter, überschreitet die Linie, tritt ins Licht. Zum ersten Mal sieht er, und er erkennt,

dass ein anderer ihn schon sein ganzes Leben angesehen hat, mit Augen voller Liebe.
Die Geschichte des Bartimäus ist die Geschichte des Christen. Gewiss, wir leben im Glauben und nicht im Schauen. Gewiss, nicht jeder beginnt sein Christsein mit einem solchen Augenöffner. Aber jedem Christen hat Jesu Licht irgendwann das Herz geöffnet. Und Jesus sieht uns an und er sagt Ja zu uns.

„Und das Licht scheint in der Finsternis, und die Finsternis hat's nicht ergriffen." *Johannes 1,5*

Wochenspruch
Wer die Hand an den Pflug legt und sieht zurück, der ist nicht geschickt für das Reich Gottes. *Lukas 9,62*

Gut versichert?

Psalm 141 **Sonntag, 3.**

Herr Schilling blickt vergnügt auf die Angebote des Versicherungsvertreters: Lebensversicherung, Krankenversicherung, Feuerversicherung... „Also, wenn ich die alle abschließe, dann brennt es nicht bei mir, ich werde nie krank und sterben muss ich auch nicht?" „Doch, doch – der Leistungsfall tritt erst ein, nachdem Sie ein Unheil getroffen hat."
Versicherungen haben ihre Grenzen. Der Glaube auch? Wir Gläubigen sind nicht sicher vor tödlichen Autounfällen. Warum dann noch um Bewahrung beten wie der Psalmist? Wenn der Schutz vor Leid nicht sicher ist? Vielleicht, weil alles, was geschieht, erst über Gottes Schreibtisch muss. Vielleicht, weil er uns nicht nur vor dem Leid, sondern mitten im Leid bewahren kann. Weil er uns im Leid nicht alleinlässt, auch wenn Fragen bleiben. Weil das Leid nicht das letzte Wort hat.

„Vater, willst du, so nimm diesen Kelch von mir; doch nicht mein, sondern dein Wille geschehe!" *Lukas 22,42*

Jahreslosung 2024

Alles, was ihr tut, geschehe in Liebe. (1. Korinther 16,14)

Ein Haus ohne Liebe?

Wie ist ein Haus ohne Liebe? Vielleicht ist es groß und prächtig, fest gebaut und großartig eingerichtet. Aber alle Lampen und Leuchter vertreiben niemals seine Schatten, und der Besucher fröstelt, auch wenn er direkt am Kaminfeuer steht. Vielleicht hat es viele Bewohner, aber Heimat hat keiner. Sie sind nebeneinander einsam, in fieberhafter Betriebsamkeit oder resignierter Lethargie, jeder allein, gefangen tief unten im Brunnen seiner Persönlichkeit. Das Haus ist voller Bilder, doch abgebildet ist immer nur eine einzelne Person.

Wie ist ein Mensch ohne Liebe? Vielleicht wie eine Kerze, niemals entzündet. Wie ein hoch gewachsener Weihnachtsbaum in der Ecke des Zimmers, geschmückt mit den schönsten Kugeln und Lametta, aber vergessen von allen, ohne Lichterglanz, Weihnachtslieder und Kinderlachen, bis zu dem Tag, an dem seine Nadeln fallen. Wie ein Kristallgefäß, irgendwo ganz hinten in der Vitrine, gedacht für edlen Wein, das niemals Gläser gefüllt hat, weil es selbst niemals mit Wein gefüllt worden ist.

Wie ist eine Gemeinde ohne Liebe? Vielleicht ein beeindruckendes Gebäude mit Buntglasfenstern, sakraler Kunst und imposanter Orgel. Oder ein nicht weniger beeindruckendes Gemeindezentrum im Gewerbegebiet, mit fünfzehnhundert Sitzplätzen, modernster Musiktechnik und Simultanübersetzung in ein Dutzend Fremdsprachen. Oder auch ein altes oder modernes Gebäude, dessen innere Armut auch äußerlich offensichtlich ist. Pastor Heinrich Kemner sprach gern über den Unterschied zwischen Erfolg und Frucht. Erfolg können wir Menschen machen. Frucht muss geschenkt werden. Und ich glaube, Erfolg ist möglich ohne Liebe, aber Frucht niemals. Die Liebe selbst ist Geschenk, ist Frucht des Heiligen Geistes (Gal 5,22). (JK)

Sehenden Auges

Markus 11,1-11 **Montag, 4.**

Unsere Augen und unser Gehirn sind so „verdrahtet", dass wir meist sehen, was wir zu sehen erwarten oder zu sehen gewohnt sind. Wir ordnen die Informationen, die unsere Augen liefern, in unsere normalen Denkmuster ein, erkennen Dinge, bevor wir sie wirklich identifiziert haben. So müssen wir beim Lesen nur den ersten und letzten Buchstaben eines Wortes gesehen haben, um es zu verstehen. Den Rest ergänzt unser Gehirn. Dabei sind natürlich Fehler möglich. Die Jünger glauben, die Situation korrekt identifiziert zu haben. Ihr Meister zieht als König in Jerusalem ein. Sie alle waren auf dem Weg ganz nach oben. Jesus erhofft nichts. Er weiß, was kommt. Er erfüllt den Plan des Vaters und schickt nach dem Esel. Sehenden Auges geht er in den Tod – und das bringt uns wirklich ganz nach oben.

„Siehe, dein König kommt zu dir, ein Gerechter und ein Helfer, arm und reitet auf einem Esel, auf einem Füllen der Eselin." Sacharja 9,9

Kragen geplatzt?

Markus 11,12-25 **Dienstag, 5.**

Der kleine Pierre mag ja der Sonnenschein der ganzen Kita sein, aber heute sieht der kleine Strahlemann rot. Vier- oder fünfmal hat er versucht, seinen Turm aus Bauklötzen zu vollenden, aber seine architektonischen Träume scheitern immer am selben Klotz. Und der fliegt jetzt – geradewegs aus dem Fenster.

Ist das das Bild, das der Text von Jesus zeichnet? Ungerechte Zerstörungswut gegen den armen Feigenbaum? Nein, es ist einfach eine Illustration Jesu, und die steht ethisch auf derselben Stufe, wie wenn ein Vater eine Blume pflückt, um seinem Kind etwas zu erklären. Verdorrte Feigenbäume und ins Meer versetzte Berge stehen für die Macht des Gebets. Und beim Beten sollen wir uns nicht Gedanken machen, ob Jesu Sündlosigkeit mit diesem negativen Wunder zusammenpasst, sondern dass wir unserem Nächsten seine Schuld vergeben.

„Kannst du die Bande des Siebengestirns zusammenbinden oder den Gürtel des Orion auflösen?“ *Hiob 38,31*

Kompetenzgerangel? Nein danke!

Markus 11,27-33

Mittwoch, 6.

Jesus hat mit der Tempelreinigung am Tag zuvor Unordnung in die Religiosität der Verantwortlichen gebracht. Mit welcher Berechtigung tut er das, wird nun gefragt. – Auch heutzutage würde solch eine Einmischung schnell die Frage nach der fachlichen Kompetenz des Störenfrieds aufwerfen. Jesus verzichtet an dieser Stelle auf ein Kompetenzgerangel, denn die richtige Antwort, „Ich habe meinen Auftrag von Gott (und ihr leider nicht)“, würde nicht weiterhelfen. Was Jesus zu sagen hätte, interessiert die Verantwortlichen nicht. Das Gesicht der geistlichen Würdenträger soll gewahrt werden. – Interessiert mich, was Jesus zu meinem Leben zu sagen hat? Oder gibt es in meinem Glaubensleben unbequeme Wahrheiten, die ich lieber nicht hören will?

„Menschenfurcht bringt zu Fall; wer sich aber auf den HERRN verlässt, wird beschützt.“ *Sprüche 29,25*

Bin ich gemeint?

Markus 12,1-12

Donnerstag, 7.

Jesus erzählt dieses Gleichnis den religiösen Verantwortlichen seiner Zeit. Es ist offensichtlich, wen er mit den gierigen Pächtern meint: Ihr seid gemeint! Diesen Satz höre ich auch für uns heute aus dem Gleichnis heraus. Auch ich habe von Gott beste Voraussetzungen für ein gelingendes Leben zur Verfügung gestellt bekommen. Wie gehe ich mit seinen Leihgaben um? Und wer bekommt vom Ertrag etwas ab?
Ein zweiter Gedanke zum Text bringt mich ins Nachdenken. Der Besitzer des Weinbergs, also Gott, ist bis zum Wendepunkt in V. 7.8 sehr sanftmütig. Seine Boten kommen „nur“ mit Worten,

ohne Waffen, Armee oder Zwangsvollstreckungsbescheid. Habe ich im lauten Getöse dieser Welt noch Ohren für Gottes leise, aber stete Töne? Und wie gehe ich heute mit „sanftmütigen" Mitmenschen um? Lasse ich sie zu Wort kommen oder mache ich sie mundtot?

„Selig sind die Sanftmütigen; denn sie werden das Erdreich besitzen."
Matthäus 5,5

Auf die Probe gestellt

Markus 12,13-17 **Freitag, 8.**

Wurden wir schon einmal wegen unseres Glaubens in Bedrängnis gebracht? Mir ging es vor vielen Jahren so, und ich habe in dem Gespräch sehr geschwitzt. Ich gab mein Bestes, fand mich aber nicht sehr überzeugend. Und so klug wie Jesus in unserem heutigen Text habe ich erst recht nicht geantwortet. Aber Gottes Wahrheit ist nicht allein an unsere Überzeugungskraft gebunden. Gott sei Dank. Einige Jahre später kam der „Bedränger" und entschuldigte sich bei mir. Er habe bei einem körperlichen Aussetzer eine Hand auf seiner Schulter gespürt. Das hat ihm die Angst genommen und die Gewissheit gegeben: Da ist (entgegen seiner einstigen Behauptung) doch wer. Erstaunlich, was Gott bewirkt, wo wir nicht damit rechnen. – Wer oder was bedrängt uns heute?

„So reißt er auch dich aus dem Rachen der Angst in einen weiten Raum, wo keine Bedrängnis mehr ist; und deinen Tisch füllt er mit Gutem."
Hiob 36,16

Gottes Kraft

Markus 12,18-27 **Samstag, 9.**

Ich finde es unglaublich herausfordernd, mit jemandem über die Auferstehung der Toten zu reden, der, wie die Sadduzäer im heutigen Text, nicht daran glaubt. Das Bild, das Jesus zeichnet, übersteigt meine Vorstellung. Wie sind denn die Engel im Himmel genau? In V. 24 spricht Jesus von Gottes Kraft – die Sadduzäer kennen sie nicht. Aber kenne ich sie? Jemand kann körperlich oder charakterlich einen kräftigen Eindruck auf mich machen. Woher die Kraft genau kommt, kann ich nicht sehen. Sie kommt aus dem Inneren, aus der Tiefe, lässt sich aber nicht exakt verorten. Woher kommt meine Kraft? „[...], auf dass euer Glaube nicht stehe auf Menschenweisheit, sondern auf Gottes Kraft.“ – So schreibt es Paulus in 1Kor 2,5. Gottes Kraft in mir und in der Welt will ich heute nachspüren, mich an sie erinnern. Ihr gilt es zu vertrauen, jeden Tag neu.

„Gott aber hat den Herrn auferweckt und wird auch uns auferwecken durch seine Kraft.“ *1. Korinther 6,14*

Wochenspruch

Wenn das Weizenkorn nicht in die Erde fällt und erstirbt, bleibt es allein; wenn es aber erstirbt, bringt es viel Frucht.

Johannes 12,24

Gottes Treffpunkt

Psalm 132 **Sonntag, 10.**

Unterwegs sein ist damals wie heute ein Thema im Leben der Menschen. Und auch bei Gott ist das ein Thema (siehe 1Chr 17,5.6). Hier ist Gott selbst auf dem Weg, hat den Ort noch nicht erreicht, an dem er wohnen will. Mit David und dem Tempelbau durch seinen Sohn Salomo ändert sich dies. Daran erinnert der heutige Text, ein Wallfahrtslied. Die Menschen haben nun einen festen Ort, wo Gott zu finden ist. In der Stadt Jerusalem und dort im Tempel ist der Treffpunkt von Mensch und Gott. Und so machen sich die Menschen zu bestimmten Zeiten dorthin auf den Weg. – Wie ist das heute: Wissen die Menschen, wo sie Gott treffen können? Gott hat sich in Jesus wieder aufgemacht, hin zu uns Menschen. Er will mit uns in unserem Leben unterwegs sein. Sagen wir dies doch den Menschen, die wir heute treffen.

„Und siehe, ich bin bei euch alle Tage bis an der Welt Ende.“
Matthäus 28,20

Mit Gottes Wort lieben

Markus 12,28-34 **Montag, 11.**

Was ist denn jetzt eigentlich wichtig? Welches der 613 Gebote im Alten Testament ist das wichtigste? Das will ein Schriftgelehrter von Jesus wissen. Jesu Antwort verbindet zwei Gebote: Gott mit allem, was wir haben, und auch unseren Nächsten zu lieben, wie uns selbst. Das umfasst alle Gebote Gottes, ohne sie aufzuheben. Eine ganz schöne Herausforderung, dieser Auftrag. Als wäre es nicht schon schwer genug, mich selbst oder Gott, den ich nicht sehe, zu lieben. Jetzt soll ich auch noch meinen Nächsten lieben. Besonders, wenn ich überhaupt nicht auf einer Wellenlänge mit ihm funke. Gut, dass Gottes Wort an vielen Stellen erklärt, wie wir den Nächsten lieben können: indem wir ihn nicht anlügen, nicht verfluchen, für ihn beten, ihm von Gottes Liebe erzählen.

„Es ist dir gesagt, Mensch, was gut ist und was der HERR von dir fordert: nichts als Gottes Wort halten und Liebe üben und demütig sein vor deinem Gott.“
Micha 6,8

Schubladendenken

Markus 12,35-40 **Dienstag, 12.**

Auch Jesus landet in Schubladen! Dagegen wehrt er sich, als er im Tempel lehrt. Scheinbar herrscht Unklarheit, ob der Messias Sohn oder Herr Davids ist. Jesus will kaum bestreiten, dass er, der Messias, Sohn Davids ist. Er geht aber gegen eine Eingrenzung, nur Sohn Davids zu sein, vor. Zugleich ist er ebenso der Herr Davids, auch wenn das schwer zu verstehen ist.
Wie oft handeln wir den Schriftgelehrten gleich? Es passiert schnell, Jesus in eine Schublade zu stecken. Etwa durch Worte wie „König“, „Freund“, „Sohn Davids“ oder noch andere. Wir tendieren dazu, Jesus auf einzelne Aspekte zu reduzieren, obwohl

er uns in der Bibel immer wieder klar zeigt, dass jede unserer Schubladen viel zu klein für ihn ist und wir sie hinterfragen sollten.

„Denn uns ist ein Kind geboren, ein Sohn ist uns gegeben, und die Herrschaft ist auf seiner Schulter, und er heißt Wunder-Rat, Gott-Held, Ewig-Vater, Friede-Fürst." *Jesaja 9,5*

Wenn Geben schmerzt

Markus 12,41-44 **Mittwoch, 13.**

„Viel hilft viel." Die Geschichte der armen Witwe zeigt aber, dass „viel" nicht automatisch „gut" bedeutet. Die großen Gaben der Reichen werden abgewertet, weil sie nicht von Herzen geben. Sie geben nur, was sie nicht schmerzt. Die arme Witwe hingegen gibt alles. Ihre komplette Lebensgrundlage gibt sie hin, aus Liebe zu Gott.

Ein beeindruckendes Beispiel, dem zu folgen uns schwerfällt. Wir geben auch lieber, was uns nicht schmerzt. Klar, die 2 € sind nur ein Eis weniger, aber ein Eis ist schon lecker. Macht das denn einen Unterschied, wenn ich schon 100 € spende? Wir müssen lernen, zu geben, auch wenn es wehtut. Nicht aus Pflicht heraus, sondern aus dem vollen Vertrauen auf Gottes Versorgung und dem Wissen um unsere Abhängigkeit.

„Jesus sprach zu ihm: Willst du vollkommen sein, so geh hin, verkaufe, was du hast, und gib's den Armen, so wirst du einen Schatz im Himmel haben; und komm und folge mir nach!" *Matthäus 19,21*

Alle für Einen

Markus 13,1-13 **Donnerstag, 14.**

Hass, Verfolgung und Leid! Das und noch mehr kündigt Jesus seinen Nachfolgern – uns! – an. Damit gibt er seinen Jüngern aller Zeiten die Möglichkeit, sich darauf vorzubereiten, auch wenn es nicht jeden sofort trifft. Zugleich schenkt er aber auch Hoffnung,

da er verspricht, dass der Heilige Geist für uns einstehen wird, wenn wir um des Namens Jesu willen angeklagt werden.
In Europa mag dies unwahrscheinlich klingen. Für Christen in anderen Teilen der Welt ist es längst Realität. Wir sollten nicht ausblenden, dass wir davon getroffen werden können, und den Heiligen Geist darum bitten, uns darauf vorzubereiten. Auch wenn es bisher noch fern erscheint. Zugleich sollten wir den Hilfeschrei unserer verfolgten Geschwister wahrnehmen und sie u. a. im Gebet unterstützen.

„Und wenn ein Glied leidet, so leiden alle Glieder mit, und wenn ein Glied geehrt wird, so freuen sich alle Glieder mit." 1. Korinther 12,26

Umkämpfte Wahrheit

Markus 13,14-23 **Freitag, 15.**

Solus Christus. Christus allein ist der Weg, die Wahrheit und das Leben und daran sollen wir festhalten. Er hat bereits alles gesagt. Wir brauchen keine neue Information oder Vermischung des Glaubens mit anderen Ideologien, um das Heil zu erlangen. Deshalb warnt er vor falschen Propheten, die mit ihren Worten und Taten versuchen werden, Menschen von der Nachfolge Christi abzubringen.
Dieser Absolutheitsanspruch ist unserer pluralen Welt, in der Wahrheit relativ ist, nicht leicht zu vermitteln. Wir können aber schon im Kleinen anfangen: uns selbst prüfen, wo wir unseren Glauben mit Gedanken vermischen, die nicht mit Jesu Worten übereinstimmen. Nur, wenn wir uns unserer Identität als Kinder Gottes sicher sind, können wir der Welt mutig begegnen, die versuchen wird, uns von Christus abzubringen.

„Jesus spricht zu ihm: Ich bin der Weg und die Wahrheit und das Leben; niemand kommt zum Vater denn durch mich."

Johannes 14,6

Dranbleiben!

Markus 13,24-37 Samstag, **16.**

Bis jetzt haben wir Jesus eher als schwachen, verachteten Gekreuzigten kennengelernt. Aber es wird auch die Zeit kommen, in der er mit ganzer Macht aus dem Himmel zurückkommt. Dies wird dann die Zeit des Leidens beenden. Wir würden sicherlich gerne wissen, wann Jesus wiederkommt. Es wird viel über die Endzeit spekuliert. Allerdings: Allein der Vater weiß, wann es so weit ist. Und das ist vermutlich auch gut so. Denn sonst würde sich alles auf einen Punkt konzentrieren und das Dazwischen würde untergehen. Aber Jesus ist es wichtig, dass wir auf die Zeichen achten, so wie sich der Frühling in der Natur ankündigt. Wie der Türhüter sollen wir die ganze Zeit auf unserem Posten bleiben. Wir sollen wachsam bleiben im Geist und nicht irgendwelchen Meinungen und Ideologien blind folgen.

„Was ich aber euch sage, das sage ich allen: Wachet!" *Markus 13,37*

Wochenspruch

Der Menschensohn ist nicht gekommen, dass er sich dienen lasse, sondern dass er diene und gebe sein Leben als Lösegeld für viele. *Matthäus 20,28*

Aus tiefer Not

Psalm 130 Sonntag, **17.**

Ein Mensch im Abgrund. Was ihn in seine bedrohliche Situation gebracht hat, bleibt im Dunkeln. Das Naheliegende wäre jetzt, sich in Selbstmitleid zu ergehen, zu jammern, die Schuld bei anderen zu suchen oder vielleicht sogar Gott die Freundschaft zu kündigen. So reagieren wir oft. Nichts davon klingt in Psalm 130 an. Stattdessen das selbstkritische Eingeständnis: Ich bin nicht nur Opfer der Ereignisse, sondern trage Verantwortung für mein Leben. Wollte ich nun allerdings die „Suppe selbst auslöffeln", die andere und ich mir eingebrockt haben, wäre ich damit hoffnungslos überfordert. Die Konsequenz kann daher nur lauten: Ich will mich ausstrecken nach Gott, der mir einen Neuanfang gewährt. Im alten Israel pilgerte man dazu nach Jerusalem in den Tempel. Wir schauen auf das Kreuz Christi, den Ort der befreienden Liebe.

„Meine Seele wartet auf den HERRN mehr als die Wächter auf den Morgen." *Psalm 130,6*

Tue Gutes

Markus 14,1-11 **Montag, 18.**

Ob der Entschluss von Judas, Jesus zu verraten, mit der „Verschwendung" des Salböls zu tun hat, lässt sich nicht beweisen, doch können wir hier vom Kontext darauf schließen. Der Wert des Salböls entsprach etwa dem Jahresgehalt eines Arbeiters (300 Silbergroschen). Was die hier namenlose Frau dazu bewogen hat, lässt sich aus dieser Stelle auch nicht ermitteln. Jesus hat die Aktion aber dankbar angenommen, denn er wusste, dass er bald sterben würde. So war sein Körper für das Begräbnis vorbereitet, wie es zur damaligen Zeit üblich war. Vielleicht ist das für uns noch mal ein guter Impuls am Ende der Fastenzeit, zu überlegen, für wen wir eine gute und auch kostbare Tat tun können. Ob es vielleicht ein bestimmtes Werk ist, für das wir sonst nur zu Weihnachten spenden, oder eine bestimmte Person, welche auch mal eine besondere Form der „Salbung" verdient hat. Es gibt keine Vergeudung bei guten Taten.

„Sie hat ein gutes Werk an mir getan." *Markus 14,6*

Dein Lieblingsort

Markus 14,12-16 **Dienstag, 19.**

Fast wortwörtlich lässt sich die Geschichte auch in Lukas 22 nachlesen. Die Jünger wollten wie üblich das Passahfest erleben. Mit diesem Fest wurde der Auszug aus Ägypten besiegelt. (Es lohnt sich, einmal nachzulesen, wie dieses Fest bei den Juden gefeiert wird.) Ein Lamm wurde für den Schutz des Volkes geopfert. Dies würde Jesus bald tun. Davon ahnten die Jünger aber noch nichts. Jesus wusste dies schon und auch, wie sie zu einem angemessenen Raum für das Abendmahl kommen würden. Es wird auch angenommen, dass sich die Jünger nach der Kreuzigung, bei der Auferstehung und an Pfingsten dort befunden haben und dort einen festen Rückzugsort hatten. In Apostelgeschichte 1,13 wird dieser Ort erwähnt: das Obergemach eines Hauses in Jerusalem. Haben wir unseren sicheren Ort gefunden, wo wir wichtige Schritte im Glauben gehen können?

„Der Name des HERRN ist eine feste Burg; der Gerechte läuft dorthin und wird beschirmt.“ *Sprüche 18,10*

Das letzte Abendmahl

Markus 14,17-26 **Mittwoch, 20.**

Was zum einen auffällt, ist, dass es sich jeder Jünger zutrauen würde, Jesus zu verraten. Aber Jesus stellt niemanden bloß. Er zeigt nur deutlich die Konsequenzen des Verrats auf. Und macht dann auch mit der Feier des Festes weiter. Es gibt in der Geschichte des christlichen Glaubens viel Uneinigkeit, wie das Abendmahl zu verstehen ist. Was aber daran wichtig ist, ist, dass Jesus die den Jüngern vertrauten Elemente auf sich bezieht: *„Nehmet, das ist mein Leib.“* Jesus kennt die Probleme und Leiden der Menschen und nimmt sie auf sich. Er trägt alle unsere Schuld und Sünde. Am Kreuz gibt er seinen Leib für uns hin: *„Das ist mein Blut des Bundes, das für viele vergossen wird.“* Jesus bezieht den Kelch auf sich. Sein Blut für unsere Erlösung und Befreiung. Er steht das angekündigte Gericht für uns durch. Aber was bedeutet das Abendmahl für mich persönlich?

„Und als sie den Lobgesang gesungen hatten, gingen sie hinaus an den Ölberg.“ *Markus 14,26*

Vertrauen

Markus 14,27-31 **Donnerstag, 21.**

Wie viel Mut traue ich mir zu? „Wenn auch alle Ärgernis nehmen, so doch ich nicht!“ Sprach Petrus. So mutig wie er würde ich mich sicherlich nicht einschätzen. Aber dafür bin ich vielleicht auch nicht so „wetterwendisch“, wie er sich letztlich gezeigt hat. So ist der Wetterhahn, der den Turm fast jeder evangelischen Kirche ziert, das Symbol für die Verleugnung des Petrus geworden. Dabei hatte Jesus auch da wieder recht behalten mit dem, was er vorher gesagt hatte. Alle seine engsten Vertrauten werden sich von ihm abwenden, wenn es hart auf hart kommt. Wenn Sie also das nächste Mal einen Wetterhahn sehen, erinnern Sie sich an Petrus und die Verleugnung. Vielleicht bekommen Sie den Mut, zu Jesus zu stehen. Und falls Sie es doch nicht schaffen, können Sie getrost die Geschichte lesen, die Jesus mit dem Vers 28 angesprochen hat.

„Spricht Jesus zu ihm: Weide meine Schafe!“ *Johannes 21,17*

Allein in großer Trübsal

Markus 14,32-42 **Freitag, 22.**

Jesus braucht jetzt die Hilfe seiner Jünger. Bei seinen Wundern und Predigten waren die Jünger Zuhörer und Lernende. Jetzt nimmt er sie mit in den Garten Gethsemane. Petrus, Jakobus und Johannes gehen noch weiter mit. Er braucht sie zum Beten, als Hilfe in seiner großen Not. Sie sind Freunde, die ihm helfen sollen, seine Sache mit seinem Vater im Himmel zu klären. Bei seinen Wundern hat er oft aufgeschaut zum Himmel und hat sich beim Vater rückversichert. Jetzt verhandelt er mit dem Vater über seinen eigenen Weg. Da ist er allein. Was würden die Jünger oder ich ihm raten? Würden wir ihm die Flucht, den Kampf, das Leugnen oder anderes vorschlagen? Jesus aber will den Willen Gottes tun. Schade, dass seine Jünger diesem schweren Weg ausweichen und schlafen. Aber wir können Jesus nicht erlösen, sondern nur Jesus kann uns erlösen. Damit bleibt er einsam.

„Mein Gott, mein Gott, warum hast du mich verlassen?“ Psalm 22,2

Allein unter Freunden

Markus 14,43-52 **Samstag, 23.**

Die Einsamkeit Jesu steigert sich. Einer der Jünger wird nicht mehr bei seinem Namen genannt. Er ist nur noch der Verräter, der ihn küsst. Er nennt ihn Rabbi und liefert ihn aus. Ist er enttäuscht, will er ihn zu einer Heldentat herausfordern, oder will er ihn loswerden? Das bleibt offen. Jesus bleibt wieder alleine auf dem Weg, der Retter der Welt zu werden. Wozu sind wir bereit, wenn wir von Freunden enttäuscht werden? Ein anderer Jünger schlägt mit seinem Schwert zu. Er wendet Gewalt an, bewirkt damit aber auch nichts. Wieder ist Jesus ganz alleine. Alle fliehen. Alleine wird er seinen Weg gehen müssen. Da können Menschen nicht helfen. Es ist gut, dass wir Menschen an der Erlösung nicht beteiligt sind. Das ist ein Geschehen zwischen dem Vater, dem Sohn und dem Heiligen Geist. Auch in den großen Krisen unserer Welt bleibt menschliche Kraft begrenzt.

„Da sprach Jesus zu den Zwölfen: Wollt ihr auch weggehen?“
Johannes 6,67

Wochenspruch
Der Menschensohn muss erhöht werden, auf dass alle, die an ihn glauben, das ewige Leben haben. Johannes 3,14 b.15

Aus tiefster Not

Psalm 88 **Sonntag, 24.**

Es ist wohl einer der dunkelsten Psalmen der Bibel. Tiefste Not lastet auf Heman, der hier schreibt. Verlassenheit, Leid, Entfremdung liegen auf ihm und begleiten ihn bis an die Schwelle des Todes. Selbst das letzte Wort des Psalms ist „Dunkelheit“. Darf so etwas Trauriges in der Bibel stehen? Ja, denn solche Tiefen erleben wir Menschen. Aussichtslos fühlen wir uns von Freunden verlassen, gedemütigt, krank und von Dunkel überwältigt. Vor Gott darf ich das sagen. Heman hat in aller scheinbaren Verlassenheit doch einen, dem er auch seine dunkelsten Gedanken anvertrauen kann: Gott. Gott ist der „Retter“ (V. 2) auch aus tiefster Verzweiflung. Jesus selbst hat solche Verlassenheit erlebt (Mt 27,46) und er betet dabei selbst Psalm 22. Welche Dunkelheit will ich vor Jesus bringen?

„Aus der Tiefe rufe ich, HERR, zu dir. Herr, höre meine Stimme! Lass deine Ohren merken auf die Stimme meines Flehens!“ Psalm 130,1-2

Allein der Menschensohn

Markus 14,53-65 **Montag, 25.**

Petrus wird Zeuge der großen Selbstdefinition Jesu. Der Hohepriester fragt: „Bist du der Christus, der Sohn des Hochgelobten?“ Jesus antwortet: „Ich bin's; und ihr werdet sehen den Menschensohn sitzen zur Rechten der Kraft.“ In diesem Satz ist die Sendung Jesu auf den Punkt gebracht. Er bekennt sich als der Christus, der Sohn Gottes. Und er geht noch einen Schritt weiter. Dieser Christus, der Menschensohn, wird im Himmel ganz bald die Herrschaft übernehmen. Der, der jetzt von Richtern verurteilt wird, wird himmlischer Richter. Er wird gewinnen. Der Sohn Gottes wird das letzte Wort behalten. Alle, die ihn richten oder falsches Zeugnis über ihn sagen, werden sich seinem Richterspruch beugen müssen. Das kann mich in vielen Situationen entlasten. Alle Vorwürfe, falschen Anschuldigungen, Mobbing und Intrigen werden von dem Richter der Welt zur Wiedervorlage gebracht und entschieden.

„Aber ich weiß, dass mein Erlöser lebt.“ Hiob 19,25

Allein im Weinen

Markus 14,66-72 **Dienstag, 26.**

Wir werden nun Zeugen einer traurigen Geschichte. Mit Namen ist Petrus genannt. Mutig geht er in den Hof. Sein Ziel ist, zu schauen, was aus Jesus wird. Gleichzeitig ist ihm aber klar, dass er seine eigene Haut retten will. Er wird als Freund Jesu erkannt und leugnet die Freundschaft. Für seinen Herren kann er scheinbar nichts tun, während sein Herr für ihn gerade alles tut. Was hätte ich getan? Wäre ich überhaupt in den Hof gegangen? Nachdem Petrus Jesus dreimal verleugnet hat, fällt er in größte Einsamkeit. Nun hat er sich von Jesus losgesagt. Ihm bleibt nur noch das Weinen. Er weiß noch nicht, dass die Liebe Jesu sich nicht von ihm trennen wird (Joh 21). Er weiß noch nicht, dass Jesus ihm nicht nur die Haut, sondern sogar die Seele retten möchte. Das tröstet mich, obwohl es meine Feigheit nicht entschuldigt. Jesus ist treu.

„Sind wir untreu, so bleibt er treu." *2. Timotheus 2,13*

Allein zum Kreuz

Markus 15,1-15 **Mittwoch, 27.**

Jesus ist jetzt ganz allein unter Feinden. Die Hohenpriester haben ihr Urteil gesprochen. Pilatus entdeckt Neid, Lüge und Hass als Motive des Urteils. Er versucht, ihn in einer Gegenüberstellung mit einem Mörder zu retten. Die aber, die im Hof des Pilatus stehen, argumentieren nicht mehr, sie schreien. Möglicherweise waren es Angehörige des Barabbas. Sie sahen die große Chance, einen Verwandten freizubekommen. Die Jünger Jesu hatten ja schon im Garten geschlafen, Judas hatte ihn verraten und Petrus ihn verleugnet. Pilatus war ein schwacher Fürsprecher für Jesus. Mit Dornenkrone und Purpurmantel wird nun der König der Juden zum Kreuz gebracht. Markus treibt es auf die Spitze. Es ist allein Jesus, der uns erlöst. Da hilft ihm keiner. Gott rettet die Welt durch seinen Sohn. Wir sind gerettet: allein aus Gnade.

„Gott aber erweist seine Liebe zu uns darin, dass Christus für uns gestorben ist, als wir noch Sünder waren.“ *Römer 5,8*

Ruhig bleiben

Markus 15,16-23 **Gründonnerstag, 28.**

In meiner Grundschulzeit stand noch in jedem Klassenzimmer ein Rohrstock in der Ecke. Damit gab es auf die Finger, wenn einer etwas angestellt hatte. Ich gehörte zu den Braven, aber einmal erwischte es mich doch. Natürlich zu Unrecht – davon war ich überzeugt. Schlimmer als die Schmerzen war die Wut, ungerecht behandelt worden zu sein. Das ist mir bis heute erhalten geblieben: Unrecht ertrage ich nicht – vor allem, wenn es um mich selbst geht. Und wenn mein Blutdruck dann so richtig in Wallung kommt vor Wut und Selbstmitleid, dann merke ich, wie weit ich noch davon entfernt bin, der Mensch zu sein, der ich eigentlich sein will. Mehr wie Jesus. Liebevoll, ruhig, leidensfähig und voller Barmherzigkeit. Gut, dass Gott mir immer mal wieder den Spiegel vorhält.

„Seid fröhlich in Hoffnung, geduldig in Trübsal, beharrlich im Gebet.“ *Römer 12,12*

Innehalten, durchatmen, staunen

Markus 15,24-41 **Karfreitag, 29.**

In jedem Leben gibt es Augenblicke, nach denen nichts mehr so ist wie vorher. Als ich unsere erstgeborene Tochter zum ersten Mal in den Armen hielt, stand für mich die Zeit still. Atemberaubendes Staunen. Aber um uns herum ging der Klinikalltag weiter, so als ob sich nichts verändert hätte. Daran habe ich mich erinnert, als ich den Bericht aus dem Markusevangelium gelesen habe: Jesus stirbt am Kreuz. Ein Moment, der die Welt auf den Kopf stellt. Und doch geht die Routine einfach weiter: Der Leichnam muss vom Kreuz, denn bald beginnt der Sabbat. Jesu Nachfolger bereiten die Beerdigung vor. Nur einer erkennt die Tragweite dessen, was da gerade passiert ist. Der römische Hauptmann, der die Hinrichtung überwachen soll, spricht es aus: „Wahrlich, dieser Mensch ist Gottes Sohn gewesen!"

„Denn siehe, ich will ein Neues schaffen, jetzt wächst es auf, erkennt ihr's denn nicht?" Jesaja 43,19

Ein Schritt nach dem anderen

Markus 15,42-47 **Karsamstag, 30.**

Was tun, wenn ein Plan nicht so funktioniert wie erhofft, eine große Hoffnung sich in Luft auflöst, ein Traum zerplatzt? Ich spüre in solchen Momenten schnell, wie meine Motivation auf der Strecke bleibt. Ich fühle mich hilflos, kraftlos, frustriert, unfähig, einen klaren Gedanken zu fassen, geschweige denn irgendetwas Sinnvolles zu tun. Gut, dass es Menschen gibt, die sich von zerplatzten Träumen nicht aus der Ruhe bringen lassen. Sondern die einfach das tun, was gerade dran ist, egal, wie enttäuscht und frustriert sie selbst sind. Anscheinend ist Josef von Arimathäa genau so ein Mann. Er hat große Hoffnungen auf Jesus gesetzt, aber der ist jetzt tot und muss beerdigt werden. Joseph kümmert sich darum. Schritt für Schritt. Trotz Trauer und Hilflosigkeit.

„Denn Gott hat uns nicht gegeben den Geist der Furcht, sondern der Kraft und der Liebe und der Besonnenheit." 2. Timotheus 1,7

Wochenspruch

Christus spricht: Ich war tot, und siehe, ich bin lebendig von Ewigkeit zu Ewigkeit und habe die Schlüssel des Todes und der Hölle. Offenbarung 1,18

Staunen erwünscht

Markus 16,1-8 **Ostersonntag, 31.**

Das Leben mit Gott ist voller Überraschungen. Ich war dreizehn, als ich die Weihnachtsgeschichte zum ersten Mal bewusst gelesen habe. Ich war überwältigt: Gott wird Mensch, in einem Stall. Ein Baby! Seitdem lerne ich immer wieder neu das Staunen über Gott. Und ich wundere mich über Menschen, die meinen, mir erklären zu müssen, wie Gott „funktioniert". Warum mir dies oder jenes passiert ist und was ich tun muss, damit Gott meine Gebete erhört. Auch nach mehr als vier Jahrzehnten als Christ glaube ich nicht, dass ich lernen kann, wie man richtig glaubt. Was ich stattdessen gelernt habe: Gott hat mich von Anfang an gewollt, er liebt mich bedingungslos und in seiner Hand bin ich geborgen. An guten wie an schlechten Tagen. Genau das bringt mich jeden Tag neu zum Staunen. Gott sei Dank!

„So viel der Himmel höher ist als die Erde, so sind auch meine Wege höher als eure Wege und meine Gedanken als eure Gedanken."
Jesaja 55,9

Monatsspruch April

Seid stets bereit, jedem Rede und Antwort zu stehen, der von euch Rechenschaft fordert über die Hoffnung, die euch erfüllt.

1. Petrus 3,15 (E)

Glauben ist Begegnung

Markus 16,9-20 **Ostermontag, 1.**

Was haben wir uns damals die Köpfe heißdiskutiert: Schöpfungslehre oder Evolutionstheorie? Es wurde wild argumentiert in der Hoffnung, nicht glaubende Menschen von Gott überzeugen zu können. Geklappt hat das wohl nur in den seltensten Fällen. Wie auch? Denn: Glaube beginnt immer mit einer Begegnung, einer Offenbarung. Wenn ein Mensch Gott begegnet – wenn ihm oder ihr sozusagen innerlich die Augen geöffnet werden –, dann passiert das, was man Bekehrung nennt. Die Jünger Jesu haben das nach seinem Tod erlebt. Kein noch so atemloser Bericht vom auferstandenen Jesus hat sie zum Glauben gebracht. Es war erst die Begegnung mit ihm selbst, die alles veränderte. Und die aus einem Haufen trauernder und verzweifelter Menschen schließlich begeisterte Boten Gottes machte.

„Ich hatte von dir nur vom Hörensagen vernommen; aber nun hat mein Auge dich gesehen.“ *Hiob 42,5*

Der erste Petrusbrief

Zu Hause – und doch fremd. Die Menschen, mit denen man gestern noch gefeiert hat, verstehen einen plötzlich nicht mehr. Vertrauen und Freundschaft schlagen um in Misstrauen und sogar Hass. So hat z. B. der Streit um die Corona-Maßnahmen seinerzeit viele Freunde oder Kollegen einander entfremdet und ihre Beziehungen auf eine harte Belastungsprobe gestellt. Ganz ähnlich fühlten sich die Empfänger dieses Briefs. Sie werden als „auserwählte Fremdlinge, die in der Zerstreuung leben“ (1,1) angeredet. Obwohl sie ihren Wohnort nicht gewechselt hatten. Sie waren schlicht – aus heidnischem Hintergrund stammend – Christen geworden. Und plötzlich leben sie in einer Gesellschaft, zu der sie letztlich nicht mehr gehören, in der sie aber Gottes Liebe und Herrschaft in Wort und Tat bezeugen sollen.

Wie sollen sie auf Diskriminierungen und Spott der Nichtchristen im politischen, beruflichen und familiären Bereich reagieren? Rückzug oder Gegenwehr? Was ist der Grund für die wachsende Diskriminierung? 1 Petr 4,3 f. erklärt: „Denn es ist genug, dass ihr die vergangene Zeit zugebracht habt nach heidnischem Willen [...] Das befremdet sie, dass ihr euch nicht mehr mit ihnen stürzt in denselben Strom wüsten Treibens.“
Initiator und Autorität des Briefs ist „Petrus, Apostel Jesu Christi“ (1,1). Aufgeschrieben hat ihn Silvanus (hebr. Silas, 5,12 f.), der anfangs zum Paulus-Team gehörte, sich danach vermutlich der Missionsarbeit des Petrus angeschlossen hat und später mit ihm nach Rom gekommen ist. Der Brief ist ein Rundschreiben an die Gemeinden im Nordwesten der heutigen Türkei. „Babylon“, der Absender-Ort, ist Geheimname für das judenfeindliche Rom. Petrus zeigt seinen Lesern, zu welchem Volk sie wirklich gehören – und wie man in diesem Volk gut leben kann. (UB)

Heimat für Fremde

1. Petrus 1,1-12 **Dienstag, 2.**

Sie fühlen sich als Fremde in dieser Welt, werden sie doch wegen ihres Glaubens benachteiligt und leiden unter Verfolgung. Petrus, der als Missionar selbst schweres Leid erlebt, schreibt einen realistischen und doch ermutigenden Brief. Er beschönigt das Leid nicht – im ganzen Brief findet es sich viele Male. Dennoch gratuliert Petrus ihnen zu ihrem Glauben. An Jesus zu glauben, ist Grund zu größter Freude (V. 8). Der Glaube öffnet die Tür zu einer Heimat bei Gott, die weit über unsere irdische Zeit in die Ewigkeit hinausreicht. Bei ihm sind wir endgültig zu Hause. Wir sollten uns alle Ermutigungen aus diesen Versen in der Bibel anstreichen oder herausschreiben. Bei Gott bin ich zu Hause – immer.

„Wir aber sind Bürger im Himmel.“ *Philipper 3,20*

Heilige Freiheit

1. Petrus 1,13-16 **Mittwoch, 3.**

Petrus hat die neue Identität und Heimat als Christ beschrieben. Das hat nun Folgen für mein Leben. Gott zu gehorchen (V. 14) ist aber eine ganz andere Freiheit, als sich von den eigenen Leidenschaften und Süchten treiben zu lassen. „Heilig" zu sein (V. 16), heißt, zu Gott zu gehören. Er, der Schöpfer, gibt uns Gebote und erwartet Gehorsam – aber sie entsprechen zutiefst allem, für das er uns geschaffen hat. Sie sind keine neue Einschränkung, sondern befreien uns von dem, was uns zerstört. Sein Umgang mit uns ist nicht Forderung – er ist Gnade!

Welche Leidenschaft schafft Leid in meinem Leben? Was bindet mich und zerstört mich und andere? Ich darf es loslassen, Jesus um Vergebung und Befreiung bitten. Er soll mich ganz neu bestimmen.

„Zur Freiheit hat uns Christus befreit! So steht nun fest und lasst euch nicht wieder das Joch der Knechtschaft auflegen!" Galater 5,1

Kostbarkeit

1. Petrus 1,17-21 **Donnerstag, 4.**

Was für ein Plan! Noch ehe Gott auch nur ein Atom geschaffen hatte, hat er an unsere Erlösung gedacht (V. 20). Ehe irgendetwas war – gab es seine Liebe zu uns. Eine Liebe, die bereit war, auch das Wertvollste zu opfern: das eigene Leben. Die Kostbarkeit des Blutes, das Jesus für uns vergossen hat, macht auch uns zu seinen größten Kostbarkeiten. Ich bin Gott über alles wertvoll. Deshalb darf ich mein Leben kostbar leben. Es soll von Gott geprägt und bestimmt sein. Seine Wege sind die besten, die ich gehen kann. Seine Führungen bringen mich an seine Ziele. Und doch ist manches davon noch nicht sichtbar: Es ist Hoffnung (V. 21). Erst im Himmel laufen die Fäden des Lebens zusammen, zeigen die Kostbarkeiten ihren Wert. Doch Hoffnung auf Gott ist sicherer als jede menschliche Sicherheit.

„Er hat uns dazu vorherbestimmt, seine Kinder zu sein durch Jesus Christus nach dem Wohlgefallen seines Willens.“ *Epheser 1,5*

Liebesworte

1. Petrus 1,22–2,3 **Freitag. 5.**

Wie oft wird nicht über das „Wort Gottes“ gestritten. Dabei ist es eigentlich so einfach: Habt euch lieb (V. 22), denn das macht lebendig (V. 23). Die Worte, die Gott zu den Menschen spricht, sind seit jeher Liebesworte. In dem Wort Gottes, das Fleisch wurde – da lebt die Liebe. In dem Wort Gottes, das Schrift wurde – da steht die Liebe. Schwarz auf Weiß. Und in dem Wort Gottes, das verkündigt wird – da lebt die Kirche in der Liebe, untereinander und für andere. Einfacher lässt sich das Wort Gottes nicht erklären. Es ist das ewige Wort von der Liebe. Ein „glühender Backofen voller Liebe“ ist Gott, predigte Martin Luther heute vor gut fünf Jahrhunderten in Wittenberg. Mehr Worte braucht es manchmal gar nicht, um das Wort Gottes zu hören.

„[...] so habt euch untereinander beständig lieb aus reinem Herzen. [...] Das ist das Wort, welches euch verkündigt ist.“ *1. Petrus 1,22+25*

Lebensbilder

1. Petrus 2,4-10 **Samstag. 6.**

Es gibt Situationen und Erlebnisse im Leben, vor denen versagt unsere Sprache. Manchmal können Bilder einen Schritt weiter gehen. Auch Sprachbilder können helfen, uns einen unmittelbaren Zugang zur Wirklichkeit zu vermitteln, hier zu Jesu Bedeutung. Der heutige Text ist voll davon: Steine, Häuser, Bauleute und manches mehr. Alles, um diese eine Erfahrung in Worte zu bauen: Jesus Christus richtet mein Leben neu aus, wie sich am Eckstein alles andere orientiert. Seine Geschichte gibt meiner eigenen Geschichte Sinn und Halt, trägt mein Lebensgebäude. Das verbindet mich im Mehrfamilienhaus des Christentums mit allen Gotteskindern. Können Sie mit dem Baustellenbild etwas anfangen? Mit welchem Bild aus unserem vertrauten Alltag würden Sie Ihren Glauben beschreiben?

„Zu ihm kommt als zu dem lebendigen Stein, der von den Menschen verworfen ist, aber bei Gott auserwählt und kostbar." 1. Petrus 2,4

Wochenspruch

Gelobt sei Gott, der Vater unseres Herrn Jesus Christus, der uns nach seiner großen Barmherzigkeit wiedergeboren hat zu einer lebendigen Hoffnung durch die Auferstehung Jesu Christi von den Toten. 1. Petrus 1,3

Eulengesänge

Psalm 134 **Sonntag, 7.**

Eulen und Lerchen – sie werden gern als Bild für die Schlaf- und Wachgewohnheiten von Menschen verwendet. Lerchen sind Frühaufsteher, Eulen dagegen lieben die späten Stunden. Für die Nachteulen ist der heutige Psalm geschrieben. Er ruft ihnen zu, dass auch in den dunklen Stunden der Nacht das Gotteslob nicht aufhört. Im Hebräischen sind „Lob" und „Segen" übrigens dasselbe Wort. Man könnte also auch sagen: Gottes Zuwendung geht nicht mit der Sonne unter! Die Menschenliebe Gottes (siehe Auslegung zum 4. April) reicht in alle Lebensbereiche hinein, gilt von morgens bis abends und weit darüber hinaus. Der, der Himmel und Erde (V. 3) mit Tag und Nacht gemacht hat, schläft nicht (Psalm 121,4). Gibt es Menschen in unserem Umfeld, die heute Nacht arbeiten müssen? Vielleicht ist der Psalm etwas für sie.

„Wohlan, lobet den HERRN, alle Knechte des HERRN, die ihr steht des Nachts im Hause des HERRN!" Psalm 134,1

Widersprüche

1. Petrus 2,11-17 **Montag, 8.**

Die Bibel ist manchmal keine gute Beraterin für Demokraten. So auch der heutige Abschnitt. Man müsste ihn übersetzen in unsere Zeit, die die Schattenseiten der Unterordnung und des politischen Schweigens nur zu tragisch aus der Geschichte kennt. Zum Glück ist die Unterordnung nicht das Ziel des Textes. Sondern es geht um eine ganz einfache Aufforderung: Ehrt alle Menschen. Wo unsere „menschlichen Ordnungen" (V. 13) dazu beitragen, ordne ich mich gern unter. Wo aber jemand „wegen seines Geschlechtes, seiner Abstammung, seiner Rasse, seiner Sprache, seiner Heimat und Herkunft, seines Glaubens, seiner religiösen oder politischen Anschauungen" (Art. 3 GG) entehrt wird – da stehe ich (hoffentlich) auf! Denn das ist Gottesfurcht: Gottes Ehrfurcht vor dem Menschen teilen. Wo könnte in diesem Sinne heute Widerspruch dran sein?

„Ehrt jedermann, habt die Brüder und Schwestern lieb, fürchtet Gott, ehrt den König!" *1. Petrus 2,17*

„Gott, gib mir die Gelassenheit, Dinge hinzunehmen, die ich nicht ändern kann."

1. Petrus 2,18-25 **Dienstag, 9.**

Diese Zeilen klingen aus unserer heutigen Sicht befremdlich. Denn hier wird Sklaverei als gesellschaftlich gegeben akzeptiert. In den christlichen Gemeinden selbst aber wurden Sklaven als gleichberechtigte Geschwister anerkannt. Von Außenstehenden wurde dies nicht selten als „revolutionäre" Gefahr eingestuft, auch wenn die damaligen christlichen Gemeinden nicht die Absicht hatten, das gesellschaftliche System umzustürzen. Die Sklaven sollen sich daher ihren Eigentümern unterordnen und Leid und Unrecht in Kauf nehmen. Aufgrund ihres Glaubens und im Blick auf Jesus, der Leid widerstandslos auf sich genommen hat, sollen sie die Situation ertragen.
Auch wir kennen Zustände, die wir nicht ändern können und einfach mithilfe der Kraft Gottes erdulden müssen.

„Ein Knecht des Herrn aber soll nicht streitsüchtig sein, sondern freundlich gegen jedermann, [...] einer, der Böses ertragen kann."

2. Timotheus 2,24

Hintergrund: Sklaverei in der Bibel

Sklaverei ist in der Antike seit frühester Zeit belegt. Anders als in den anderen Völkern hatten in Israel allerdings (besonders israelitische) Sklaven Rechte und die Besitzer Pflichten (2 Mose 21,2-6; 5 Mose 15,12-18). Z. B. wurde die Zeit der Schuldknechtschaft auf 6 Jahre begrenzt. Im Hintergrund steht die Erinnerung an die Sklaverei in Ägypten – Sklaverei in dem Sinn, dass ein Israelit einem anderen gehört, sollte es innerhalb des Gottesvolks nicht geben. Zur Zeit des NT war im Römischen Reich die Bedeutung der Sklaverei massiv gestiegen. Sklaven wurden als eine eigene, von der Natur gegebene Klasse gesehen, eigentlich nicht als Menschen im engeren Sinn. Der Lebensstandard Roms war nur durch Sklavenarbeit zu gewährleisten. Man schätzt, dass vielleicht etwa 1/3 der Bevölkerung Sklaven waren. Wir finden im NT keine politische Forderung der Abschaffung der Sklaverei. Die gegebenen Rechtsverhältnisse wurden geachtet. Aber in der Gemeinschaft Christi wurde der Stand eines Menschen – ob Sklave oder Freier – bedeutungslos (1 Kor 7,22; Gal 3,28). Alle standen geistlich auf einer Stufe und waren miteinander Sklaven Christi (Phil 1,1). Das bedeutete, dass der Sklave vom Herrn wie ein Bruder zu behandeln war – seinerseits allerdings die Rechte des Herrn achten sollte. Je mehr sich das Christentum in der Antike durchsetzte, desto mehr ging die Sklaverei zurück, wenngleich sie nie völlig verschwand: Im Übergang von der Spätantike zum Mittelalter entwickelte sich die Leibeigenschaft, die bis in die Neuzeit erhalten blieb. Gar nicht erst zu reden von der Kolonialzeit! Und heute? Ca. 40 Mio. Menschen leben weltweit als Sklaven: Kinderarbeit, Zwangsprostitution, Leibeigenschaft und Ausbeutung. Sie nähen die Klamotten, die bei uns in den Shopping-Malls hängen, und bauen in Minen die Rohstoffe für unsere Handys ab. Wir kennen unsere Sklaven nur nicht mehr persönlich. Wenn wir den biblischen Grundsatz leben, dass vor Gott alle Menschen gleich sind, dann sollten wir, wie die ersten Christen, die Sklaverei da bekämpfen, wo wir es können – z.B., indem wir auf Produkte aus Sklavenarbeit verzichten. (UB)

Wie eine gute Partnerschaft gelingen kann

1. Petrus 3,1-7 **Mittwoch, 10.**

In der Ehe kommt es immer wieder zu Konflikten. Manche sind notwendig, wenn z.B. bei einem die Beziehung belastenden Problem wieder ein Konsens gefunden werden muss. Manche sind aber auch unnötig, wenn sie aufgrund von Eitelkeiten oder egoistischen Sichtweisen entstehen.
Der Bibeltext gibt uns für den Alltag gute, wenn auch zunächst unzeitgemäß klingende Empfehlungen an die Hand: Eine Ehefrau soll sich ihrem Mann unterordnen (um ihn z.B. für den Glauben an Jesus Christus zu gewinnen). Der Ehemann soll seine Frau wie einen höher gestellten Menschen ehren (um mit ihr eine geistliche Einheit zu bilden). Beides bedeutet das Gleiche: Jeder von beiden soll sich selbst nicht so wichtig nehmen, sondern dem anderen aufgrund seines Glaubens mit Respekt begegnen.

„Tut nichts aus Eigennutz oder um eitler Ehre willen, sondern in Demut achte einer den andern höher als sich selbst.“ Philipper 2,3

Feindschaft kann man nicht mit Rache überwinden

1. Petrus 3,8-12 **Donnerstag, 11.**

Wenn man so richtig schlecht behandelt wird, neigt man dazu, das geschehene Unrecht mit aller Wucht zurückzahlen zu wollen, damit es dem anderen auch schlecht geht. Aber ist dies wirklich

zielführend? Die eigene Verletzung wird dadurch nicht geringer. Zudem besteht die Gefahr, dass der andere zu erneuten Gegenschlägen ausholt und sich dadurch die Konfliktsituation weiter verschlimmert.
Der Vorschlag unseres Bibeltextes lautet, feindseligem Verhalten nicht mit destruktiven Reaktionen zu begegnen, sondern den Frieden zu suchen, indem ich den Gegner segne und ihm Gutes tue. Dies kann den anderen überraschen und zu positivem Verhalten mir gegenüber führen. Im besten Fall wird aus einem Feind ein Freund. Eine Erfolgsgarantie gibt es aber nicht. Aber wenigstens sollten wir es versuchen – auch uns selbst zuliebe.

„Lass dich nicht vom Bösen überwinden, sondern überwinde das Böse mit Gutem.“ *Römer 12,21*

Den Alltag mit der Perspektive Ewigkeit leben

1. Petrus 3,13-17 **Freitag, 12.**

Die Gemeindeglieder damals waren Anfeindungen und Verleumdungen ihrer andersgläubigen Mitmenschen ausgeliefert. Nicht selten mussten sie sich vor weltlichen Gerichten verantworten. Der 1. Petrusbrief fordert sie in dieser leidvollen Situation auf, nicht zu verzagen, sondern aus der Hoffnung auf das ewige Leben Mut und Kraft zu schöpfen. Denn diese Perspektive wendet unseren Blick von unseren Schwierigkeiten weg auf Gott. In unseren gegenwärtigen Leidenserfahrungen dürfen wir wissen, dass Jesus da ist, dass er wiederkommt und seine allumfassende Herrschaft aufrichten wird. Unsere Lebens- und Weltgeschichte endet nicht im Ungewissen, sondern in Gottes ewigem Reich. Dies darf heute schon unser Leben positiv beeinflussen.

„Gott wird abwischen alle Tränen von ihren Augen, und der Tod wird nicht mehr sein, noch Leid noch Geschrei noch Schmerz wird mehr sein; denn das Erste ist vergangen.“ *Offenbarung 21,4*

Unser Leid im Licht von Kreuzigung und Auferstehung

1. Petrus 3,18-22 Samstag, **13.**

In ihrem gegenwärtigen Leiden sollen sich die Gemeindeglieder bewusst machen, dass Jesus selbst Leid am eigenen Leibe erlebt hat, als er am Kreuz für unsere Sünden starb. Er hat diesen qualvollen Tod aus Liebe zu uns Sündern auf sich genommen, damit wir Gemeinschaft mit Gott und ewiges Leben haben können. Jesus ist nicht im Tode geblieben, sondern ist auferstanden und in den Himmel zurückgekehrt, um seine allumfassende Herrschaft über alle Mächte anzutreten.
In der Taufe wird dies deutlich: Wir haben an seinem Sühnetod Anteil – alles, was uns von Gott trennt, wird abgewaschen. Wir haben Anteil an seiner Auferstehung – wir werden ewig in der uneingeschränkten Gemeinschaft mit Gott – dem Vater, dem auferstandenen Jesus Christus und dem Heiligen Geist – leben.

„Er erniedrigte sich selbst und ward gehorsam bis zum Tode, ja zum Tode am Kreuz. Darum hat ihn auch Gott erhöht.“ Philipper 2,8-9

Wochenspruch

Christus spricht: Ich bin der gute Hirte. Meine Schafe hören meine Stimme, und ich kenne sie und sie folgen mir, und ich gebe ihnen das ewige Leben. Johanes 10,11 a.27–28 a

Einfach gut!

Psalm 136 Sonntag, **14.**

Immer und immer wieder erklingt in diesem Psalm ein großes Dankeschön an meinen Herrn und Schöpfer, der mich mit so viel Gutem versorgt. Tag für Tag, Woche für Woche – ein ganzes Leben lang. Grund genug zum Danken gibt es: Glaube, Familie, Freunde, Arbeit. Was aber ist, wenn meine Familie zerbricht, mir gekündigt wird, Krankheit und Not in mein Leben kommen? Wo ist der gute Gott dann? Doch bewährt sich Glaube nicht erst dann so richtig, wenn „das Wetter rauer" wird? Jesus bewahrt mich nicht vor schweren Zeiten, aber er lebt in mir und begleitet mich hindurch. Deshalb bin ich zuallererst nicht dankbar für gute Umstände, sondern für einen guten Gott, der immer bei mir ist. Deshalb ist es gut, jeden Tag mit Dank zu beginnen und zu beenden. So kann ich aus tiefstem Herzen bekennen: „Denn seine Güte währet ewiglich!"

„Seid dankbar in allen Dingen; denn das ist der Wille Gottes in Christus Jesus für euch." 1. Thessalonicher 5,18

Einfach anders!

1. Petrus 4,1-11 **Montag, 15.**

Was unterscheidet Christen von Nichtchristen? Nur Äußerlichkeiten? Petrus spricht auf jeden Fall von deutlichen Unterschieden im Verhalten. Er nennt Dinge, bei denen Christen einfach nicht mehr mitmachen können (V. 3). Warum? Weil wir den Willen Gottes erfüllen und uns nicht von menschlichen Begierden leiten lassen wollen. Petrus spricht davon, dass wir die Gesinnung Jesu übernehmen sollen (V. 1). Unsere Beziehungen zu anderen Menschen sollen von einer „beharrlichen" Liebe geprägt sein. Dieses Adjektiv beschreibt ursprünglich einen Muskel, der maximal angespannt ist. Dabei ist aber wichtig, dass die Liebe, von der Petrus spricht, die Liebe ist, die nur Gott geben kann. Ein Geschenk, das ich annehmen darf. Mit ihr wird mein Verhalten auch die Menschen um mich herum ins Nachdenken und Fragen bringen.

„So lasst euer Licht leuchten vor den Leuten, damit sie eure guten Werke sehen und euren Vater im Himmel preisen." Matthäus 5,16

Einfach froh!

1. Petrus 4,12-19 **Dienstag, 16.**

Sie stehen eng beieinander, heben ihre Hände auf zum Himmel und loben Gott. Die Gläubigen befinden sich im Zirkus Maximus in Rom und hungrige Raubtiere werden auf sie losgelassen. Dennoch, so wird von römischen Geschichtsschreibern überliefert, ist keine Panik zu erkennen. Stattdessen singen die Christen, solange es ihnen noch möglich ist, loben Gott und freuen sich, dass sie würdig sind, so für Jesus zu sterben. Es ist ein uns fremdes Ereignis, das wir, Gott sei Dank, hier (noch) nicht zu befürchten haben.

Es muss uns keine Angst machen, wenn wir wegen unseres Glaubens ausgelacht und beleidigt werden (V. 14). Aber auch wirkliche Verfolgung, welche sehr viele Christen bereits jetzt erleben, verliert in der Nähe Jesu ihren Schrecken. Bin ich bereit, für Jesus zu leiden?

„Selig seid ihr, wenn euch die Menschen um meinetwillen schmähen und verfolgen und allerlei Böses gegen euch reden und dabei lügen. Seid fröhlich und jubelt.“ *Matthäus 5,11.12*

Einfach sorgenfrei!

1. Petrus 5,1-7 **Mittwoch, 17.**

Sich alles schenken lassen, so einfach kann es doch nicht sein? Doch. Es ist der Kern des christlichen Glaubens: Ich kann Gott nichts bieten, was mich vor ihm besser machen würde. Ich kann nur demütig annehmen, dass er mich von ganzem Herzen liebt und mich so, durch die Nachfolge, auf eine spannende Glaubensreise begeben. Auf dieser Reise zu ihm will ich mich dann, durch den Geist Gottes, immer mehr in die neue Person verwandeln lassen, die er jetzt schon in mir sieht. Zu diesem Lernprozess gehört auch, dass ich mich nicht von Sorgen bestimmen lasse. Geduldig soll ich lernen, Gottes Plan zu vertrauen. Echter Glaube sorgt für echtes Vertrauen zu Gott und seiner Definition von „rechtzeitig“. Petrus denkt dabei sicherlich auch an sein eigenes Leben mit

Jesus, wenn er zu Unterordnung (V. 5), Demut (V. 5-6) und völligem Gottvertrauen (V. 7) aufruft.

„Trachtet zuerst nach dem Reich Gottes und nach seiner Gerechtigkeit, so wird euch das alles zufallen.“ *Matthäus 6,33*

Einfach in Christus!

1. Petrus 5,8-14 **Donnerstag, 18.**

„Muss ich vor dem Teufel Angst haben? Er ist doch ein brüllender Löwe und will Menschen verschlingen, also vom rechten Weg abbringen!“ Solche Befürchtungen sind nicht einfach von der Hand zu weisen. Ja, der Teufel hat eine gewisse Macht, aber er hat sie zunächst nur über Menschen, die nicht an Jesus glauben (Joh 12,31; Eph 2,2). Gläubige fallen nicht länger unter seine Herrschaft (Kol 1,13). Der Teufel hat keine Macht über mich, es sei denn, ich selbst gestehe sie ihm zu. Außerdem: Ein Löwe, der Beute machen will, streift nie brüllend durch die Savanne, sondern schleicht sich möglichst lautlos an sein Opfer an. Ein „brüllender Löwe“ macht Angst, aber er ist keine Gefahr für mich, solange ich in Jesus verwurzelt bin und fest im Glauben widerstehe (V. 9). Ich habe in Christus den Sieg, der Teufel hat bereits verloren. Daran ändert sich nichts mehr.

„So seid nun Gott untertan. Widersteht dem Teufel, so flieht er von euch.“ *Jakobus 4,7*

Der erste Korintherbrief

Die Gemeinde in Korinth war gar nicht so problematisch, wie sie auf den ersten Blick erscheint. Sie war eine Gemeinde, die sich erst finden musste. Vieles, was später geklärt war – wenn auch unter zum Teil heftigen Konflikten –, war in Korinth noch ungeklärt: das Verständnis des Abendmahls, das Verhältnis der

Geschlechter in der Gemeinde, die Bedeutung der Auferstehung, die Einordnung der Geistesgaben und anderes. Die Gemeindeglieder machten unterschiedliche geistliche Erfahrungen, die sie nun miteinander abgleichen mussten, um die Gemeinschaft zu erhalten. Dabei bildeten sich verschiedene Parteien, die versuchten, ihre Sicht der Erfahrungen durchzusetzen. Dazu kam, dass die Gemeindeglieder aus ganz unterschiedlichen gesellschaftlichen Schichten stammten, die damals gesellschaftlich strikt voneinander getrennt waren, und jetzt in einer Gemeinde zusammenleben sollten. In diesen tiefgreifenden Erfahrungs- und Klärungsprozess hinein schreibt Paulus den 1 Korintherbrief. (Zur umfangreichen Korrespondenz des Paulus mit den Korinthern vgl. den „Hintergrund" auf S. 224).

Paulus muss darauf reagieren, dass sich Parteien gebildet haben, die sich voneinander abgrenzen und den Zusammenhalt der Gemeinde gefährden. Außerdem beantwortet er Fragen, die ihm aus der Gemeinde gestellt worden sind. Das Verhältnis des Apostels zu seiner Gemeinde scheint ungetrübt zu sein, sodass er – bei all den Mahnungen, die folgen – im Briefeingang die Gemeinde für ihren Glauben, ihre Erkenntnis und ihre Predigt von Christus ausdrücklich lobt (1,4-9). Er spricht dann verschiedene Themen an:

A. Briefeingang 1,1-9 (Anschrift und Gruß (1,1-3). Dank für die Gemeinde (1,4-9)

B. Briefkorpus (1,10–15,58)

1. Der Streit der Parteien und die Suche nach Weisheit. (1,10 – 4,21): Es haben sich Parteien gebildet, die sich verschiedenen Personen aus der Geschichte der Gemeinde zuordnen (1,12). Das widerspricht aber der Berufung in die Gemeinde Jesu Christi.

2. Ethische Missstände, die geklärt werden müssen (5,1-6,20): Es haben sich in der Gemeinde einige problematische Verhaltensweisen eingeschliffen: Jemand lebt mit seiner (Stief-)Mutter zusammen (5,1 ff.), der Besuch von Prostituierten wird akzeptiert (6,12 ff.). Und überhaupt: dass Christen gegeneinander Prozesse führen, entspricht nicht der Gemeinde Christi (6,1 ff.).

3. Ein Thema, das geklärt werden muss: die Ehe (7,1-40)

4. Die Herausforderung des Götzenopferfleisches (8,1–11,1): Darf man Götzenopferfleisch essen oder nicht? Bestätigt man damit nicht die (falschen) Göttervorstellungen der Heiden? Oder beweist man nicht gerade durch das Essen die Freiheit, die man durch Christus gewonnen hat? Für Paulus ist das Wichtigste die Rücksicht aufeinander.

5. Fragen, die den Gottesdienst betreffen (11,2–14,40): Im Umfeld des Gottesdienstes entstanden verschiedene Fragen: Welche Rolle dürfen Frauen im Gottesdienst spielen (11,2-16)? Wie sollen wir das Herrenmahl feiern (11,17-34)? Wie sollen wir die verschiedenen Geistesgaben verstehen und miteinander verbinden (12,1–14,40)? Die zentrale Bedeutung – nicht nur bei der Frage der Geistesgaben – hat in der Gemeinde Jesu Christi die Liebe (13,1-13).

6. Die Auferstehung Jesu und der Toten (15,1-58): Die Auferstehung der Toten ist für einen hellenistisch geprägten Menschen unglaublich, weil sie nicht die Überwindung des Leibes, sondern seine Erneuerung bedeutet. Doch für Paulus hängt alles daran, dass Jesus auferstanden ist (15,14) und deshalb auch wir auferstehen werden.

C. Briefschluss 16,1-24: Die Kollekte für Jerusalem (16,1-4). Die Besuchspläne von Paulus (16,5-12). Letzte Mahnungen (16,13-18) und Grüße (16,19-24) (HN)

Ein Brief an die Heiligen

1. Korinther 1,1-9 **Freitag, 19.**

Heilige in den Fensterbildern großer Kirchen sind nur von innen zu erkennen. Zum Beginn des Korintherbriefes bezeichnet Paulus die Christen als Heilige. Sie haben die Predigt von Christus angenommen. Durch Gottes Gnade sind sie an Erkenntnis reich geworden. Ihre Zukunft liegt in Gottes Händen. Er trägt durch Höhen und Tiefen des Christenlebens. Es kommt nicht nur auf einen guten Anfang im Glauben an. Das Ende wird gekrönt. Da brauchen wir Gnade, Hilfe und Segen, um zu bestehen. „Heilige", so sagte einmal ein Kind, „sind solche, durch die das Licht scheint." Damit spielte es auf die Kirchenfenster an, bei denen man die Darstellungen nur erkennen kann, wenn die Sonne durchscheint. Wir sollen als Christen so leben, dass das Licht Christi durch uns hindurchscheint. Dann sind wir als Heilige und Jünger Jesu zu erkennen.

„Denn es ist ein köstlich Ding, dass das Herz fest werde, welches geschieht durch Gnade." *Hebräer 13,9*

Einheit in Christus

1. Korinther 1,10-17 **Samstag, 20.**

Die Korinther lagen miteinander im Streit. Einige beriefen sich auf Paulus, andere auf Apollos, andere auf Kephas und andere auf Christus. Das kommt mir bekannt vor. Da sind verschiedene Lehrmeinungen, die unterschiedlich stark betont werden. Wer hat recht? Wer liegt falsch? Da kann es zu handfesten Streitigkeiten kommen. Da kann es laut zugehen. Und das Schlimmste: Es kann zu Uneinigkeit und Spaltung kommen. Dann gibt es keine Sieger mehr, sondern nur noch Verlierer. Paulus mahnt zur Einheit im Sinn, in der Meinung und im Reden. Streit in der Gemeinde hat Außenwirkung. Unser Zeugnis als Christen leidet. Unsere Glaubwürdigkeit schwindet.

„Ich bitte aber nicht allein für sie, sondern auch für die, die durch ihr Wort an mich glauben werden, dass sie alle eins seien. Wie du, Vater, in mir bist und ich in dir, so sollen auch sie in uns sein, auf dass die Welt glaube, dass du mich gesandt hast." *Johannes 17,20-21*

Wochenspruch

Ist jemand in Christus, so ist er eine neue Kreatur; das Alte ist vergangen, siehe, Neues ist geworden. *2. Korinther 5,17*

„Wo man singt, da lass dich ruhig nieder …“

Psalm 96 **Sonntag, 21.**

…böse Menschen haben keine Lieder“, heißt es in einem alten Volkslied. Im Film „Quo Vadis“ wird gezeigt, wie Nero an den Scheiterhaufen in der Arena vorbeiläuft und den Märtyrern verbietet, zu singen. Wie kann man nur im Angesicht des Todes singen? Man kann. Der Psalmist fordert uns auf, das neue Lied zu singen. Das Lied, das den Herrn lobt, das in aller Welt gehört wird, das von der Größe Gottes singt und das der Welt zum Zeugnis dient. Es macht deutlich: Alle Menschen sind Geschöpfe Gottes und sollen den Schöpfer auch als ihren liebenden Vater und Erlöser erkennen. Die Erlösten können nicht anders als den Herrn mit ihren Liedern anbeten und sie können nicht anders als bezeugen: Gott ist in der Person Jesus Christus, der zu unserem Heil am Kreuz starb, Richter und Erlöser.

„Singet dem HERRN ein neues Lied, denn er tut Wunder. Er schafft Heil mit seiner Rechten und mit seinem heiligen Arm.“ Psalm 98,1

Von Toren und Weisen

1. Korinther 1,18-25 **Montag, 22.**

Torheit und Weisheit stehen sich in diesem Abschnitt der Bibel gegenüber. Zwei Welten treffen aufeinander. Da kann man argumentieren. Da kann man streiten. Alle Diskussionen bleiben ergebnislos. Am Kreuz von Golgatha scheiden sich die Geister. Torheit und Weisheit – da trifft was aufeinander. Ja was denn? Hier treffen Tod und Leben aufeinander. Hier geht es um alles, denn wenn wir leben wollen, dann brauchen wir das Kreuz. Wenn wir leben wollen, dann brauchen wir Jesus, den gekreuzigten und auferstandenen Herrn. Dann brauchen wir den Glauben an den Sohn Gottes. Unsere Weisheit, unser Wissen, unsere Forschung und alle Erkenntnis dieser Welt ist „Torheit“. Wir sind „Nullen“. Eine „0“ bekommt ihren Wert von der „1“, von Jesus, der der Erste und der Letzte ist (Offb 22,13).

„Wie viele ihn aber aufnahmen, denen gab er Macht, Gottes Kinder zu werden: denen, die an seinen Namen glauben.“ *Johannes 1,12*

Was zählt?

1. Korinther 1,26-31 **Dienstag, 23.**

Klug, gebildet und fleißig sein, Einfluss nehmen, Ansehen besitzen! Erfolgreich im Job sein, ein gutes Auskommen haben, Beruf und Familie gut zusammenbringen! Optimale Work-Life-Balance, Resilienz stärken, Selbstoptimierung! Das sind Schlagworte, die in unserer Gesellschaft positiv klingen und wichtig sind. Doch bei Gott gelten andere Regeln, schreibt Paulus. Bei Gott zählt nicht, was wir selbst leisten, sondern das, was wir im Glauben an ihn geschenkt bekommen. Das schafft neue Maßstäbe. Das entlastet uns. Wir müssen nicht im weltlichen Hamsterrad gefangen bleiben, sondern dürfen unser Leben im Vertrauen auf Gott leben, der uns wirklich frei machen kann von allen Zwängen. Wir dürfen als Kinder Gottes reich beschenkt leben. Wir sind befreit, zu lieben. Wir sind befreit, zu teilen, was wir von Gott geschenkt bekommen.

„Lass dir an meiner Gnade genügen; denn meine Kraft vollendet sich in der Schwachheit.“ *2. Korinther 12,9*

Man kann niemanden zum Glauben überreden!

1. Korinther 2,1-5 **Mittwoch, 24.**

Die Gemeinde sucht eine neue Pastorin/einen neuen Pastor. Im Vorstellungsgespräch erzählt die Person, die sich bewirbt: „Mir ist das Wichtigste in meinem Dienst, dass der Heilige Geist durch mich redet.“ Dem wird keine fromme Gemeinde widersprechen. Weiter sagt sie: „Wenn ihr Predigten von mir lest, werdet ihr feststellen: Es sind keine rhetorischen Kunstwerke. Ich erzähle einfach nur von Jesus und vom Kreuz. Ich bin kein starker Mensch, eher zurückhaltend und ängstlich. Ich setze nur auf die Kraft des

Heiligen Geistes. Das allein ist es, was zählt und Menschen zu Gott einlädt." Ob diese Person eine Chance hätte, angestellt zu werden? Und wie erzähle ich von dem, was ich glaube? Einfach von Jesus reden – das ist herausfordernd. Doch genau das lädt andere durch Gottes Geist zum Glauben ein.

„Denn wir predigen nicht uns selbst, sondern Jesus Christus, dass er der Herr ist, wir aber eure Knechte um Jesu willen." 2. Korinther 4,5

Wer sieht tiefer?

1. Korinther 2,6-16 **Donnerstag, 25.**

Ein wacher Geist versteht die Welt besser. Wer aufgeschlossen ist und tiefer schaut, kann zwischen den Zeilen lesen und entdeckt Dinge, die nicht allein mit den Augen zu erfassen sind. Gottes Geist lässt am tiefsten blicken, dorthin, wo alle Fäden zusammenlaufen, wo aller Weisheit Anfang ist, und zum Ziel allen Lebens. Gottes Geist entschlüsselt uns, wer und wie Gott ist, und lässt uns erkennen, wer wir selbst durch ihn sind. Gottes Geist schenkt Bekümmerten den Trost, dass Gott ihnen beisteht. Er schenkt Freude darüber, dass Christus den Sieg über den Tod errungen hat. Er begeistert für alles Lebendige und lässt neue Wege finden. Er lässt uns Gott entdecken und seine Nähe spüren. Gottes Geist führt zu einem erfüllten Leben, weil wir das Geschenk der Liebe Gottes entschlüsseln dürfen.

„Denn das Wort vom Kreuz ist eine Torheit denen, die verloren werden; uns aber, die wir selig werden, ist es Gottes Kraft." 1. Korinther 1,18

Richtige Ernährung

1. Korinther 3,1-4 **Freitag, 26.**

Ein Baby braucht Milch, eine erwachsene Person verträgt auch Schwarzbrot. Erwachsene sind in der Regel krank, wenn sie keine feste Nahrung zu sich nehmen können. Paulus benutzt dies als Bild dafür, welche Lehre Kinder Gottes schon vertragen. Neugeborene im Glauben benötigen Milch, im Glauben gereifte Menschen vertragen feste Nahrung. Eifersucht und Streit herrschen in der Gemeinde in Korinth. Dort ist etwas krank. Das sind keine Früchte, die Gottes Geist hervorbringt. Wo Rivalität und Zwietracht das Leben beherrschen, wird dem Heiligen Geist zu wenig Raum gegeben. Hier ist Heilung nötig, die Jesus schenken kann. In welchen Lebensbereichen wachsen bei mir Früchte, die mir schaden? Wo brauche ich Heilnahrung und Hilfe von Jesus?

„Dagegen bringt der Geist Gottes in unserem Leben nur Gutes hervor: Liebe, Freude und Frieden; Geduld, Freundlichkeit und Güte; Treue, Nachsicht und Selbstbeherrschung." *Galater 5,22-23 (Hfa)*

Weniger ist mehr

1. Korinther 3,5-8 **Samstag, 27.**

Paulus ist ein kranker Mann. Seine äußere Erscheinung ist nach seinen Angaben nicht besonders beeindruckend. Er nennt sich eine unzeitige Geburt (1Kor 15,8). Er ist keiner der 12 Apostel, gehörte nicht zum engsten Jüngerkreis, sondern Jesus ist ihm erst nach der Auferstehung begegnet. Der römische Name „Paulus" bedeutet „klein und gering". Sein jüdischer Name „Saulus" heißt, „von Gott erbeten und zum Dienst geweiht". Trotzdem sagen wir sprichwörtlich „vom Saulus zum Paulus". Weniger ist mehr! In 1Kor 2,3 schreibt er: „Ich war bei euch in Schwachheit und in Furcht und mit großem Zittern." Apollos ist ein Mann von beeindruckender Erscheinung. Er kann mit seiner Rhetorik die Leute fesseln. Dagegen schläft bei Paulus ein Jugendlicher während der Predigt ein (Apg 20,9). Paulus bittet für sich um mehr. Aber Jesus antwortet ihm: „Weniger ist mehr!"

„Er hat zu mir gesagt: Lass dir an meiner Gnade genügen; denn meine Kraft vollendet sich in der Schwachheit." *2. Korinther 12,9*

Wochenspruch

Singet dem HERRN ein neues Lied, denn er tut Wunder.

Psalm 98,1

Lobpreis ändert die Dinge

Psalm 149 **Sonntag, 28.**

„Psalmen sind Lieder aus uralten Zeiten. Psalmen sind Lieder aus dem Heiligen Land. Bettler und Könige sangen sie gerne, und durch die Bibel sind sie weltbekannt. Singt sie mit, das ist uns wichtig. Denn mit euch klingen sie erst richtig“ (J. Jourdan). Lobpreis ändert die Dinge. Eine Missionarin erkrankt an Pocken. Trotz vieler Gebete ihrer Freunde wird sie immer schwächer. Plötzlich sieht sie vor ihrem geistigen Auge eine Waage mit zwei Körben. Auf einem steht Fürbitte. Er ist voll und drückt die Waage ganz hinunter. Auf dem anderen steht Lobpreis. Er ist fast leer und hängt ganz oben. Die Missionarin bittet ihre Freunde, Jesus von ganzem Herzen zu loben und zu preisen. Sie zweifeln, aber als sie es versuchen, bewegt sich der Lobpreiskorb langsam nach unten. Und als er mit Lobpreis gefüllt ist, wird die Missionarin gesund. Lobpreis ändert die Dinge.

„Halleluja! Singet dem HERRN ein neues Lied; die Gemeinde der Heiligen soll ihn loben.“ *Psalm 149,1*

Jesus ist alles

1. Korinther 3,9-17 **Montag, 29.**

Ein Fußballspieler wird bei einem Foul schwer am Kopf verletzt. Aber er spielt mit einem Kopfverband weiter. Seine Mannschaft gewinnt das Spiel. Nach dem Schlusspfiff sagt er: „Ich dachte sofort an Bastian Schweinsteiger im Jahr 2014. Er kämpfte sich damals mit blutender Kopfwunde durch das WM-Finale und Deutschland wurde Weltmeister.“ Die Narben tragen die Spieler mit Stolz. Sie verbinden damit den Sieg. Ich denke dabei an Jesus Christus. Er trägt seine Narben auch mit Stolz, bis in alle Ewigkeit.

Sie erinnern uns an seinen größten Sieg aller Zeiten am Kreuz auf Golgatha. Er ist das Opferlamm Gottes, das der Welt Sünde trägt (Joh 1,29). Wenn wir ihm vertrauen, wird alles Leid einmal hinter uns liegen. Nur Jesus behält seine Narben von Ewigkeit zu Ewigkeit. Sie sind der Grund unserer Erlösung.

„Einen andern Grund kann niemand legen außer dem, der gelegt ist, welcher ist Jesus Christus." *1. Korinther 3,11*

Ich weiß, dass ich nichts weiß

1. Korinther 3,18-23 **Dienstag, 30.**

Der Sokrates zugeschriebene Spruch erinnert an Paulus: „Mein Wissen ist Stückwerk" (1Kor 13,9). Der Philosoph steht zu seinem Mangel an Weisheit. Mit dieser Aussage behauptet er nicht, dass er gar nichts weiß. Vielmehr hinterfragt er das, was er zu wissen meint. Denn alles vermeintliche Wissen ist nur ein beweisloses, unhaltbares Scheinwissen. Ein Wortspiel bringt es auf den Punkt: „Wer nichts weiß, aber weiß, dass er nichts weiß, weiß mehr als der, der nichts weiß und nicht weiß, dass er nichts weiß." Vom Theologieprofessor Theodor Christlieb gibt es ein Buch mit dem Titel: „Christus liebhaben ist besser als alles Wissen." Nach Kol 2,3 sind in Jesus Christus alle Schätze der Weisheit und der Erkenntnis. Er ist die göttliche Weisheit und die Weisheit in Person (1Kor 1,30; Spr 8,22-36).

„Denn die Weisheit dieser Welt ist Torheit bei Gott. Denn es steht geschrieben (Hiob 5,13): ‚Die Weisen fängt er in ihrer List.'"

1. Korinther 3,19

Monatsspruch Mai

Alles ist mir erlaubt, aber nicht
alles dient zum Guten.
Alles ist mir erlaubt, aber nichts
soll Macht haben über mich.

1. Korinther 6,12

Geheimnisse

1. Korinther 4,1-5 **Mittwoch, 1.**

Das sind interessante Worte in Vers 1: Haushalter über die Geheimnisse Gottes. Nicht Haushalter der Gemeindedienste oder der Lehren Gottes, sondern seiner Geheimnisse. Paulus wird später im Brief (13,9.12) formulieren, dass unsere Erkenntnis Stückwerk ist. In diesem Geheimnisvollen liegt die Unverfügbarkeit Gottes. Wenn wir ihn zu durchschauen versuchen und verstehen wollen, wie alles zusammenhängt, bleibt etwas im Dunkeln, unfassbar. Wir verstehen nur annäherungsweise, so wie wir auch nie wirklich wissen können, was in einem anderen Menschen vorgeht. Paulus war sich dessen bewusst, nennt sich selbst einen Gesandten genau dieser Geheimnisse. Halten wir es aus, dass Gott bei aller Selbstoffenbarung dennoch im Dunkel des Geheimnisses bleibt?

„Wir sehen jetzt durch einen Spiegel in einem dunklen Bild; dann aber von Angesicht zu Angesicht. Jetzt erkenne ich stückweise; dann aber werde ich erkennen, gleichwie ich erkannt bin.“ *1. Korinther 13,12*

Angekommen?

1. Korinther 4,6-13 **Donnerstag, 2.**

In jedem Umfeld, auch im christlichen, gibt es Menschen, die vermitteln, sie wären angekommen, sie hätten verstanden, wie alles zusammenhängt. Sie teilen ihre Sichtweise gern im Brustton der Überzeugung mit allen. Der Text zeichnet ein anderes Bild von den „Haushaltern über Gottes Geheimnisse“ (V. 1): Narren, ein Schauspiel, der Lächerlichkeit preisgegeben, schwach, verachtet, ohne sichere Stätte (also nicht angekommen), hungrig und durstig – das ist wohl einerseits wörtlich gemeint, denn der Dienst eines reisenden Apostels war kein sehr einträglicher – aber vielleicht auch übertragen: immer hungrig und durstig nach mehr von den Geheimnissen Gottes. Nicht angekommen, immer auf dem Weg.

„Meine Brüder und Schwestern, ich schätze mich selbst noch nicht so ein, dass ich's ergriffen habe. Eins aber sage ich: Ich vergesse, was dahinten ist, und strecke mich aus nach dem, was da vorne ist."

Philipper 3,13

Sorgen

1. Korinther 4,14-21 **Freitag, 3.**

Die Situation ist bekannt: Wir sehen jemanden, den wir mögen, einen folgenschweren Fehler machen, aber mit dem Bemühen, den- oder diejenige davon abzuhalten, dringen wir nicht durch. Die Frustration, das Gefühl von Hilflosigkeit, vielleicht auch Furcht. Wie viel mehr Furcht empfinden Eltern, wenn es um ihre Kinder geht. Dieses Bild, die Intimität und die Gefühle zwischen Eltern und ihren Kindern benutzt Paulus, um auszudrücken, wie hilflos, wie besorgt er sich fühlt, weil die Gemeinde seinen Weisungen nicht folgen will. Er vertraut in dieser Situation auf die Kraft Gottes (V. 20), die eine Veränderung bewirken kann. Es ist eine Herausforderung, von sich selbst und den eigenen (sehr begrenzten) Möglichkeiten in einer solchen Situation abzusehen und einen Weg zum Vertrauen zu finden.

„Sorgt euch um nichts, sondern in allen Dingen lasst eure Bitten in Gebet und Flehen mit Danksagung vor Gott kundwerden!"

Philipper 4,6

Ausgeschlossen

1. Korinther 5,1-8 **Samstag, 4.**

Eine sexuelle Beziehung mit der eigenen Stiefmutter zu haben, wurde damals nach Paulus' Aussage sogar im Kontext des freizügigen Korinth abgelehnt („wie es sie nicht einmal unter den Heiden gibt", V. 1). Es ging also gar nicht darum, eine strengere Sexualmoral von der Gemeinde einzufordern, als sie die umgebende Gesellschaft hatte, sondern nur um das, was auch gesellschaftlich Konsens war. Hier hatte ein Gemeindemitglied die Freiheit, zu der es Christus befreit hatte, missverstanden als Freibrief für alles – und das war Paulus' große Sorge. Diesen wohl auch uneinsichtigen Mann aus der Gemeinde auszuschließen, ist nur konsequent, auch um seines Heils willen. Es ist auch ein Zeichen der Glaubwürdigkeit der Gemeinde nach außen, solches Verhalten nicht zu bemänteln, nicht „innerhalb der Kirche zu regeln".

„Habt nicht Gemeinschaft mit den unfruchtbaren Werken der Finsternis; deckt sie vielmehr auf." *Epheser 5,11*

Wochenspruch
Gelobt sei Gott, der mein Gebet nicht verwirft noch seine Güte von mir wendet. *Psalm 66,20*

Auf meinem Rücken ausgetragen

Psalm 129 **Sonntag, 5.**

Eine Referendarin wird von zwei Prüferinnen bewertet. Die beiden Damen können sich gegenseitig nicht leiden. Deswegen tragen sie ihre Abneigung auf dem Rücken der Referendarin aus. Unter dem Vorwand fachlicher Mängel erhält sie eine ungerechtfertigt schlechte Note. Im heutigen Psalm wird für diese Erfahrung das eindrückliche Bild eines pflügenden Menschen verwendet, der auf dem Rücken eines anderen schmerzhafte Ackerfurchen zieht. Es ist ein brutales Bild aus der Landwirtschaft, was dem damaligen Psalmleser vertrauter war als uns heute. Der Pflug reißt die Erde des Ackerbodens auf. Er ist hier ein Bild für Ausbeutung. Dies war die Erfahrung des Volkes Israel an vielen Stellen seiner wechselvollen Geschichte. Ein ohnmächtig wütender Hilferuf, der leider zeitlos gültig ist.

„Die Pflüger haben auf meinem Rücken geackert." *Psalm 129,3*

Klartext

1. Korinther 5,9-13 **Montag, 6.**

Mark Twain soll einmal gesagt haben: „Die meisten Menschen haben Schwierigkeiten mit den Bibelstellen, die sie nicht verstehen. Ich für meinen Teil muss zugeben, dass mich gerade diejenigen Bibelstellen beunruhigen, die ich verstehe." Ähnlich geht es wohl den meisten Lesern und Leserinnen mit diesem Briefabschnitt. Paulus findet sehr klare Worte zu den sittlichen Umständen, die in der griechischen Gemeinde in Korinth herrschen. Dabei geht es nicht nur um Lebensbereiche, die die Sexualität betreffen, sondern auch um den Umgang mit Geld, Alkohol, Götzendienst und Lästerei. Paulus macht deutlich, dass es nicht vereinbar ist mit einem christlichen Lebensstil, wenn man z.B. habsüchtig ist oder gerne über andere lästert. Seine klaren Worte waren hier nötig, denn die Gemeinde in Korinth bestand zum Großteil aus neu bekehrten Heiden, die dringend eine Neuausrichtung für ihr Leben suchten. Wie können wir heute mit der Spannung umgehen, dass die Gemeinde einerseits ein Ort der Gnade und Vergebung sein sollte – andererseits aber Unrecht nicht beschönigt und unter den Teppich gekehrt werden darf?

„Die aber draußen sind, wird Gott richten. Verstoßt ihr den Bösen aus eurer Mitte!" *1. Korinther 5,13*

Ich verklage dich, Bruder!

1. Korinther 6,1-11 **Dienstag, 7.**

Eine Christin lässt sich als Tagesmutter ausbilden. Sie nimmt auch das Kind einer jungen Mutter aus derselben Gemeinde auf. Zunächst geht alles gut. Dann wird die junge Mutter unzufrieden. Anstatt mit der Tagesmutter selbst zu reden, die ja ihre geistliche Schwester ist, beschwert sie sich bei einer anderen Mutter. Der Konflikt schaukelt sich hoch. Schließlich bekommt die Tagesmutter unangemeldeten Besuch vom Jugendamt. Paulus empfiehlt den Christen in Korinth, Streitigkeiten unter Christen einvernehmlich zu lösen. Es wäre besser gewesen, die junge Mutter hätte zunächst das direkte Gespräch gesucht. Dann hätte vielleicht ein neutraler Mediator, ggf. aus der Gemeinde, zu dem beide Vertrauen haben, hinzugezogen werden können. Wir sollten aber auch nicht übersehen, dass es Fälle gibt, etwa bei sexuellem Missbrauch, in denen Schuld auch öffentlich benannt werden muss und es fatal wäre, die Dinge „gemeindeintern" unter der Decke halten zu wollen.

„Ist denn gar kein Weiser unter euch, auch nicht einer, der zwischen Bruder und Bruder richten könnte?" *1. Korinther 6,5*

Mein Körper – eine Kostbarkeit

1. Korinther 6,12-20 **Mittwoch, 8.**

Christen wird oft Leibfeindlichkeit vorgeworfen. Hier aber wird das Gegenteil deutlich: Wie einen Tempel, so soll man den Körper sorgsam schmücken und achtsam behandeln. Nach biblischer Vorstellung ist der Mensch eine Einheit aus Körper, Geist und Seele. Die Gefahren für den Geist und die Seele eines Menschen sind vielfältig. Aber auch der Leib ist gefährdet, z.B. durch Prostitution. Wir denken hier nicht nur an sexuell übertragbare Krankheiten. Beim Sex mit einer Prostituierten entsteht auch eine Verbindung zu ihr. Ein Fleisch zu werden gehört in die Ehe, nicht in eine Beziehung zwischen Freier und Prostituierter. Käuflicher Sex ist eine Sünde am eigenen Leib. Paulus findet hier sehr deutliche Worte, weil die neu bekehrten Korinther anscheinend kein Unrechtsbewusstsein in diesem Bereich hatten.

„Wer aber dem Herrn anhängt, der ist ein Geist mit ihm."
1. Korinther 6,17

Das Klima ist entscheidend

Philipper 2,5-11 **Christi Himmelfahrt, 9.**

Auf der Erde existieren verschiedene Klimazonen, die wie Gürtel um unseren Planeten angeordnet sind, jede mit den entsprechenden Pflanzen. Man kann nicht einfach einen Baum aus der Polar-

zone in die Tropen versetzen. Der würde dort aufgrund des für ihn unpassenden Klimas eingehen.
In unserem Text redet Paulus von dem geistlichen Klima, bei dem Christen am besten wachsen und sich entfalten. „Seid so unter euch gesinnt [...]“: Damit macht er deutlich, dass es bei diesem Klima um unser Verhalten, unser Miteinander als Christen geht, das unser Wachsen im Glauben entscheidend fördert. Und dann folgt mit dem sogenannten Christus-Hymnus das Vorbild, nach dem wir unser Klima in die richtige Richtung beeinflussen können. Im Zentrum dabei steht die Bereitschaft, selbst niedrig sein zu können, um damit den Nächsten zu erhöhen.

"Denn ein Beispiel habe ich euch gegeben, damit ihr tut, wie ich euch getan habe." *Johannes 13,15*

Anpassen oder auffallen?

1. Korinther 7,1-16 **Freitag, 10.**

Die Christen im damaligen Korinth lebten, ähnlich wie wir heute, in einer Kultur, die deutlich andere Werte und Normen vertrat. Gerade im Bereich der Sexualmoral waren Dinge wie Ehebruch, Polygamie und Konkubinat an der Tagesordnung. „Ich mache mir die Welt, wie sie mir gefällt.“ Das war und ist das Motto vieler Menschen.
Paulus ermutigt die Christen, sich hier von ihrer Umgebung zu unterscheiden. Seine immer wiederkehrende Überzeugung lautet: Christen sind nicht dazu berufen, sich selbst in den Mittelpunkt ihres Denkens und Handelns zu stellen, sondern den Nächsten. Das gilt auch in ethischen Fragen. Der Grund für dieses ungewöhnliche Verhalten liegt in dem Vers direkt vor dem heutigen Abschnitt: „Ihr seid teuer erkauft; darum preist Gott mit eurem Leibe.“ (1Kor 6,20)

„Denn ihr wisst, dass ihr nicht mit vergänglichem Silber oder Gold erlöst seid von eurem nichtigen Wandel nach der Väter Weise.“
1. Petrus 1,18

Wenn ich mal groß bin …

1. Korinther 7,17-24 **Samstag, 11.**

Wenn ich mal groß bin... Hinter diesem Satz verbirgt sich die kindliche Sehnsucht, etwas zu werden, das jetzt noch außer Reichweite ist: Feuerwehrmann, Lokführer oder Astronaut – dafür muss man die Schule hinter sich haben und erwachsen sein. Das wissen die meisten Kinder schon sehr früh.

Im heutigen Bibeltext begegnen uns Christen, die ganz ähnlich denken: „Wenn ich erst meine Beschneidung rückgängig gemacht habe, dann... Wenn ich erst mein Sklavesein abgelöst habe und wirtschaftlich frei bin, dann..."

Dahinter steckt die uralte Vorstellung, dass sich erst die Verhältnisse ändern müssen, damit ich mein Christsein wirklich leben kann. Genau dagegen wehrt sich Paulus sehr deutlich: Das Evangelium von Jesus Christus ist nicht abhängig von irgendwelchen äußeren Umständen. Es geht darum, wie Gott uns sieht, nicht die Menschen. So wie ich heute bin, bin ich schon Christ und kann Gott verherrlichen.

„Geh hin in dieser deiner Kraft." *Richter 6,14*

Wochenspruch

Christus spricht: Wenn ich erhöht werde von der Erde, so will ich alle zu mir ziehen. *Johannes 12,32*

Seit wann kommt der Knochen zum Hund?

Psalm 131 **Sonntag, 12.**

Seit wann kommt der Knochen zum Hund? Diesen Satz benutze ich gerne, wenn unsere jüngste Tochter mal wieder ihre Grenzen überschreitet und meint, sie wäre die Chefin im Haus. Es gibt eben familiäre „Gesetzmäßigkeiten", die sie nicht einfach über Bord werfen kann. Und meistens versteht sie es.

David erinnert sich selbst (!) in unserem heutigen Psalm genau an eine solche Gesetzmäßigkeit im geistlichen Leben, und die lautet:

Gott ist und bleibt mir Mensch in allem weit überlegen. Das sollte ich akzeptieren, will ich mir nicht selbst schaden.
In V. 2 sagt er, dass seine Seele zur Ruhe gekommen ist, weil er es sich abgewöhnt hat, mit Dingen umzugehen, die ihm zu groß und zu wunderbar sind – eine Umschreibung für Gottes Autorität. Ich darf Gott vertrauen in der Gewissheit, dass der Schöpfer dieser Welt mich nicht vergisst. Wer auf ihn hofft, hofft nicht vergebens.

„Wie unbegreiflich sind seine Gerichte und unerforschlich seine Wege!" *Römer 11,33*

Am Ende ist alles gut

1. Korinther 7,25-40 Montag, **13.**

Paulus spricht hier sehr überzeugt. Er will den Verheirateten etwas mit auf den Weg geben: Er sieht das Ende der Welt kommen und will, dass jeder ohne Sorge ist, und gibt entsprechende Ratschläge. Das war gerade damals eine große Herausforderung und ist es bis heute geblieben. Wir leben in einer ungewissen Zeit, in der seit Monaten Krieg in Europa ist. Keiner weiß, wie sich das Ganze entwickeln wird. Aber auch der Klimawandel macht uns Angst und Sorgen. Wir merken, dass wir nichts unter Kontrolle haben. Aber: Gott hält seine Welt in der Hand, ganz egal wie schlimm es noch wird. „Denn am Ende wird alles gut und wenn es nicht gut ist, dann ist es noch nicht das Ende", steht in einem meiner Lieblingszitate. Mit dieser Gewissheit dürfen wir dankbar und hoffnungsvoll auf das Morgen blicken. Denn Jesus hat den Sieg schon errungen.

„Alle eure Sorge werft auf ihn; denn er sorgt für euch". *1. Petrus 5,7*

Ein Gott, ein Herr, ein Erlöser

1. Korinther 8,1-6 Dienstag, **14.**

Wenn ich an Gott glaube, dann haben Götzen und Götzenopfer – auch die modernen „Götzen", die gerne an der Stelle Gottes stehen möchten – ihre Macht verloren. Wichtig ist allein, dass

wir von Anbeginn unseres Daseins von Gott angenommen und geliebt sind.
Als ich damals mein Leben Jesus überlassen habe, war ich nicht mehr abhängig von der Meinung anderer Menschen, sondern ich fühlte mich geliebt von meinem Schöpfer und Heiland. Dadurch wurde ich Schritt für Schritt heil in meinem Leben. Ich arbeitete an mir und Jesus legte seine heilende Hand auf jede Wunde, so lange, bis ich spürte: „jetzt ist es gut". Die Tatsache, von Gott bedingungslos geliebt zu sein, macht uns fähig diesen Lebenskampf zu bestehen. Gott ist mit uns! Gott ist bei uns! Gott liebt uns! Beginnen wir, das in die Mitte unseres Lebens zu stellen. Wozu noch Götzen?

„Habe ich dir nicht geboten: Sei getrost und unverzagt? Lass dir nicht grauen und entsetze dich nicht; denn der HERR, dein Gott, ist mit dir in allem, was du tun wirst." *Josua 1,9*

Kein Kuhhandel

1. Korinther 8,7-13 **Mittwoch, 15.**

Götzenopfer gibt es bei uns nicht, aber wir haben eine ähnliche Geisteshaltung. Zumindest manchmal: Wir reden mit Gott wie mit einem Händler: „Wenn du das für mich tust, dann opfere ich als Gegenleistung dafür etwas von mir."
Aber wir können keinen Handel mit Gott abschließen. Ich selbst bin fußballbegeistert und früher habe ich auch manchmal versucht, mit Gott zu handeln, damit meine Mannschaft gewinnt. Mittlerweile tue ich das nicht mehr, denn es ist nur ein Spiel. Manchmal gewinnt meine Mannschaft und manchmal verliert sie. Die Zeit der Opfer ist vorbei, denn Jesus ist für uns gestorben. Am Kreuz ist er zum Opfer für die ganz Welt geworden, damit wir alle frei werden. Ist uns das bewusst? Jesus hat damit alles, wirklich alles, verändert! Leben wir als „Befreite"? Lasst uns anfangen, ganz bewusst in dieser Freiheit zu leben!

„Zur Freiheit hat uns Christus befreit! So steht nun fest." *Galater 5,1*

Jahreslosung 2024

Alles, was ihr tut, geschehe in Liebe. (1. Korinther 16,14)

Liebe in Serie

Ich streame sehr gerne Serien. Und könnte jede Menge Empfehlungen aussprechen, welche davon echt sehenswert sind. Aber jetzt und hier geht es mir um was anderes: um den 1. Korintherbrief als Gottes Serie mit uns. Aufgebaut mit Plots und Twists, spannenden Charakteren und Beziehungen. Einer der roten Fäden, die sich thematisch durch die ganze Staffel ziehen: die Liebe. So besonders, dass sie in dieser Staffel einen eigenen Namen bekommt. Gottes bedingungsloser, geschenkter, lebensverändernder Liebe wird ein spezieller Titel gegeben: „Agape". Folge 13 erzählt in den schillerndsten, buntesten Farben, wie sie ist. Geduldig, nicht nachtragend, wahrhaftig. So vollkommen, so lang, so breit, so hoch, so tief greift die Liebe. Damit wäre doch eigentlich alles gesagt. Und trotzdem dieser Appell: „Lasst alles in Liebe geschehen!". Werdet, was Ihr seid. Macht, was in Euch gelegt ist. Setzt um, woraus Ihr lebt.

Denn der Alltag sieht anders aus. Eine Lieblosigkeit nach der anderen steht dem entgegen, was Gott in unsere Welt hinein geliebt hat. Sie ist um und um geliebt – und sie wird gleichzeitig geschlagen und geschunden vom Hass der Menschen aufeinander und auf sich selbst. Solche unfassbaren Wendungen nennen sich im Rahmen einer Serienstaffel „Cliffhanger". Die Spannung erreicht einen Höhepunkt – und genau hier ist die Folge zu Ende und man muss bis zur nächsten warten. Dort, wo Liebe herrschen könnte, wütet der Hass. Dort, wo Friede sich ausbreiten könnte, lodert der Krieg. Dort, wo Recht fließen könnte, herrscht das Unrecht. Und von Folge zu Folge unserer eigenen Lebensserie und der Lebens-Serie unserer Welt werden solche „Cliffhanger" geschrieben, die die Spannung bis zum Zerreißen aufladen; die uns davon ausgehen lassen, dass eigentlich alles verloren ist.

Aber die Protagonistinnen und Protagonisten der Serie bleiben in aller Zerbrechlichkeit und Fehlerhaftigkeit ihres Lebens an diesem Auftrag dran. Sie finden mitten in Irrungen und Wirrungen und durch tiefe Täler immer wieder neu zu ihrer ursprünglichen Berufung. Liebe geht immer neu in Serie, trotz allem. Folge um Folge finden die Berufenen zu diesem Grundauftrag zurück – egal, wie umkämpft das ist. Sie fallen und stehen wieder auf. Denn Liebe treibt sie an, und Liebe ist ihr Auftrag.
Staffel eins, Folge 16. Das Staffelfinale. Noch einmal treffen alle Hauptfiguren aufeinander. Alle fein gesponnenen Fäden werden noch einmal am Ende sichtbar und werden aufgenommen. Gut zu merken im Skript am Ende: „ALLES, was Ihr tut“. Umfassender kann man es nicht schreiben. Die Liebe Gottes siegt final – und solange sie noch nicht vollkommen gesiegt hat, ist das Ende nicht da. Ende gut, alles gut. „Alles, was Ihr tut, geschehe in Liebe!“. Liebe in Serie läuft noch. Manche Folge wird gerade noch geschrieben und abgedreht – und manchen Cliffhanger erahnen wir noch nicht einmal. Aber eines bleibt: Die Liebe bleibt. Und der Auftrag: dafür in der Kraft der Liebe zu sorgen, dass sie sich ausbreitet. (Ralf Albrecht, aus: Christoph Morgner (Hrsg.), Alles, was ihr tut, geschehe in Liebe: Das Lesebuch zur Jahreslosung 2024, © 2023 Brunnen Verlag)

Geliebt – geborgen – getragen

1. Korinther 9,1-18 **Donnerstag, 16.**

Paulus ist ein einzigartiger Mensch, etwas Besonderes. Er ist ein Kämpfer für Jesus. Er muss predigen und das Evangelium weitertragen.
Ich merke, ich bin noch ganz weit weg davon. Wir haben alle unseren Alltag, und in dem bin ich oft gefangen. So weit weg von dem, was ich wirklich tun wollte. Ich fühle mich dabei oft müde, allein, verzweifelt.
Aber ich möchte heute mir und uns allen dazu Mut machen, diesen Text nicht zu lesen und zu denken, das schaffe ich sowieso nicht. Sondern lassen wir uns befreien von dem Leistungsdruck,

der uns überall umgibt. Jesus will nicht unsere Leistung, er will unsere Liebe. Die Liebe steht über allem. Lassen wir uns anstecken von der Begeisterung eines Paulus. Wir dürfen uns daran freuen, ein Kind Gottes zu sein. Denn jeder ist einzigartig, besonders in Gottes Augen! Geborgen und getragen in seiner Liebe.

„Alles ist mir erlaubt, aber nicht alles dient zum Guten."

1. Korinther 6,12

Allen gerecht werden

1. Korinther 9,19-23 **Freitag, 17.**

„Wer nach allen Seiten hin offen ist, kann nicht ganz dicht sein." Auf den ersten Blick scheint Paulus undicht zu sein. Es klingt nach: Ich passe mich flexibel den Werten meines Gegenübers an. Wenn jüdische Frömmigkeit gefragt ist, bin ich Jude oder gesetzlich, wenn Toleranz gefragt ist, gebe ich mich tolerant... Damit übersehen wir das „Ziel" dieser „Flexibilität". Es geht nicht um Ethik, sondern darum, im Gespräch für das Evangelium zu bleiben. Die Kernbotschaft ist die Rettung aus Gnade, ohne Gegenleistung. Ethik ist nicht der Weg zum Leben. Paulus will den anderen dort abholen, wo er ist, ihn einladen, nicht abschrecken. Darum kann er auf ethische Demonstrationen seines persönlichen Glaubens verzichten. Zur Schau gestellte ethische Leistungen machen mich nicht zum besseren Christen, sondern lenken vom Evangelium ab.

„Denn ihr seid alle durch den Glauben Gottes Kinder in Christus Jesus."

Galater 3,26

Kämpfe den guten Kampf des Glaubens

1. Korinther 9,24-27 **Samstag, 18.**

Ich muss nicht meine christlichen Leistungen präsentieren, auch wenn ich mich wie der Sportler in Paulus' Beispiel quäle, um einen „Sieg" zu erringen. Dieser Verzicht, dieses Kämpfen ist für

Paulus kein Grund, andere dadurch zu erschrecken. Eine kleine Anekdote: Eine Mitarbeiterin verabschiedet sich nach Jahren aus ihrem Jugendkreis und hat sich eine Abschiedsgeste ausgedacht: Es soll Eis geben, mit Sahne und Süßigkeiten verziert. Eine Teilnehmerin in der Gruppe lehnt ab: Sie faste gerade. Den Rest des fröhlichen Miteinanders sitzt sie, säuerlich auf die Süßigkeit schauend, daneben. Die Mitarbeiterin war verletzt, die Freude des Abends verdorben. Unser Kampf des Glaubens ist eine persönliche Angelegenheit, und wir tun gut daran, dies nicht zu einem öffentlichen Wettbewerb zu machen.

„Habt aber acht, dass ihr eure Gerechtigkeit nicht übt vor den Leuten, um von ihnen gesehen zu werden.“ *Matthäus 6,1*

Wochenspruch

Es soll nicht durch Heer oder Kraft, sondern durch meinen Geist geschehen, spricht der HERR Zebaoth. *Sacharja 4,6b*

Loben zieht nach oben …

Epheser 1,3-14 **Pfingstsonntag, 19.**

Dankbarkeit – wenn ich beschreiben sollte, was unserer Gesellschaft und oft auch mir am meisten fehlt, dann wäre es „Dankbarkeit“. Unsere Defizite, unsere Nöte und Ängste, die bestimmen sehr oft unser Leben. Wir wissen schnell, was uns fehlt und was wir noch bräuchten, um „glücklich“ zu sein, aber wir übersehen zu oft die Geschenke, die wir schon haben. Es ist ein starker Auftakt, den Paulus im Brief an die Epheser setzt: ein Loblied und eine Zeit der Anbetung. Stichworte: gesegnet – erwählt – Kind Gottes – erlöst. Ich übe mich manchmal bewusst und zähle auf, was Gott mir geschenkt hat: Versorgung, Haus, Beruf, Kinder … und dann werde ich dankbar und es motiviert mich. Lassen Sie uns gemeinsam mehr auf die „Geschenke“ des Lebens und des Heils schauen. Der heutige Text ist eine Einladung zum Danken und Loben, denn „Loben zieht nach oben“.

„Danket dem HERRN; denn er ist freundlich, und seine Güte währet ewiglich.“ *Psalm 106,1*

Orchester der Dankbarkeit

Psalm 150 **Pfingstmontag, 20.**

Das Gebetbuch der Bibel endet mit einem großen „Tusch“, das große Halleluja der Dankbarkeit wird zur Ehre Gottes gespielt. Wer in den Psalmen blättert, wird schnell feststellen, dass hier keine naiven und weltfremden Gebete gesammelt werden. Wir finden Klagelieder, Wutgeschrei, Frustgebete, Rachegedanken, Ermahnungen, Dank- und Buß-Gebete beieinander – wie das Leben so „spielt“. Aber das Ende ist dem Lob und der Dankbarkeit gewidmet. Die kommt bei mir und uns leicht zu kurz. Wir lamentieren lieber über die Defizite, statt uns mit Dank und positiven Gedanken zu motivieren. Dankbarkeit motiviert und richtet den Blick auf die Zukunft. Wer nur das Negative wahrnimmt, beraubt sich der positiven Energie.

„Wie ihr nun angenommen habt den Herrn Christus Jesus, so lebt auch in ihm, [...] voller Dankbarkeit.“ *Kolosser 2,6-7*

Erfahrung und Geschichte

1. Korinther 10,1-13 **Dienstag, 21.**

Aus beidem haben die Völker und Regierungen nichts gelernt, so der Philosoph G. W. F. Hegel (1770–1831). Wollte man alledem nachspüren, was Paulus in den ersten Versen dieses Abschnittes sagt, dann müsste man die Geschichte der Wüstenwanderung Israels vom 2. bis zum 5. Buch Mose nachlesen. Paulus nennt einige Eckpunkte und zeigt auf, warum es Gott wichtig war, diese für uns oft so blutrünstigen und dann wieder langweiligen Kapitel in seinem Wort zu haben. Gottes Versorgen und Handeln mit seinem Volk soll uns ein Vorbild sein für Gottes Handeln mit uns, seiner Gemeinde heute, um uns vor den Fehlern der Israeliten zu bewahren. Machen wir es besser als die von Hegel erwähnten Regierungen?

Gott fordert uns heraus und lässt uns damit doch nicht allein. Denn wer sich auf Gott und seine Treue verlässt, wird letztlich feststehen! Wir können also doch aus der Geschichte lernen.

„Der Herr weiß die Frommen aus der Versuchung zu erretten."

2. Petrus 2,9

Die Entscheidungsfreiheit und ihr Dilemma

1. Korinther 10,14-22 **Mittwoch, 22.**

Wir können Luthers „Freiheit eines Christenmenschen" leicht missverstehen. Durch Christus dürfen wir frei sein im Gewissen. Äußerlicher Umgang mit heiligen Dingen erwirbt uns nicht das Heil. Aber es ist nicht alles gleichgültig. Die Entscheidung für Christus schließt die für manche anderen Dinge aus. Sich für etwas entscheiden bedeutet immer auch, etwas anderes nicht zu bekommen, es abzuwählen. Und was, wenn mir beides gefällt? Heute versuchen wir das „Dilemma der Abwahl" oft durch Kompromisse zu entschärfen, indem wir einen Weg suchen, mehrere Möglichkeiten gleichzeitig zu verwirklichen. Die Korinther waren da nicht anders: morgens am Abendmahl teilnehmen und mittags mit Freunden im Tempel geopfertes Fleisch essen und abends zur Tempelhure. Kein Problem! – Wirklich?
Wo gehen wir „faule Kompromisse" ein, weil wir Angst haben, etwas zu verpassen?

„Was hat der Tempel Gottes gemein mit den Götzen?"

2. Korinther 6,16

Wo kein Verbot oder Gebot mit entsprechender Sanktion, dort gibt es auch kein schlechtes Gewissen

1. Korinther 10,23–11,1 **Donnerstag, 23.**

Paulus sagt doch klar: „Alles ist erlaubt [...]", also muss ich mir über nichts ein schlechtes Gewissen machen? Ist das so einfach? – Er sagt auch: „[...] aber nicht alles dient zum Guten." Doch ein Pferdefuß? Nicht wirklich. Was Paulus hiermit sagen will, formuliert er in V. 30: Wenn man für etwas danken kann, dann braucht diese Handlung kein schlechtes Gewissen auszulösen. Ja, so einfach kann das sein: Frage dich beim nächsten Mal, wenn du etwas tun oder lassen willst/sollst, ob du ehrlichen Herzens Gott dafür danken kannst. Und dann danke und handle entsprechend. Denn ...

„Ob ihr nun esst oder trinkt oder was ihr auch tut, das tut alles zu Gottes Ehre." *1. Korinther 10,31*

Alles nur eine Frage der Mode?

1. Korinther 11,2-16 **Freitag, 24.**

Im Laufe der Geschichte haben sich die gesellschaftlichen Normen in Bezug auf die Frage, wie man seine Haare zu tragen und zu pflegen hat, immer wieder verändert. Paulus' Ausführungen hier beziehen sich also auf die damals geltenden Normen. Also: Alles easy, der Abschnitt hat für uns heute keine Bedeutung? Ganz so einfach ist es nicht. Der Abschnitt enthält auch eine grundlegende Wahrheit, die bis in unsere Zeit Gültigkeit hat, und sie fordert uns heraus! Vielleicht tut sie das heute noch mehr als zu Paulus' Zeiten: Männer und Frauen sind unterschiedlich und haben unterschiedliche Aufgaben. Wumms! – das ist nicht genderkonform und wir müssen neu lernen, dies zu leben. Dass man aus Paulus' Aussagen dann verkürzt einen Machtanspruch des Mannes über die Frau konstruiert hat, ist dabei wieder mal typisch menschlich (männlich?). Denn eigentlich sagt Paulus genau das Gegenteil:

„Doch im Herrn ist weder die Frau ohne den Mann noch der Mann ohne die Frau." *1. Korinther 11,11*

Gespalten

1. Korinther 11,17-26 **Samstag, 25.**

Ein Konflikt um das Abendmahl spaltet die Gemeinde. Es wird benutzt, um den eigenen Status hervorzuheben und Ärmere auszugrenzen. Man feiert mit selbst mitgebrachtem Essen, da liegt es nahe, miteinander zu teilen, oder? Doch die Reichen teilen nicht und die Ärmeren haben nichts. Paulus macht deshalb deutlich, was das Abendmahl ist. Wenn man das Mahl gemeinsam hält, dann verkündigt man Jesu Tod, durch den wir zu ihm gehören, egal wer oder was wir sind. Wir feiern heute anders Abendmahl als damals. Doch die Frage, die mir der Text stellt, ist: Gibt es Dinge in unseren Gemeinden oder auch in meinem Leben, mit denen ich bewusst andere ausgrenze, sei es aufgrund von Status oder Herkunft? Und wenn ja, was kann ich tun, damit sich das ändert und ich dem Beispiel Jesu folge?

„Ihr Lieben, hat uns Gott so geliebt, so sollen wir uns auch untereinander lieben.“ *1. Johannes 4,11*

Wochenspruch

Die Gnade unseres Herrn Jesus Christus und die Liebe Gottes und die Gemeinschaft des Heiligen Geistes sei mit euch allen.
2. Korinther 13,13

Wenn Berge neidisch werden

Psalm 68,1-19 **Sonntag, 26.**

Der Psalmbeter feiert in militärischer Sprache die Treue Gottes. Er preist ihn dafür, dass er sich um die Schwachen und Benachteiligten kümmert. So ist unser Gott! Er achtet nicht auf Ansehen, Geld oder Status. Er achtet auf das, was wir brauchen, setzt sich für Gerechtigkeit ein und ist für die Einzelnen da. Auch in der Wahl seiner Wohnstätte kann man das erkennen. Zion ist in der Gegend nicht der höchste und größte Berg. Das Gebirge von Baschan ist größer und massiver und vielleicht würde man es eher mit einem mächtigen Gott in Verbindung bringen als den Berg Zion. Doch Gott sind andere Dinge wichtig. Er wählt das Kleine, das Unscheinbare und gibt ihm Wert, Ansehen und Aufmerksamkeit. Das zeigt mir: Gott sieht mich! Egal, wie unbedeutend oder einsam ich mich fühle.

„Was seht ihr scheel, ihr Berge, ihr Gipfel, auf den Berg, wo es Gott gefällt zu thronen?" *Psalm 68,17*

Am Tun wird man erkennen

1. Korinther 11,27-34 **Montag, 27.**

Für Paulus ist das Abendmahl keine Mahlzeit wie jede andere und auch kein bloßes Erinnern an das, was Jesus tat. Wenn Abendmahl gefeiert wird, dann ist Jesus selbst gegenwärtig. Wer andere dabei ausschließt oder bloßstellt, wird schuldig an Jesus selbst (V. 27). Wenn alle mitfeiern können, wird die Einheit, der eine Leib sichtbar. Jesus soll der Mittelpunkt sein, der Leib, an dem alle Anteil haben. Bis heute sind Christinnen und Christen uneins, gibt es Spaltungen in Gemeinden und werden Menschen ausgeschlossen. Das Feiern des Abendmahls in dem Bewusstsein, dass Jesus selbst da ist und uns verbindet, wie unterschiedlich wir auch sind, kann uns immer mehr zu einer Einheit machen. Wo oder mit wem fällt mir das schwer? Bringen wir es im Gebet vor Jesus, er ist da und will mit uns gehen. Auch wenn wir gerade uneins sind mit anderen oder mit ihm.

„Seid eines Sinnes untereinander." *Römer 12,16*

Geistliche Superhelden

1. Korinther 12,1-11 **Dienstag, 28.**

In Korinth gab es Gemeindeglieder mit verschiedenen Geistesgaben. Geistliche Superhelden. So haben sie sich gesehen und wurden auch so behandelt. Für Paulus ist das kein Grund, Unterschiede zu machen und die Christen in bessere oder schlechtere einzuteilen. Damals gab es viele spirituelle Menschen, aber übernatürliche Erfahrungen sind noch nicht automatisch christlich (V. 2). Für Paulus ist deshalb ausschlaggebend, dass Jesus als der Herr erkannt wird. Das kann nur durch den Heiligen Geist geschehen. Wer sich zu Jesus bekennt, in dem hat der Heilige Geist gewirkt und der ist so Teil der Gemeinschaft, ist Kind Gottes. Der Geist schenkt uns unterschiedliche Dinge: Gaben, Aufgaben, Eindrücke. Doch es gibt hier keine Hierarchie, kein Besser und Schlechter. Wir sind Gottes geliebte Kinder und gehören zu ihm!

„Es sind verschiedene Gaben; aber es ist ein Geist.“ *1. Korinther 12,4*

Der etwa auch?

1. Korinther 12,12-26 **Mittwoch, 29.**

Jeder in der Gemeinde hat seinen Platz, seine Aufgabe. Jeder ist nötig und hat für Gott den gleichen Wert. Klingt doch toll. Zumindest, solange ich nicht darüber nachdenke, wen alles dieses „jeder“ oder „jede“ umfasst. Dass auch die paar Leute dabei sind, deren Art mir nun wirklich Bauchschmerzen macht. Die mir erst im Himmel erträglich sein werden, wenn Gott sie genug verändert hat. Tja, wenn jeder von uns eine beliebige Person einfach wegwünschen könnte, ohne Erinnerung und negative Folgen, wie viele von uns säßen am Sonntag noch im Gottesdienst? Und – wäre ich dann noch dabei? Oder gibt es Leute, die meine Art bestenfalls im Himmel ertragen würden, wenn Gott mich genügend verändert hat? Eventuell, ganz eventuell ist es doch nicht so übel, dass für Gott keiner von uns verzichtbar ist.

„Wer kann merken, wie oft er fehlet? Verzeihe mir die verborgenen Sünden!“ *Psalm 19,13*

Nicht wie [Name einfügen]?

1. Korinther 12,27-31 **Donnerstag, 30.**

Peter N. Ormchrist ist ganz glücklich mit seinem Glauben. Er macht im Hauskreis mit und im Chor und hält total gute Kinderstunden. Aber da ist noch [Name einfügen], der Pastor in seiner Gemeinde. Was für ein Vorbild! Der hat scheinbar den direkten Draht zu Gott. Führt ein Leben voller Wunder, in dem Leid nur ein Anlass ist, sich unglaublich getröstet zu fühlen. Wahrscheinlich leuchtet er sogar nachts. Der lebt doch in einer ganz anderen Welt. Denkt Peter. Wenn das ein normaler Christ ist, bin ich überhaupt einer? Ja, Peter, bist du! Weil Gott Ja zu dir sagt. Er geht mit jedem einen eigenen Weg. Der Maßstab für dein Christsein sind nicht die Erfahrungen und Gaben, die Gott einem anderen geschenkt hat. Nicht jeder ist eine Mutter Teresa, ein Martin Luther King oder ein Gerhard Tersteegen – schon gar nicht in einer Person. Übrigens: Wir sehen bei unseren Vorbildern immer nur die Fassade.

„So liegt es nun nicht an jemandes Wollen oder Laufen, sondern an Gottes Erbarmen." *Römer 9,16*

Bedingungslose Liebe? (1)

1. Korinther 13,1-7 **Freitag, 31.**

Ist Gottes Liebe wirklich bedingungslos? Gibt es einen Punkt, wo sie aufhört? Wenn ich eine dogmatische Entscheidung treffen müsste, würde ich mich den Theologen Charles Ryrie und Charles Stanley anschließen, die glauben, dass ein Christ sein Heil unter keinen Umständen verlieren kann. Aber ich denke, es wäre nicht gut, hier eine dogmatische Entscheidung zu treffen. Die Bibel sagt uns, dass wir unser Heil nicht verlieren können, und zugleich warnt sie uns davor. Sie hat hier zwei Aussagereihen, die einander dialektisch, also scheinbar widersprüchlich, gegenüberstehen. Wir müssen sie nicht auflösen. Luther konnte den Sicheren das Gesetz predigen, den Angefochtenen aber die freie Gnade. Das Evangelium richtet sich an jene, die versuchen, nach Gottes Maßstäben zu leben. Tu ich das noch?

„Wer nicht in mir bleibt, der wird weggeworfen wie eine Rebe und verdorrt, und man sammelt die Reben und wirft sie ins Feuer, und sie verbrennen." *Johannes 15,6*

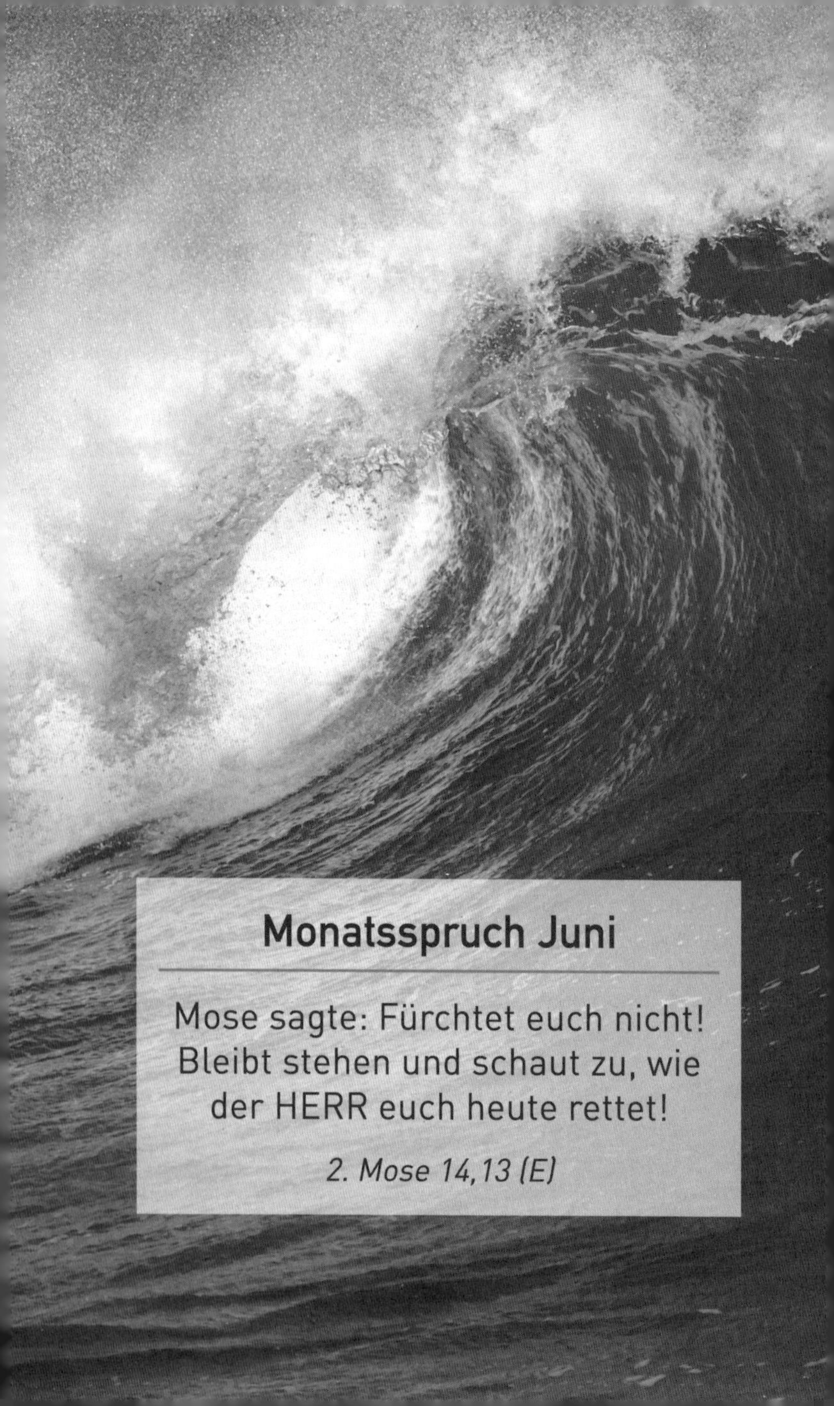

Monatsspruch Juni

Mose sagte: Fürchtet euch nicht! Bleibt stehen und schaut zu, wie der HERR euch heute rettet!

2. Mose 14,13 (E)

Bedingungslose Liebe? (2)

1. Korinther 13,8-13 — Samstag, **1.**

Die Liebe hört niemals auf. Wirklich niemals. Wenn wir uns Sorgen machen um unser Heil, dann sind wir gerade die Leute, die Gott mit dem Evangelium ansprechen möchte. Dann gilt für uns, dass Gottes Liebe wirklich bedingungslos ist, dass Jesus am Kreuz alles für unsere Seligkeit getan hat, und dass niemand, auch wir selbst nicht, uns aus seiner Hand herausreißen könnte. Die Frage ist nicht: Wie weit kann ich mit dem Sündigen gehen? Sondern: Will ich diesen liebenden Vater? Seine Tür steht mir immer, immer offen. Egal, wie weit ich von ihm entfernt bin, es ist immer nur ein Schritt zurück ins Vaterhaus. Seine Gnade, seine Liebe haben immer das letzte Wort.

„Meine Schafe hören meine Stimme, und ich kenne sie und sie folgen mir; und ich gebe ihnen das ewige Leben, und sie werden nimmermehr umkommen, und niemand wird sie aus meiner Hand reißen."
Johannes 10,27-28

Wochenspruch
Wer euch hört, der hört mich; und wer euch verachtet, der verachtet mich. *Lukas 10,16a*

Eine Regel für die Wohnungstür

Psalm 133 — Sonntag, **2.**

Freitag, erste Stunde. Ich gebe Reli-Unterricht in einem Klassenzimmer. Während die Kinder eine Aufgabe lösen, schaue ich mich genauer um: Chaotisch sieht es hier aus. Aber es gefällt mir. Bunte, selbst gemalte Porträts hängen an der Wand. Daneben gibt es Listen über blaue Zeitwörter, grüne Wiewörter und rote Namenwörter. Mein Blick schweift weiter. Da bleibe ich über der Tür hängen: die Klassenregeln. Eine Regel sticht mir ins Auge: „Wir halten zusammen!" – „Wow. Eine tolle Regel! Alle sollen zusammenhalten. Auch wenn es mal Streit gibt, weil alle eben auch verschieden sind“, staune ich. Die Klassenregel erinnert mich an Psalm 133: „Siehe, wie fein und lieblich ist’s, wenn Brüder einträchtig beieinander wohnen!“ – Vielleicht könnte ich diese Regel auch über meine Wohnungstür schreiben.

„Und seid darauf bedacht, zu wahren die Einigkeit im Geist durch das Band des Friedens.“ *Epheser 4,3*

Churchy – eine Sprache, die nicht alle verstehen

1. Korinther 14,1-11 **Montag, 3.**

„Nein. Das kannst du nicht bringen! Das ist zu churchy!“ Er hält meinen Zettel in seiner Hand und schaut meinen Text an. Zu mir spricht der Beauftragte von einem Radiosender. Denn ich bin bei einem Seminar, um Andachten fürs Radio zu schreiben. „Churchy“ – das Wort scheppert in meinen Ohren. Was er mit „churchy“ meint? Im übertragenen Sinne das, was auch in V. 2f. zur Sprache kommt. Eine „churchy“ Sprache ist eine kirchliche Sprache, die niemand von außen versteht – also so ähnlich wie Zungenrede. Früher haben wir „Kanaanäisch“ dazu gesagt. Die Kritik hat mich angeregt. Wenn ich anderen von meinem Glauben erzähle, muss ich es in einfachen und verständlichen Worten sagen. Mit Worten und Bildern aus dem Alltag, die die Menschen verstehen, die jeden Tag Radio hören. Dafür werde ich heute sensibel sein.

„Wer nun sich selbst erniedrigt und wird wie dieses Kind, der ist der Größte im Himmelreich.“ *Matthäus 18,4*

Zwischen Klubhaus und Rettungsstation

1. Korinther 14,12-25 **Dienstag, 4.**

„Ich bin ausgetreten. Mir ist die Kirche zu verstaubt. Sie hat mir nichts zu sagen“, erzählt mir jemand. Mich machen seine Sätze nachdenklich. Hat er „die“ Kirche womöglich so erlebt, wie es in

V. 23 steht: als ein Klubhaus mit einer eigenen Sprache, die Menschen von außen nicht so einfach verstehen? Das macht mich traurig. Denn ich hoffe, in „der“ Kirche hören Menschen gute Worte über ihr Leben. Nämlich prophetische Worte mit Kraft (V. 24). Worte, die aufleuchten, die Orientierung geben, wie das Licht eines Leuchtturms oder in einer Rettungsstation: „Du wirst geliebt, egal was passiert“ und „Dein zerbrechliches Leben ist nur ein Lichtschimmer von dem, was nach dem Tod auf dich wartet.“

„Fürchte dich nicht, ich bin mit dir; weiche nicht, denn ich bin dein Gott. Ich stärke dich, ich helfe dir auch, ich halte dich durch die rechte Hand meiner Gerechtigkeit.“ *Jesaja 41,10*

Friedensmomente im Leben

1. Korinther 14,26-33a **Mittwoch, 5.**

„Ordnung ist die halbe Miete.“ Diesen Spruch habe ich oft als Kind gehört. Heute denke ich immer noch an ihn. Gerade in Momenten, wenn ich etwas ganz dringend suche und einfach nicht finde. Meinen Schlüssel zum Beispiel. „Ordnung ist die halbe Miete.“ Das passt auch zu dem, was Paulus über Gott sagt. Gott ist nämlich kein Gott der Unordnung, sondern ein Gott des Friedens (V. 33). Das kann ich nachvollziehen. Wenn ich meinen Schlüssel nach langem Suchen endlich im Wäschekorb wiederfinde, atme ich tief durch. Ich strahle. Ich bin endlich wieder im Frieden mit mir selbst und der Welt. Klar, ich muss keine Erbsen zählen, aber es ist doch toll, wenn ich weiß, wo ich sie gelassen habe. Oder meinen Schlüssel. Und ich glaube, mit Gott an meiner Seite darf ich jeden Tag neu in diesem Friedenszustand sein.

„Lass ab vom Bösen und tue Gutes; suche Frieden und jage ihm nach!“ *Psalm 34,15*

Heißes Eisen: Frauen in der Gemeinde

1. Korinther 14,33b-40 **Donnerstag, 6.**

Reißt man die Verse aus dem Zusammenhang, ist der Text – nicht nur für Frauen – heute schwer zu ertragen. Eine Hilfe ist hier der letzte Vers der gestrigen Bibellese. Er bildet die eine Hälfte des Rahmens für unseren Text: „Gott ist nicht ein Gott der Unordnung, sondern des Friedens." Den anderen Teil bildet der heutige Schluss: „Lasst aber alles ehrbar und ordentlich zugehen." Es geht Paulus also um ein konstruktives Miteinander. Das war in Korinth wohl nicht so einfach. Insbesondere Frauen schienen mit der neuen Wertschätzung durch Jesus und das Evangelium nicht immer weise umgegangen zu sein. Sofern sie sich aber an die damals üblichen Regeln hielten, haben sie, wie Kap. 11,5 zeigt, sehr wohl öffentlich gebetet und prophetisch geredet. – Was wären unsere heutigen Gemeinden ohne Frauen!

„Hier ist nicht Jude noch Grieche, hier ist nicht Sklave noch Freier, hier ist nicht Mann noch Frau; denn ihr seid allesamt einer in Christus Jesus." *Galater 3,28*

Demut und Selbstbewusstsein

1. Korinther 15,1-11 **Freitag, 7.**

Das nenne ich ein Vorbild in Demut und Selbstbewusstsein! Auf der einen Seite blendet Paulus sein Vorleben nicht einfach aus. Er weiß, dass er sich, menschlich gesehen, durch die Verfolgung der Gemeinde für das Amt des Apostels völlig disqualifiziert hat. Gleichzeitig scheut er sich nicht, darauf hinzuweisen, dass er mehr als alle anderen für das Evangelium und die Gemeinden gearbeitet hat. Wie passt das zusammen? – Durch die Gnade Gottes ist für Paulus beides möglich. Er verrechnet seine Schuld und seine Arbeit nicht miteinander. Sein übergroßes Engagement ist keineswegs eine Wiedergutmachung für seine Vergehen, sondern dankbare Antwort auf Gottes Gnade. Ihr allein verdankt er seine außergewöhnliche Berufung. Aber er hat auch etwas daraus gemacht und in großem Maße Segen bewirkt.

„Aber durch Gottes Gnade bin ich, was ich bin. Und seine Gnade an mir ist nicht vergeblich gewesen.“ 1. Korinther 15,10

An der Auferstehung hängt alles

1. Korinther 15,12-19 **Samstag, 8.**

Der Streit um die Auferstehung ist, wie wir lesen, keineswegs neu. Sie ist ja tatsächlich eine krasse Zumutung für unseren Verstand. Auch innerhalb der Christenheit wollen manche die reale Auferstehung Jesu deshalb als unhistorisch oder zumindest als für den Glauben unwichtig abtun. Aber diese Rechnung geht nicht auf. Was den christlichen Glauben einmalig und wirklich für jeden von uns wertvoll und relevant macht, ist die Eröffnung einer ewigen Perspektive. Für alles andere wie Mitmenschlichkeit, verantwortlichen Umgang mit der Schöpfung und Einsatz für den Frieden braucht man Jesus nicht wirklich. Dafür reichen ein bisschen Verstand und Charakter vollkommen aus. Aber dass ich eine Hoffnung und Zukunft über den Tod hinaus habe, das kann ich mir nicht selbst sagen, sondern nur von Gott zusprechen lassen.

„Hoffen wir allein in diesem Leben auf Christus, so sind wir die elendesten unter allen Menschen.“ 1. Korinther 15,19

Wochenspruch

Kommt her zu mir, alle, die ihr mühselig und beladen seid; ich will euch erquicken. Matthäus 11,28

Glauben – was bringt's?

Psalm 36 **Sonntag, 9.**

Wir können in unserer Welt nach sehr unterschiedlichen, ja gegensätzlichen Konzepten leben. Manche haben sich derart selbstverständlich in einem Milieu von Lug und Trug eingerichtet, dass sie sich dort vollkommen zu Hause fühlen. Ihr Herz, ihre Seele und ihre Gedankenwelt sind so weit korrumpiert, dass sie gar nichts mehr dabei empfinden, andere zu betrügen und der Gesellschaft Schaden zuzufügen. Bisweilen bringen sie es durch diesen Lebensstil zu Reichtum und Macht. Der Ehrliche ist der Dumme, lautet deshalb ein Sprichwort. Und vielleicht auch der Fromme? Aber der Psalmbeter sieht das anders. Er ist glücklich und dankbar, in Gottes Güte, Wahrheit und Gerechtigkeit verwurzelt zu sein. Er hat keineswegs den Eindruck, zu kurz zu kommen, sondern freut sich an den reichen Gütern, die Gott schenkt. Und wie sehe ich das?

„Denn bei dir ist die Quelle des Lebens, und in deinem Lichte sehen wir das Licht." *Psalm 36,10*

Es wird aufgeräumt

1. Korinther 15,20-28 **Montag, 10.**

Paulus beschreibt in diesem Abschnitt eine für ihn einfache Rechnung: Wenn durch einen Menschen – Adam – die Trennung von Gott gekommen ist, kann dieser Bruch auch nur durch einen Menschen – Christus – wieder repariert werden. Gott stellt die Ordnung wieder her. Da wir Menschen von Adam abstammen, werden wir sterben. Das steht fest. Aber genauso steht auch fest, dass wir durch Christus, weil er als Erster auferstanden ist, „alle lebendig gemacht werden". Gott schafft uns neu. Gott schafft wieder Ordnung. Aber es ist eine neue Ordnung! Schon jetzt können wir erleben, wie Gott uns erneuert und im Chaos dieser Welt den Überblick behält. Denn ihm ist alles unterstellt!

„Wenn aber alles ihm untertan sein wird, dann wird auch der Sohn selbst untertan sein dem, der ihm alles unterworfen hat, auf dass Gott sei alles in allem." *1. Korinther 15,28*

Der Blick in die Zukunft verändert die Gegenwart

1. Korinther 15,29-34 **Dienstag, 11.**

Inwiefern ist die Auferstehung, die erst noch kommen wird, jetzt schon für uns relevant? Wie kann etwas, das noch in der Zukunft liegt, schon jetzt für uns Bedeutung haben? Es ist wichtig, ein Ziel im Leben zu haben. Etwas worauf man hinarbeitet, worauf man hofft, etwas, worauf man sich freuen kann. Hat man keine Ziele, wird man lustlos, vielleicht sogar depressiv. Gott schenkt uns eine Perspektive und nicht nur das: Der Blick in die Zukunft verändert unser Verhalten in der Gegenwart. Mit Blick auf die Auferstehung bekommt unser Leben in der Gegenwart einen Wert. Gott liebt uns so sehr, dass er alles daransetzt, dass wir eines Tages mit ihm volle Gemeinschaft haben können! Also lasst uns jetzt schon in der Gegenwart so leben, dass es ihm eine Freude ist.

„Lasst euch nicht verführen! Schlechter Umgang verdirbt gute Sitten. Werdet doch einmal recht nüchtern und sündigt nicht!“

1. Korinther 15,33-34

Geheimnisse

1. Korinther 15,35-49 **Mittwoch, 12.**

Ein Geheimnis, ein Wunder, etwas, was wir nicht sehen oder erklären können. Wir wissen nicht genau, wie aus einem Saatkorn eine Pflanze entsteht. Dennoch können wir das beobachten. Wir sehen, dass etwas Wundervolles, Lebendiges im Werden ist. Genauso ist es auch mit der Auferstehung. Das Bild vom Samen und der Pflanze soll uns helfen, zu verstehen, dass etwas Großartiges aufblüht nach dem Tod, dass etwas Neues wächst. Unser natürlicher Leib stirbt, und unser geistlicher Leib wird auferweckt. Auch wenn wir es jetzt noch nicht verstehen können, wie so vieles im Glauben, heißt es auch hier: vertrauen, annehmen und freuen.

„So auch die Auferstehung der Toten: Es wird gesät verweslich und wird auferstehen unverweslich. Es wird gesät in Niedrigkeit und wird auferstehen in Herrlichkeit. Es wird gesät in Schwachheit und wird auferstehen in Kraft." *1. Korinther 15,42-43*

Ruf des Siegers

1. Korinther 15,50-58 **Donnerstag, 13.**

Was für eine Perspektive, was für eine Hoffnung. Der Tod wird verschlungen sein in den Sieg Christi. Es wird der Moment kommen, an dem wir frei sind. Frei von Konflikten, von Schmerzen, von Unsicherheit und allem Schweren. Alles, was uns heute schmerzt und wehtut, wird weg sein. Gott verändert unseren Geist und unsere Seele schon jetzt ein Stück weit, anfangsweise. Schon jetzt heilt er Verletzungen in unserem Inneren und versöhnt uns mit uns selbst, unseren Mitmenschen und mit ihm. Dadurch können wir erahnen, was Großartiges kommen wird. Lasst uns immer mehr seine Nähe suchen, um schon jetzt von seiner Liebe verwandelt zu werden!

„Darum, meine lieben Brüder und Schwestern, seid fest und unerschütterlich und nehmt immer zu in dem Werk des Herrn, denn ihr wisst, dass eure Arbeit nicht vergeblich ist in dem Herrn."

1. Korinther 15,58

Bodenständiges

1. Korinther 16,1-12 **Freitag, 14.**

Herrlich alltäglich geht es hier im Korintherbrief zu. Zunächst erfahren wir von den Geldproblemen der Gemeinde in Jerusalem, danach von den Reiseplänen des Apostels. Interessant ist vor allem, wie Paulus auf die „Pleite" seiner Glaubensgeschwister reagiert (V. 1-3). Der „Liebeskommunismus" der ersten Christen, von dem Lukas in Apg 2,44-45 und 4,32-35 so liebevoll berichtet, endete in einem finanziellen Desaster. Aber anstatt kritisierend den Finger zu heben, fordert Paulus die Korinther zur praktischen Solidarität auf. Sie sollen Geld zurücklegen, damit die Urgemeinde wirtschaftlich wieder auf die Füße kommen kann. Der Apostel gibt uns damit ein eindrückliches Beispiel dafür, wie wir mit Versagen in den eigenen Reihen umgehen sollten. Keine Häme ist angesagt, sondern konkrete Hilfe.

„An jedem ersten Tag der Woche lege ein jeder von euch bei sich etwas zurück und sammle an, so viel ihm möglich ist.“ 1. Korinther 16,2

Christen sind Netzwerker

1. Korinther 16,13-24 **Samstag, 15.**

Eines der größten Geschenke, die uns Christus durch den Glauben an ihn macht, ist die Gemeinschaft mit Schwestern und Brüdern auf der ganzen Welt. Der Apostel Paulus erinnert an dieses wunderbare Netzwerk, indem er den Korinthern die Grüße der Gemeinden aus der heutigen Türkei ausrichtet. Gleichzeitig erinnert er sie daran, wie wichtig es ist, Christen aus anderen Regionen nicht nur Gastfreundschaft zu erweisen, sondern sie im Glauben ernst zu nehmen und von ihnen zu lernen (V. 16+18). Diese Offenheit für andere Prägungen oder geistliche Erfahrungen bewahrt unsere Gemeinden vor „Kirchturmdenken“ und Erstarrung in frommen Gewohnheiten. Nichts hat mein eigenes theologisches Denken so herausgefordert wie die Begegnung mit Glaubensgeschwistern aus dem Iran, Südostafrika oder den USA.

„Es grüßen euch die Gemeinden in der Provinz Asia.“
1. Korinther 16,19

Wochenspruch
Der Menschensohn ist gekommen, zu suchen und selig zu machen, was verloren ist. Lukas 19,10

Gott ist nicht lieb

Psalm 53 **Sonntag, 16.**

Keine Rede vom „lieben Gott"! Gerade weil Gott ein Gott der Liebe ist, kann er nicht einfach nur „lieb" sein. Denn das würde bedeuten, dass er teilnahmslos über all die schrecklichen Gräuel hinwegsähe, die Menschen einander antun. Aber das ist nicht der Fall. Er sieht sehr genau hin. Darum liegt über Psalm 53 ein heiliger Ernst. Die Welt mag gottlos leben, aber sie wird Gott nicht los. Seine Existenz ist nicht davon abhängig, ob wir an ihn glauben oder nicht. Diese Einsicht mag bedrohlich klingen. Vor allem dann, wenn ich beschlossen habe, mich selbst zum Zentrum dieser Welt zu erklären. Für die Leidenden jedoch ist es ein unendlicher Trost! Der Gott der Liebe, die sich in Christus offenbart, macht Ernst mit diesem Begriff. Und das bedeutet, dass Liebe nicht ohne Gerechtigkeit, Gerechtigkeit nicht ohne Wahrheit und Wahrheit nicht ohne Glauben an Gott zu haben ist.

„Ach dass die Hilfe aus Zion über Israel käme!" *Psalm 53,7*

Einführung in das 2. Buch Mose s. S. 41

Geleitet auf dem Weg

2. Mose 13,17-22 **Montag, 17.**

Wohin geht es eigentlich? Sicher, am Schluss ins versprochene neue Land. Aber wie? Und wo lang? Niemand weiß es. Und das ist gut so. Denn unsere direkten nächsten Wege sind nie genau auszumachen. Aber eines fehlt nie: die Gegenwart Gottes. Am Tag und in der Nacht. Dabei leitet er uns immer auf zweierlei Art: verdeckt und entdeckt. Wolke und Feuer sind auf der einen Seite schlicht nur ein Hinweis. Gott selbst und seine Gegenwart kann niemand direkt sehen. Niemand schaut ihm in die Karten. Er bleibt in diesem Sinn verborgen. Und zugleich sehen wir die Wolke am Tag und das Feuer in der Nacht. Wege werden klar. Wohin es ganz genau geht, weiß niemand. Aber das Zeichen ist sowohl am Tag als auch in der Nacht unübersehbar: *Er* geht voraus, das reicht. Wir folgen *ihm*, keinem Weg. *Er* ist in Person der Weg meines Lebens. Das reicht für heute.

„Ich bin der Weg und die Wahrheit und das Leben." *Johannes 14,6*

Bedrängt auf dem Weg

2. Mose 14,1-14 **Dienstag, 18.**

Was Israel damals erlebte, ist die ständige Grunderfahrung unseres Lebens: Wir sind von allen Seiten begrenzt. Vor uns das Meer, hinter uns die heranstürmenden Ägypter. Vor uns das nächste große Problem, hinter uns die Erfahrung aus verschiedenen Krisen rund um Gesundheit, Unfrieden, Wirtschaftssorgen und vielem mehr.

Unser Glaube lebt nicht aus der ständigen Erfahrung, dass vor uns freies Land liegt und hinter uns eine Wegstrecke ohne Sorgen. Im Gegenteil: Wir kommen uns oft so vor, als sei genau das Gegenteil der Fall: Ausweglosigkeit von allen Seiten. Nicht umsonst kommt das biblische Wort für „Sorgen" davon, dass ein Mensch den Kopf im Kreis immer und immer wieder dreht und dreht.

Was hilft dann? Es ist das blinde, reine Vertrauen auf den Zuspruch Gottes: Wir sind still – er macht. Seine Verheißung macht den Unterschied. Wir stecken noch zwischen allen Problemen, aber er verspricht: Du kommst da durch. Das reicht für heute.

„Alle Eure Sorge werft auf ihn, denn er sorgt für Euch." *1. Petrus 5,7*

Errettet auf dem Weg

2. Mose 14,15-31 **Mittwoch, 19.**

Tausende Male wird Israel später auf diesen Moment, auf diese Erfahrung, zurückkommen: Gott hat das Meer geteilt und seinem Volk mitten hindurch geholfen. Wo wir keinen Weg mehr gesehen haben, hat er eine Bahn gemacht und uns trockenen Fußes durchgebracht. „Sklaven, die durch das Wasser gehen, das die Herren überflutet“ (Diethard Zils). Unzählige Male später wird darauf verwiesen: Damals hat Gott in dieser Not über dir Flügel gebreitet und dich durchgetragen. Das heißt aber auch: Nicht jeden Moment geschieht ein Wunder. Sondern das unerwartete Eingreifen Gottes ist eine kostbare Gepäckration auf unserer Lebensreise, an die wir uns in ganz anderen Zeiten, in denen es trostlos aussieht, wieder erinnern. Nicht jeder Tag ist ein Wunder. Aber ich lebe von den erfahrenen Wundern – oft lange zurück. Das reicht für heute.

„Ich will Euch aber, Brüder und Schwestern, nicht in Unwissenheit lassen, dass unsere Väter alle durchs Meer gegangen sind.“

1. Korinther 10,1

Gesungen auf dem Weg

2. Mose 15,1-21 **Donnerstag, 20.**

Mirjam singt mit den Erretteten die Mutter aller Lieder – im Refrain so: „Lasst uns dem HERRN singen, denn er ist hoch erhaben“ (V. 1.21). Wie wichtig, dass wir die Wegstrecken – bis hierher hat uns Gott gebracht durch seine große Güte – begehen. An Geburtstagen. Zu Jubiläen. Nach einer überstandenen ganz großen Krise. Feiern und singen! Kein Gottesdienst ohne von Herzen miteinander gesungene Lieder. Und vor allem eines: „Dem HERRN singen“. Diese Lieder gehören Gott. An Ihn sind sie adressiert. Wir singen nicht füreinander, wir singen miteinander für Gott. Herz und Begeisterung gerne dabei. Grund genug gibt es: „Du hast geleitet durch deine Barmherzigkeit dein Volk“ (V. 13). Momente finden für Feiern und Singen. Das reicht für heute.

„Mit Psalmen, Lobgesängen und geistlichen Liedern singt Gott dankbar in euren Herzen.“ *Kolosser 3,16*

Versorgt auf dem Weg

2. Mose 15,22-27 **Freitag, 21.**

Wasser ist Leben und reimt sich in der biblischen Sprache auch darauf: „Chaim maim“ – Lebens-Wasser. Und jetzt fehlt es.
Was aber noch mehr bedrückt: Schon gefühlt eine Sekunde nach dem größten Wunder, wenn es dann eng wird, fehlt die dankbare Erinnerung daran und das Vertrauen darauf. Wir sind so Gottvergesslich!
Was macht Gott? Er hilft trotzdem. Wasser genug für den Moment (V. 25), sein Lebenswasser in seinen Richtlinien fürs Leben dazu (V. 25.26) und Wasser in Hülle und Fülle in den Oasen des Lebens, zu denen er uns leitet (V. 27).
Wie er damals beschenkt hat, so versorgt er uns heute. Wir bekommen jeden Tag neu das Grundlegendste, was wir brauchen. Und ewig mehr: sein Wort. Und so viel anderes, im Überfluss. Weil er gerne gibt. Weil er treu versorgt. Das reicht für heute.

„Ich bin gekommen, damit sie das Leben haben und volle Genüge.“
Johannes 10,10

Wenn es doch so leicht wäre …

2. Mose 16,1-16 **Samstag, 22.**

Ein bisschen rebellieren, die eigenen Ansprüche anmelden und schon lässt Gott es Brot und Wachteln regnen. Schön für die Israeliten damals, aber heute? Sicherlich erleben wir manchmal, dass Gott unsere Bitten erhört und uns mit „Manna“ versorgt – mit Heilung, Versöhnung und vielem mehr. Aber oft ist es doch anders: Ein lieber Mensch wird nicht gesund, stirbt vielleicht sogar, eine Versöhnung ist trotz aller Anstrengungen nicht möglich... Aber halt! Steht dies überhaupt hier in der Bibellese? Die Israeliten werden zwar versorgt, bleiben aber weiterhin in der Wüste. Hinter ihnen liegen gerade mal 2½ Monate, über 39 Jahre werden folgen. Das „Manna“ stillt nicht alle Sehnsüchte. Aber es sichert das Überleben in der schwierigen Situation, der Wüste – schlichtweg durch Gottes Anwesenheit. Darauf möchte ich heute auch vertrauen. Du auch?

„Harre auf Gott; denn ich werde ihm noch danken, dass er mir hilft mit seinem Angesicht.“ *Psalm 42,6*

Wochenspruch
Einer trage des andern Last, so werdet ihr das Gesetz Christi erfüllen. *Galater 6,2*

Daran will ich denken …

Psalm 42 **Sonntag. 23.**

Es ist Sonntag – Zeit für den Gottesdienst, Zeit für die Gemeinde „in der Schar derer, die da feiern“ (V. 5). Und wie sich der Psalmbeter danach sehnt! Es ist nicht nur ein Bedürfnis unter vielen, sondern es ist *das eine* Bedürfnis. Seine Seele dürstet! Mehr noch: Sie schreit! Er lebt unter Menschen, die mit dem lebendigen Gott nichts anfangen können. Von daher erkennt er den Wert von geistlicher Gemeinschaft. Dort ist es, wo ihm in seinen Geschwistern Gott begegnet.
Wie ist es mit uns? Wie erleben wir geistliche Gemeinschaft, die Gemeinde, den Gottesdienst? Ist alles Routine geworden? Eine Selbstverständlichkeit? Vielleicht manchmal sogar eine Last? Von dem Psalmbeter will ich mich erinnern lassen, welch großes Vorrecht es ist, in einer geistlichen Gemeinschaft leben zu dürfen. Oder um sich eben neu aufzumachen und diese zu suchen.

„Daran will ich denken und ausschütten mein Herz bei mir selbst: wie ich einherzog in großer Schar, mit ihnen zu wallen zum Hause Gottes mit Frohlocken und Danken in der Schar derer, die da feiern.“
Psalm 42,5

Mal ohne Vorsorge

2. Mose 16,17-36 **Montag. 24.**

Es stank erbärmlich und war voller Würmer. Über Nacht war das übrig gebliebene Manna verdorben (V. 20). Mose hatte es gesagt:

Jeder sollte nur so viel Manna sammeln, wie er und seine Familie es brauchten (V. 19). Dahinter steht die Gewissheit, dass Gott sein Volk von Tag zu Tag versorgen wird. Doch darauf zu vertrauen, fällt nicht leicht. Lieber sorgen wir vor: „Nur ein kleiner Vorrat. Nur zur Sicherheit. Ist nicht persönlich gemeint, Gott. Aber du kennst uns doch. Unsere Sorge, dass die Zukunft uns nicht alles geben wird, was wir brauchen. Ist kein Misstrauen, sondern nur Zutrauen in unsere Fähigkeit vorzusorgen." Wirklich? Das Volk Israel ist wie ein Spiegel, in dem wir uns erkennen. Vorsorge ist gut und hilfreich – aber es gibt Zeiten in unserem Leben, da zählt nur Gottes Wort und unser Vertrauen.

„Darum sogt nicht für morgen, denn der morgige Tag wird für das Seine sorgen." *Matthäus 6,34*

Ist der Herr unter uns oder nicht?

2. Mose 17,1-7 **Dienstag, 25.**

Wie gut kann ich die Israeliten verstehen! So gut ein „Refidim", ein Rastplatz, sein kann; wenn das Wasser zum Trinken fehlt, dann geht nichts mehr. Im tatsächlichen wie im übertragenen Sinn. Wenn das Wasser, die Energie, das Leben fehlen, dann kommt es in einer Gemeinschaft von Menschen schnell zum Streit – „Meriba"! Wie oft habe ich das in Gemeinden schon erlebt. Und dort, wo gestritten wird, wird Gott auf die Probe gestellt – „Massa": Ist Gott nun da oder nicht? Und wie das Wasser aus dem Horeb bei Mose fließt, so empfängt das Volk Israel auf diesem Berg dann später, in Kapitel 20, die 10 Gebote, die damit beginnen: „Ich bin der HERR, dein Gott, der ich dich aus Ägyptenland, aus der Knechtschaft, geführt habe." Und genau hier liegt das Geheimnis in allem „Massa" und „Meriba": Sich daran zu erinnern, dass Gott lebendig ist und handelt. Heute in sechs Monaten ist Heiligabend – der Ort, an dem Gott begonnen hat, uns aus der Gefangenschaft zu führen. Ja, der HERR ist unter uns!

„Meine Seele dürstet nach Gott, nach dem lebendigen Gott."

Psalm 42,3

Er kämpfte unsere Kämpfe

2. Mose 17,8-16 **Mittwoch, 26.**

Kämpfen, Leiden und Schmerzen gehören zum Leben. Dies zu erkennen ist unabdingbar wichtig in einer Zeit, in der alles getan wird, genau dies zu vermeiden. Die Israeliten hatten sich den Kampf nicht ausgesucht – „Da kam Amalek und kämpfte gegen Israel [...]" (V. 8). Und so begegnet uns das Leben auch immer wieder als Kampf mal mit uns selbst, mal mit anderen, mal mit den Umständen, mal mit Gott.

Die Lektion, die wir heute bei Mose lernen, ist, dass wir unsere Kämpfe nicht allein kämpfen müssen. Oder wie es das Lobpreislied „Der Löwe und das Lamm" ausdrückt: „Er kämpfte unsere Kämpfe." Eine Liedzeile, die mir immer wieder in den Sinn kommt, wenn ich in einen Kampf verwickelt werde. Und dann hebe ich wie Mose meine Hände zu Gott und bitte ihn, mir zu helfen, meine Kämpfe zu kämpfen. Und das in der Art, wie Jesus es getan hat: mit Liebe, Geduld, Demut und dem Vertrauen, dass Gott der Herr und Sieger ist.

„Am Tage sendet der Herr seine Güte, und des Nachts singe ich ihm und bete zu dem Gott meines Lebens." *Psalm 42,9*

Schwiegervater zu Besuch

2. Mose 18,1-12 **Donnerstag, 27.**

Jetzt gehört er dazu: Jitro, Priester in Midian, der Schwiegervater von Mose (V. 1). Mit Aaron, dem Priester, und allen Ältesten Israels feiert Jitro „vor Gott" ein gemeinsames Mahl (V. 12). Die Schilderungen seines Schwiegersohnes vom Handeln Gottes an Israel und der Demütigung des sich so allmächtig gebärdenden Ägyptens (V. 8) haben ihn überzeugt: „Nun weiß ich, dass der HERR größer ist als alle Götter" (V. 11). Das Gute, das Gott seinem Volk tut, freut Menschen, die es hören, und bahnt ihnen den Weg zu diesem Gott (V. 9). Gott zu loben erreicht auch Menschen, die ihm fern sind. Ehrlich, dankbar und fröhlich von dem zu erzählen, was Gott für uns getan hat, öffnet Herzen für Gott.

„Lobet ihn für seine Taten, lobet ihn in seiner großen Herrlichkeit!“
Psalm 150,2

Jeder kann Hilfe gebrauchen

2. Mose 18,13-17 **Freitag, 28.**

Auch unterwegs in der Wüste war das soziale Leben nicht ohne Spannungen. Mose war sich seiner Aufgaben sehr bewusst und hat sie erfüllt, so gut er konnte. Aber er drohte in Arbeit zu versinken. Zu viele Streitfälle, Eigentumsdelikte und Zänkereien gab es zu beurteilen und vom Gesetz Gottes her zu entscheiden. Vom Morgen bis zum Abend standen die Menschen Schlange, um recht zu bekommen. Ausgerechnet sein heidnischer Schwiegervater redet ihm ins Gewissen, dass dies so nicht lange gut gehen wird. Bevor Mose ein Burn-out bekommt, werden die Aufgaben an fähige Männer des Volkes verteilt und Mose kann sich um die geistlichen Dinge kümmern. Ein Musterbeispiel, wie Überlastung und „Einmannshow“ überwunden werden können. Der Rat ist schon viele Tausend Jahre alt, aber scheinbar hat er sich immer noch nicht überall herumgesprochen.

„Ein jeder diene mit der Gabe, die er empfangen hat.“ *1. Petrus 4,10*

Ein Vertrag, der bis heute gilt

2. Mose 19,1-15 **Samstag, 29.**

Mose hatte dem Pharao gesagt, dass sie in der Wüste ihrem Gott ein Fest feiern wollen. Jetzt ist es Gott, der sie zu einer festlichen und heiligen Vereinigung einlädt. Was ist das für ein Ereignis: Der Gott der gesamten Schöpfung, der Herrscher über alle Völker, verbündet sich mit den Wüstenwanderern und verspricht ihnen, sie wie sein Eigentum zu behandeln. Ein Stück vom Himmel dürfen sie sein, Könige und Priester. Sie werden weltliche und geistliche Aufgaben haben und so Gott bei seiner Herrschaft zur Seite stehen. Und Mose wechselt wie ein Diplomat zwischen dem Volk und Gott hin und her. Wissen wir eigentlich, dass auch wir mit zu diesen Beauftragten Gottes für diese Welt gehören? Es braucht für uns keinen Mose mehr, weil Jesus uns durch seinen Tod den direkten Zugang zu Gott, unserm Auftraggeber, erkauft hat.

„Jesus Christus hat uns zu Königen und Priestern gemacht für seinen Gott und Vater.“ *Offenbarung 1,6 (SLT)*

Wochenspruch
Aus Gnade seid ihr gerettet durch Glauben, und das nicht aus euch: Gottes Gabe ist es. *Epheser 2,8*

In Ehren angenommen

Psalm 73 **Sonntag, 30.**

Ich bete den Psalm gern, weil er so ehrlich ist. Da beschreibt Asaph seine Situation und die ist ja oft mit unserer zu vergleichen. Die Ehrlichen sind die Dummen, die Korrupten werden immer reicher und die Rücksichtslosen schwimmen obenauf. Christen werden für rückständig und naiv erklärt und wer mit dem Zeitgeist Kompromisse macht, wird als clever und cool gelobt. Doch wir brauchen nicht die Fahne zurückzustecken, es gibt eine ganz andere Wirklichkeit. Der Beter Asaph schreibt: „[...] bis ich ging in sein Heiligtum.“ In der Nähe Gottes, unter den Zusagen der Bibel, bekommen wir eine neue Sicht. Da wird uns klar, was wirklich zählt, was Wert hat und Halt gibt: die Erfahrung, von Gott „in Ehren angenommen“ zu sein.

„Das ist meine Freude, dass ich mich zu Gott halte!“ *Psalm 73,28*

Monatsspruch Juli

Du sollst dich nicht der
Mehrheit anschließen,
wenn sie im Unrecht ist.

2. Mose 23,2 (E)

Furcht oder Ehrfurcht

2. Mose 19,16-25 **Montag. 1.**

Man kann sich diesen Text wie einen Vulkanausbruch am Berg Sinai vorstellen. Es war mehr als das. Hier redet Gott und bereitet das auserwählte Volk (siehe Samstag) auf die Gesetzgebung vor. Dass Gott auch so unnahbar und schrecklich sein kann, überrascht uns vielleicht. Aber es geht darum, dass die Menschen die Ehrfurcht vor dem heiligen Gott nicht verlieren. Das ganze Volk hört Gott aus dem Brüllen der Naturgewalten heraus reden und ihnen ist klar: Gott ist eine Realität. Es geht um die Ehrfurcht vor Gott. Wo die Ehrfurcht vergeht, kommt die Gleichgültigkeit. Wo die Ehrfurcht an Wert verliert, wird Glaube billig. Wenn die Ehrfurcht uns nicht anspornt, macht sich Bequemlichkeit breit. Klar, uns ist Jesus zum Freund und guten Hirten geworden, aber kennen wir in unserem christlichen Umfeld noch Ehrfurcht vor Gott?

„Euch aber, die ihr meinen Namen fürchtet, soll aufgehen die Sonne der Gerechtigkeit.“ *Maleachi 3,20*

Selbstbestimmt

2. Mose 20,1-21 **Dienstag. 2.**

„Ich habe dir gezeigt, dass ich es gut mit dir meine, und ich möchte, dass es dir auch in Zukunft gut geht.“ Vielleicht könnte man Gottes Anliegen in diesem Bibeltext auch so zusammenfassen: Zunächst werden wir daran erinnert, dass Gott bereits eine Geschichte mit uns hat und dann malt er uns vor Augen, dass diese mit der Befreiung aus der Gefangenschaft zu tun hat. Wie oft stecken wir in alltäglichen Dingen fest, ohne groß zu bemerken, wie sie uns gefangen nehmen? Was kommt mir dabei in den Sinn, wenn ich diese Zeilen lese? Gottes Wunsch für mein Leben ist es, dass ich aufatmen kann. Was das Leben eng macht, darf nicht länger herrschen. Daher stellt sich Gott als HERR vor. Mit ihm zu leben, heißt, sich mit ihm über das zu stellen, was uns beherrschen möchte. Als Handwerkszeug dienen dazu die zehn

Gebote. So verstanden, helfen sie zu einem befreiten und selbstbestimmten Leben.

„Ich bin der HERR, dein Gott, der ich dich aus Ägyptenland, aus der Knechtschaft, geführt habe." *2. Mose 20,1-21*

Orientierung

2. Mose 23,1-9 **Mittwoch, 3.**

Es geht darum, das Richtige zu tun. Aber was ist das? Der heutige Text versucht Orientierung dafür zu geben und stellt klar, dass das Publikum dafür nicht die entscheidende Rolle spielt. Was könnten denn die anderen über mich denken? Dieser Gedanke ist für viele sehr bedeutsam. Dazu passt auch die Überprüfungsfrage an sich selbst. Wem möchte ich gefallen? Gott gefällt es, wenn wir uns an dem ausrichten, was ihm am Herzen liegt. Für ein Leben in seinem Sinne benötigt es die Bereitschaft, zuerst auf das zu schauen, was ihm wichtig ist. Damit rücken die Interessen von Menschen, mit denen wir im Alltag zu tun haben, in den Hintergrund. Das gilt sogar für Freunde und Familie. Das Richtige bedenkt niemals den eigenen Vorteil oder schreckt vor den möglichen Konsequenzen einer Entscheidung zurück.

„Trachtet zuerst nach dem Reich Gottes und nach seiner Gerechtigkeit, so wird euch das alles zufallen." *Matthäus 6,33*

Sabbat

2. Mose 23,10-19 **Donnerstag, 4.**

Warum messen wir der Pause eigentlich so wenig Bedeutung zu? In Gottes Augen ist sie wichtiger, als wir uns vermutlich vorstellen können. Einen Tag in der Woche wünscht er sich für uns und für ihn. Damit wir zur Ruhe kommen können und damit wir in uns Raum finden, um auf das zu hören, was er uns ans Herz legen möchte. In diesem Horizont sollen auch die Menschen um uns herum etwas davon haben, dass wir Gott in unserem Leben Raum geben. Dadurch entsteht auch für sie ein Lebensraum, in dem sie finden, was sie benötigen. Es könnte also sein, dass durch diese Zeit meiner Pause mit Gott andere gerade zum Glauben eingeladen werden. So werden wir ermutigt, von uns selbst weg auf Gott zu sehen. Ganz sicher gewinnen wir damit einen Fokus für das Wesentliche und andere werden mit uns davon profitieren.

„Einer trage des andern Last, so werdet ihr das Gesetz Christi erfüllen."
Galater 6,2

Fokus

2. Mose 23,20-33 **Freitag. 5.**

Wir können nicht mehreren Göttern gleichzeitig dienen. Dabei kommt nichts Gutes heraus. Das hat auch das Volk Israel erlebt und so wollen sie den nächsten Generationen etwas von diesem entscheidenden Wissen weitergeben. Dem Gott, der sie aus Ägypten geführt hat, ist kein Hindernis zu groß. Wer sich auf diesen Herrn verlässt, wird nicht zu kurz kommen. Auch wir sind eingeladen, uns darauf zu verlassen. Dies beinhaltet, von sich weg zu sehen und ganz auf Gottes Wegführung zu vertrauen. Heute ist ein guter Zeitpunkt, dies im Gebet mit Gott zu besprechen. Wie wäre es, ihm diese Dinge zu sagen? Vielleicht im Angesicht eines Menschen, bei dem wir uns sicher fühlen. Das kann uns helfen, nicht zu vergessen, dass wir einen Gott haben, der für uns und unsere Bedürfnisse kämpft.

„Niemand kann zwei Herren dienen: Entweder er wird den einen hassen und den andern lieben, oder er wird an dem einen hängen und den andern verachten. Ihr könnt nicht Gott dienen und dem Mammon."
Matthäus 6,24

Gottesdienst

2. Mose 24,1-8 **Samstag, 6.**

Wie können wir wichtige Ereignisse festhalten, sodass sie nicht im Strudel des Alltags untergehen? Etwas, das nicht vergessen werden soll, benötigt eine besondere Erinnerungskultur. Diese möchte in guter Weise gepflegt werden, damit ihr Ursprung nicht verloren geht. Sie hat dabei den Zweck, dass sie durch die Erinnerung ihre Wirkung für das jetzt und heute erzielt. Damals wie heute geht es um die Verbindung zwischen Gott und den Menschen. Mit Jesus Christus sind wir als Christinnen und Christen durch den neuen Bund mit Gott verbunden. Als wichtiger Ort der Erinnerung dient uns bis heute der Gottesdienst. Leider hat dieser in den vergangenen Jahren an Bedeutung verloren. Vermutlich auch deshalb, weil wir uns zu sehr auf die äußeren Formen der Ausführung konzentriert haben und zu wenig auf das „Warum?“. Im Gottesdienst sind wir alle gefragt, uns gegenseitig an unsere Verbundenheit mit Gott zu erinnern.

„Denn ihr seid alle durch den Glauben Gottes Kinder in Christus Jesus.“ *Galater 3,26*

Wochenspruch

So spricht der HERR, der dich geschaffen hat, Jakob, und dich gemacht hat, Israel: Fürchte dich nicht, denn ich habe dich erlöst; ich habe dich bei deinem Namen gerufen; du bist mein!
Jesaja 43,1

Gott kennt mich durch und durch

Psalm 139 **Sonntag, 7.**

Gott kennt mich besser, als ich mich selbst kenne. Das ist tröstlich (V.2-6), aber auch erschreckend (V. 7-12). Das ist von fundamentaler Bedeutung (V.13-16) und übersteigt doch all mein Denken (V. 17-18). Mir bleibt kein anderer Weg, als Gottes Sache ganz zu meiner zu machen (V. 19-22).

Gottes Sache?! – Durch Jesus ist offenbar geworden, dass Gottes Liebe den Gottlosen, ja seinen Feinden gilt (Röm 5,6-10). Noch wichtiger ist aber die Konsequenz für den Umgang mit mir selbst: Nicht „Erkenne dich selbst!", sondern „Lass dich von Gott erkennen!" bringt mein Leben auf einen guten Weg (V.23-24). Nur wenn ich mich auf Gottes Erkenntnis meines Herzens einlasse, führt das zu einer wahrhaftigen und heilsamen Selbsterkenntnis.

„Auch richte ich mich selbst nicht. Ich bin mir zwar keiner Schuld bewusst, aber darin bin ich nicht gerechtfertigt; der Herr ist's aber, der mich richtet." *1. Korinther 4,3 d-4*

Wo begegne ich Gott?

2. Mose 25,1-22 **Montag, 8.**

Im Bund vom Sinai geht Gott einen ersten Schritt auf die Menschen zu und schenkt dem Volk Israel mit der Stiftshütte einen Ort, an dem man ihm begegnen kann, das „Zelt der Begegnung". Dann erwählt Gott Jerusalem und den Tempel zu seinem „Wohnort" (1Kön 8,13ff.). Doch Gott bleibt dabei nicht stehen. Er geht in Jesus noch einen Schritt weiter auf uns Menschen zu, um in einem Menschen unter den Menschen zu wohnen (Joh 1,14). Daher braucht es für uns Christen keinen festen „heiligen" Ort mehr, wo wir mit Gott Kontakt aufnehmen können. Sondern überall, wo Menschen sich im Namen Jesus versammeln, ob in einer Kathedrale oder in einem Wohnzimmer, können sie Gott begegnen. Bis Gott selbst einmal ganz unverhüllt in einem finalen Schritt unter uns wohnen wird (Offb 21,3).

Jesus sagt: „Wo zwei oder drei versammelt sind in meinem Namen, da bin ich mitten unter ihnen." *Matthäus 18,20*

Kann Gott etwas bereuen?

2. Mose 31,18–32,14 **Dienstag, 9.**

Wenn Gott ein ewiges Prinzip wäre, dann wäre er unveränderlich. Und so stellen sich Menschen in der Regel „Gott" vor. Aber die geschichtlichen Erfahrungen Israels mit seinem Gott zeigen ein anderes Bild: einen lebendigen Gott, der sich in einer echten Beziehung auf uns Menschen einlässt, bis er schließlich in Jesus selbst Mensch wird. Gott ringt mit sich und immer wieder setzt sich in ihm die Barmherzigkeit durch. Nun heißt das aber nicht, dass Gott wankelmütig wäre. Ganz im Gegenteil, die Reue bezieht sich stets auf angekündigtes und berechtigtes Unheil, nicht aber auf seine Heilsverheißungen. Gott ist zwar nicht unveränderlich, aber er ist treu. Er hält, was er seinem Volk verspricht.

„Mein Herz wendet sich gegen mich, all mein Mitleid ist entbrannt. Ich will nicht tun nach meinem grimmigen Zorn [...] Denn ich bin Gott und nicht ein Mensch, heilig in deiner Mitte. Darum komme ich nicht im Zorn." *Hosea 11,8 b-9*

Ein geistlicher Leiter läuft Amok

2. Mose 32,15-29 **Mittwoch, 10.**

Eben noch war Mose für das Volk eingetreten, doch jetzt reicht es ihm. Als er selbst sieht, was das Volk Gottes getan hat, entbrennt „sein" Zorn und er zerschmettert die beiden Bundestafeln. Von Gottes Zorn ist hier interessanterweise gar nicht die Rede und es bleibt in der Schwebe, ob das, was Mose als Gericht anordnet, überhaupt von Gott her gedeckt ist. In der Geschichte Gottes mit uns Menschen setzt sich mehr und mehr die Erkenntnis durch, dass Gottes Gericht in den Händen von Menschen nicht zu mehr Gerechtigkeit, sondern nur zu noch größerem Unrecht führt (vgl. 2 Sam 24,14; Jes 10,5-14). Daher hat Gott seinen Sohn zum alleinigen Richter eingesetzt (2 Kor 5,10). Wir müssen es nicht richten. Gott sei Dank!

„Rächt euch nicht selbst, meine Lieben, sondern gebt Raum dem Zorn Gottes; denn es steht geschrieben: Die Rache ist mein, ich will vergelten, spricht der Herr." *Römer 12,19*

Den Ernst der Lage erkennen

2. Mose 32,30–33,6 **Donnerstag, 11.**

Paulus führt der Gemeinde in Korinth das Versagen Israels in der Wüste als warnendes Beispiel vor Augen (1Kor 10). Und deshalb muss sich auch die christliche Kirche heute angesichts von Missbrauchsskandalen und Machtgebaren sagen lassen: „Ihr seid ein halsstarriges Volk!" Gott hat es nicht leicht mit uns – wirklich nicht. Alle Überheblichkeit, jegliches moralische Überlegenheitsgefühl gegenüber anderen ist fehl am Platz. Die Israeliten mussten ihren Schmuck abnehmen und in den „Arbeitsmodus" schalten, um Gottes Erwählung in ihrem Leben gerecht zu werden. Denn Gott kann sehr wohl auf Distanz gehen (33,4-5) zu unserem individuellen Fehlverhalten oder Fehlentwicklungen im Volk Gottes. Aber es ist und bleibt unser Glück, dass Gott sich selbst treu bleibt und erfüllen wird, „was er geschworen hat" (33,1b).

„Darum, wer meint, er stehe, soll zusehen, dass er nicht falle."
1. Korinther 10,12

Gottes Gegenwart

2. Mose 33,7-11 **Freitag, 12.**

Auf der Wüstenwanderung lebten die Sippen Israels in Zelten. Zelte sind eine Wohnung auf Zeit, jederzeit abzubrechen und wieder aufzubauen. Das Wunder ist, dass auch Gott in einem solchen Zelt anzutreffen ist. Mose baute dieses besondere Zelt, die Stiftshütte, in einem Abstand vom Zeltlager des Volkes. So wird deutlich: Die unmittelbare Gegenwart des heiligen Gottes ist nicht zu ertragen. Nur Mose und sein Diener Josua haben unbeschränkten Zugang zum Zelt Gottes. Ergreifend ist die Szene, die sich immer wiederholt: Gottes Gegenwart kommt in einer Wolkensäule herab auf die Stiftshütte. Dann spricht der HERR mit Mose wie mit einem Freund. Durch diese Gottesnähe strahlt sein Gesicht. Das weckt die Sehnsucht danach, dass eines Tages jeder Mensch diesen unmittelbaren Zugang zum heiligen Gott haben kann.

„Wir alle aber spiegeln mit aufgedecktem Angesicht die Herrlichkeit des Herrn wider." *2. Korinther 3,18*

Gottes Herrlichkeit

2. Mose 33,12-23 **Samstag, 13.**

Die Nähe zu Gott, die Mose in der Stiftshütte erlebt, reicht ihm nicht aus. Angesichts der ungeheuren Aufgabe, die vor ihm liegt, bittet er um mehr. Er will einen felsenfesten Beweis dafür, dass Gott auch in der Zukunft mit ihm und mit seinem Volk sein wird. Mose denkt an die Gnade, die Annahme, die er erlebt hat. Er bittet um die beständige Gegenwart Gottes, um Gottes zugewandtes Angesicht auf diesem Weg. So beruft er sich auf die Offenbarung des Gottesnamens, die er empfangen hat. Mutig erbittet er noch mehr: Er will Gottes unverhüllte Herrlichkeit schauen. Doch das ist nur zum Teil möglich. Mose muss in einer Felsspalte warten, bis Gott vorübergegangen ist. Bis dahin werden ihm die Augen bedeckt. Erst danach kann er Gottes Lichtglanz sehen, sozusagen die Rückseite seiner Offenbarungsherrlichkeit. So wird Gott offenbar und bleibt zugleich verborgen.

„Herr, wir wollen Jesus sehen." *Johannes 12,21*

Wochenspruch

So seid ihr nun nicht mehr Gäste und Fremdlinge, sondern Mitbürger der Heiligen und Gottes Hausgenossen.

Epheser 2,19

Gottes Hilfe

Psalm 119,25-32 **Sonntag, 14.**

Eine Bitte reiht sich hier an die nächste. Die Liste ist lang. Der Beter wünscht sich neue Kraft zum Leben. Er will Gottes Gebote verstehen und die Wunder erkennen, die Gott tut. Er betet um Erkenntnis der Wahrheit, um die Fähigkeit, Wahrheit und Lüge zu unterscheiden. Der Grund dafür: Er liegt kraftlos am Boden, ist verwirrt, mutlos und betrübt. Und doch weiß er, wo er Hilfe und Orientierung finden kann: bei Gott und seinem Wort. Und so bekräftigt er drei Grundentscheidungen für sich: Er sagt Ja zu Gottes Wahrheit, er vertraut auf Gottes Worte und nimmt die Gebote Gottes als Leitlinie für sein Leben. Wie ist es bei uns? Wohin wenden wir uns in der Bedrängnis? Der Psalmbeter fordert uns auf, es ihm gleichzutun und unsere Fragen und unsere Not zu Gott zu bringen.

„Herr, wohin sollen wir gehen? Du hast Worte des ewigen Lebens; und wir haben geglaubt und erkannt: Du bist der Heilige Gottes."

Johannes 6,68-69

Gottes Gnadenbund

2. Mose 34,1-10 **Montag, 15.**

Israel bekommt eine zweite Chance. Noch einmal steigt Mose auf den Berg. Noch einmal erhält er die Steintafeln mit den zehn Geboten. Noch einmal erneuert Gott seinen Bund. Doch im Zentrum dieser Begegnung steht noch mehr: Gott offenbart sich selbst. Er ruft seinen Namen aus und zeigt somit sein innerstes Wesen. Und das ist voller Barmherzigkeit, Gnade, Treue und Geduld. Luther hat einmal gesagt: Gott ist ein Backofen voller Liebe. Diese Selbstoffenbarung Gottes ist kein Gegensatz zu seinen Geboten. Gnade und Gesetz gehören in seinem Bund untrennbar zusammen. Auch im neuen Bund führt die Erfahrung der unverdienten Gnade zu einem Leben im Gehorsam gegenüber Gottes Geboten.

„Das soll der Bund sein, den ich mit dem Hause Israel schließen will nach dieser Zeit, spricht der HERR: Ich will mein Gesetz in ihr Herz geben und in ihren Sinn schreiben, und ich will ihr Gott sein und sie sollen mein Volk sein.“ *Jeremia 31,33*

Gottes Heiligkeit

2. Mose 34,17-35 **Dienstag, 16.**

Ganz konkret sind die Anweisungen, die Gott durch Mose gibt. Sie betreffen das tägliche Leben des Einzelnen und der Familie genauso wie die gesamte Gemeinschaft. Neben sozialer Gerechtigkeit ist die Ausrichtung auf Gott selbst entscheidend. Alles gehört zusammen. Der Alltag und der Feiertag, die Arbeit auf dem Feld genauso wie die Anbetung bei den großen Festen im Heiligtum. Israel soll unterscheidbar sein von den umliegenden Völkern. Es soll in allem Gottes Willen tun und so sein Wesen widerspiegeln. Genau das erleben sie, als Mose vom Berg herunterkommt: Sein Gesicht ist glänzend vom Widerschein Gottes. Doch dieses äußere Zeichen der Begegnung mit der Heiligkeit Gottes wird vergehen. Was bleibt, ist die Gewissheit der Wirklichkeit Gottes. Und die Berufung seines Volkes, in seinem Licht zu leben.

„Wie der, der euch berufen hat, heilig ist, sollt auch ihr heilig sein in eurem ganzen Wandel.“ *1. Petrus 1,15*

Gern und freiwillig

2. Mose 35,4-29 **Mittwoch, 17.**

Die Liste ist lang. Es wird viel gebraucht für Ausstattung und Betrieb der Stiftshütte, dem Ort der Begegnung zwischen Israel und seinem Gott, Jahwe. Es soll kein nüchterner Raum sein. Kein Empfangszimmer. In ihrer äußeren Erscheinung wie in ihrer inneren Ausgestaltung soll die Stiftshütte widerspiegeln: Wo Gott ist, da ist Leben. Deshalb soll jeder und jede aus dem Volk etwas beitragen. So viel er oder sie es kann. Damit wird das Zelt zu einem gemeinsamen Ort.

Später wird die Stiftshütte als heiliger Ort für alle, außer den Priestern, unzugänglich sein. In dieser Heiligkeit besteht ihre einzigartige Würde. Und dennoch ist das Volk an dem Prozess ihrer Entstehung beteiligt. Modern gesprochen: Man identifiziert sich mit diesem Ort. Das gelingt aber nur, wenn jeder und jede gern und freiwillig gibt.

„Denn einen fröhlichen Geber hat Gott lieb." *2. Korinther 9,7*

Aufbauarbeit

2. Mose 35,30–36,7 **Donnerstag, 18.**

Damit hat wohl niemand gerechnet. Der Aufruf, etwas zur Stiftshütte beizutragen, hatte eine solche Resonanz im Volk, dass Mose die Sammlung schließlich abbrechen musste (36,6). Die Menschen waren so begeistert, dass zu viel zusammenkam. Das Volk Gottes nahm den Begegnungsort mit seinem Gott, Jahwe, an. Er wurde zu ihrem Ort.

Gute Handwerker machten sich daran, die Stiftshütte nach den Plänen Gottes zu bauen. Ausgerüstet mit Gottes Geist (35,31), der nicht nur, wie später bei den Richtern, der wehrhafte Geist zur Rettung von Gottes Volk ist, sondern ein Geist der Kunstfertigkeit und der Geschicklichkeit. Er befähigt Menschen mit „Weisheit und Verstand" (36,1), den Zugang zu Gott zu gestalten. Die schöne Form entspricht dem bedeutsamen Inhalt.

„Wie lieblich sind deine Wohnungen, HERR Zebaoth!" *Psalm 84,2*

„Heilig in deiner Mitte"

2. Mose 40,1-17 **Freitag, 19.**

Alles steht bereit. Jetzt muss die Stiftshütte nur noch eingerichtet werden. Der Einzugstermin steht auch schon fest: der erste Tag des ersten Monats des zweiten Jahres der Befreiung Israels (V. 1.17). Mit dem Tag beginnt eine neue Zeit für das Volk Gottes: Gott hat nun seine Wohnstatt in der Mitte – und das Volk hat nun ein Zentrum, um das es sich scharen kann. Auch wenn Gott mit seinem Volk unterwegs ist, hat er doch in der Stiftshütte seinen festen Platz im Volk. Und das ändert alles – eine neue Zeit. Deshalb muss auch alles innerhalb der Stiftshütte seinen festen Platz haben: die Bundeslade, verborgen hinter einem Vorhang. Der Brandopferaltar im Eingang. Daneben das Becken zur Reinigung der Priester. Alles hat seinen Ort und damit seine Bedeutung, damit Gott an diesem Ort seinem Volk begegnet.

„Denn ich bin Gott und nicht ein Mensch, heilig in deiner Mitte."
Hosea 11,9

Sichtbar, aber nicht durchschaubar

2. Mose 40,34-38 **Samstag, 20.**

Die Wolke zeigt Gottes Gegenwart an und verbirgt ihn zugleich. Sie ist unübersehbar, aber auch undurchsichtig. Gott lässt sich sehen und bleibt doch undurchschaubar. Seine Herrlichkeit erfüllt die Stiftshütte, die dadurch zu seiner Wohnung wird (V. 34.35). Niemand sonst kann sie dann betreten. Gott hat jetzt eine Adresse, unter der er anzutreffen ist. Und doch bleibt Gottes Gegenwart – trotz aller Sichtbarkeit – ein Geheimnis. Er leitet sein Volk an: Wenn sich die Wolke, das Zeichen seiner Gegenwart, erhebt, dann macht sich auch sein Volk auf zur nächsten Etappe auf dem Weg in das verheißene Land. Gott selbst gibt den Rhythmus für ihre Wanderung vor. Unsichtbar in seiner Sichtbarkeit. Ein stetiger Aufruf, ihm zu vertrauen.

„Aber mein Angesicht kann man nicht sehen." *2. Mose 33,23*

Wochenspruch
Wandelt als Kinder des Lichts; die Frucht des Lichts ist lauter Güte und Gerechtigkeit und Wahrheit. *Epheser 5,8 b.9*

Begeistert von Gottes Wort

Psalm 119,33-40 **Sonntag, 21.**

Im Hebräischen beginnen alle Verse des Textes mit dem gleichen Buchstaben. Das schließt sie zusammen, auch wenn jeder Vers eine eigene, unverwechselbare Aussage hat. Wie ein Mosaik aus Aussagen.

Mit dem Beter taucht man ein in die Faszination des Wortes Gottes: als Gebot weist es den Weg (V. 33); als Gesetz wird es im Herzen gehalten (V. 34); als Zeugnisse Gottes bewahrt es davor, der Habsucht zu verfallen (V. 36); als erfülltes Wort bringt es Menschen dazu, Gott zu fürchten (V. 38).

Gottes Wort wird in der Vielfalt seiner Erscheinungen und Wirkungen spürbar. Ein lebendiges Wort, das den Beter begeistert. In immer neuen Bildern spürt er dem nach, was das Wort Gottes für sein Leben bedeutet. Kein Wunder, dass der Psalm 119 der längste Psalm im Psalter geworden ist.

„Dein Wort ist meines Herzens Freude und Trost." *Jeremia 15,16*

Einführung in das Markusevangelium
s. S. 8

Keine Entscheidung ist auch eine Entscheidung

Markus 3,1-12 **Montag, 22.**

Jetzt wird es eng für Jesus. Eine große Menge verfolgt ihn regelrecht (V.8) und bedrängt ihn (V. 10). Jesus hat in ihnen die Hoffnung auf Heilung (V. 10) und Befreiung (V. 11) geweckt. Die Menge wird Zeuge seiner Fürsorge (8,1) und Vollmacht (9,25) und begleitet ihn bis Jerusalem (12,37). Dort löst sie sich auf, irgendwann, bevor Jesus gefangen genommen und ihm der Prozess gemacht wird. Die Menschen waren dicht dabei, manchmal zu dicht. Haben erwartet und gestaunt. Aber sie haben keine Entscheidung für Jesus getroffen. Sie haben das Evangelium gehört, aber sie haben sich durch das, was sie mit Jesus erlebt haben, nicht verändern lassen. Sie waren Augenzeugen der Taten Jesu, aber werden nicht zu Zeugen des Evangeliums.

„Ich glaube, hilf meinem Unglauben“ *Markus 9,24*

Eine spannende Auswahl

Markus 3,13-19 **Dienstag, 23.**

„[...] welche er wollte“ (V. 13). Aus der großen Menge, die ihn begleitet, ruft Jesus 12 Männer heraus, nennt sie Apostel und setzt sie dazu ein, ihn zu begleiten und das zu verbreiten, was sie von ihm gehört haben (V. 14). Auch sollen sie in seiner Vollmacht Dämonen austreiben (V. 15). Es wird nicht gesagt, nach welchen Kriterien Jesus genau diese Männer ausgewählt hat, nur dass er Simon jetzt Petrus nennt (V. 16) und dass er den Brüdern Johannes und Jakobus den Namen Donnersöhne gibt (V. 17). Insiderinformationen, die einen kleinen Einblick in die Gruppendynamik der Jünger geben. Und dass Jesus schließlich auch Judas auswählte, „der ihn dann verriet“ (V. 19). Ein Fehlgriff? Ein folgenschwerer Irrtum Jesu? Oder der Ausdruck des freien Willens Jesu, der jetzt, am Anfang seines Wirkens, schon dessen Ende sieht – und akzeptiert?

„[...] und ward gehorsam bis zum Tode, ja zum Tode am Kreuz.“
Philipper 2,8

Wozu Vorurteile führen

Markus 3,20-30 **Mittwoch, 24.**

Die Schriftgelehrten sind verwirrt. Wie sollen sie Jesus einordnen? Sie haben sich auf den weiten Weg von Jerusalem nach Galiläa gemacht, aber anstatt sich auf Jesus einzulassen, um ihn angemessen zu beurteilen, steht ihr Urteil schon fest: „Er hat den

Beelzebul“ (V. 22) – er ist mit dem Satan im Bunde. Die Schriftgelehrten fühlten sich in ihrer geistlichen Meinungsführerschaft bedroht. Deswegen ist ihr Urteil hart und endgültig. Doch Jesus weist sie auf ihren Denkfehler ihn: Warum sollte das Böse sich selbst bekämpfen? Ist es nicht naheliegender, dass Gott den Satan besiegt? Aber was bedeutet das dann für die Beurteilung des Wirkens Jesu? Dass er Menschen von den Einschränkungen des Bösen befreit, ist offenkundig. Nicht einmal die Schriftgelehrten stellen das infrage. Darum sollen die Schriftgelehrten ihre Vorurteile fallen lassen und sich der Botschaft Jesu öffnen.

„Wenn euch nun der Sohn frei macht, so seid ihr wirklich frei.“

Johannes 8, 36

Der gute Ruf

Markus 3,31-35 **Donnerstag, 25.**

Die Mutter Jesu und seine Brüder sind besorgt. Ist er dabei, das Ansehen der Familie zu schädigen? Wichtige Männer sind extra seinetwegen aus Jerusalem gekommen, um ihn zu beurteilen. Sie zweifeln an ihm. Was man von seinen Taten hört, ist oft bruchstückhaft, so als sollte es eigentlich gar nicht an die Öffentlichkeit gelangen. Seine Worte sind rätselhaft und sein Anspruch, im Namen Gottes Sünden zu vergeben, ist doch zumindest zweifelhaft.

Die Reaktion Jesu ist hart: Seine Familie sind jetzt alle, die auf ihn hören, seinen Worten vertrauen und die den Willen Gottes, wie Jesus ihn verkündigt, auch tun. Alle Menschen, die sich durch Jesus zu Gott führen lassen – und die ein Leben nach diesem Willen Gottes führen.

„Es werden nicht alle, die zu mir sagen: Herr, Herr! in das Himmelreich kommen, sondern die den Willen tun meines Vaters im Himmel.“

Matthäus 7,21

Gott ist voller Hoffnung

Markus 4,1-9 **Freitag, 26.**

Leid, Krieg, Krankheit und Tod haben Menschen immer wieder nach Gott fragen lassen. Darum kommt das Volk zu Jesus. Sie suchen Antworten und erhoffen sich Trost für ihren Alltag. Gerade dann, wenn das Leben herausfordernd, schwierig und manchmal überfordernd ist, brauchen wir Gottes Trost und konkrete Hilfe. Jesus ermutigt die, die kommen und zuhören. Er vergleicht seinen Vater mit einem Sämann, der großzügig und hoffnungsvoll aussät. Dabei fragt er nicht danach, ob wir als „Boden" gut genug sind. Gott hat Hoffnung für uns, weil er uns liebt. Er sät sein Wort auch dann, wenn unsere Herzen im Moment zu hart oder die Ablenkungen zu groß sind. Die Frage ist: Möchte ich hören, was Gott mir zu sagen hat? Von wem erwarte ich Antworten? Bei wem suche ich Hilfe?

„Dein Wort ist meines Fußes Leuchte und ein Licht auf meinem Wege."
Psalm 119,105

Wer bin ich?

Markus 4,10-20 **Samstag, 27.**

Die Bildersprache Jesu kann bei denen, die nicht an Gott interessiert sind, Unverständnis auslösen. Denen, die offen sind, schenkt er Erkenntnis (V. 10-12). Jesus vergleicht die vier Boden-Typen mit vier verschiedenen Einstellungen: „Weg-Typen" lassen sich das Gehörte wieder wegnehmen. Die „Felsen-Typen" sind schnell begeistert, aber ebenso schnell auch wieder mit anderen Dingen beschäftigt. Die „Dornen-Typen" sorgen sich mehr um das alltägliche Leben; nur bei den „Boden-Typen" kommt die Botschaft Jesu an und bringt Frucht.
Man kann in den vier Kategorien vier verschiedene Menschentypen sehen. Es kann aber auch sein, dass wir an manchen Tagen eher der eine Typ sind, dann wieder ein anderer. Deswegen teilt Gott sein Wort so großzügig an alle aus.

„Wer mein Wort hört und glaubt dem, der mich gesandt hat, der hat das ewige Leben.“ *Johannes 5, 24*

Wochenspruch
Wem viel gegeben ist, bei dem wird man viel suchen; und wem viel anvertraut ist, von dem wird man umso mehr fordern.
Lk 12,48

Not lehrt beten – und beten schafft Freude

Psalm 119,41-48 Sonntag, **28.**

Was sind wir bereit zu ertragen, wenn es um den Glauben und die Beziehung zu Gott geht? Der Psalmbeter ist uns darin ein großes Vorbild. Weil er angefeindet wird, bittet er um Gottes Gnade und Hilfe, damit er dem Bedränger antworten kann. Dabei ist es ihm wichtig, Gottes Wort in Wahrhaftigkeit zu reden. Auch in Auseinandersetzungen möchte er nach Gottes Maßstab handeln. Im Gebet und durch das Gebet verändert sich der Ton: Gottes Wort macht ihn fröhlich. Ohne Scham bekennt er seinen Glauben. Gottes Gebote lösen bei ihm pure Freude aus. Diese Freude führt den Beter in das Lob und die Anbetung Gottes. Das Gebet entlastet und „entsorgt“ den Beter. Nicht immer verändern sich die Umstände, aber oftmals das Herz des Beters. Die Frage ist: Wohin gehe ich mit meinen Sorgen und Nöten?

„Und jene sind es, die auf das gute Land gesät sind: Die hören das Wort und nehmen's an und bringen Frucht […]“ *Markus 4,20*

So ist es im Reich Gottes

Markus 4,21-25 Montag, **29.**

Die Beispiele vom Licht und dem rechten (Er-)Messen beschreiben, welche Maßstäbe in Gottes Reich gelten. Gottlosigkeit ist wie Finsternis. Wie Blinde tasten wir uns orientierungslos durch das

Leben. Jesu Worte hingegen sind wie das Licht einer Lampe, das die Dunkelheit erhellt. Darum zündet niemand eine Lampe an, um sie mit einem Eimer zuzudecken. Wo das Licht scheint, werden auch Schmutz und Staub sichtbar. Gottes Wort deckt Sünde und Schuld auf, damit wir sie erkennen und bekennen. Wenn wir bekennen, empfangen wir Vergebung (vgl. 1 Joh 1,9). So wird unser Leben hell und rein. Welchen Wert messen wir den Worten Jesu bei? Wenn seine Weisungen der Maßstab für unser Reden und Handeln sind, werden wir von Gott beschenkt. Wer Jesus und seine Worte ablehnt, verliert letztlich alles.

„In ihm war das Leben, und das Leben war das Licht der Menschen.“
Johannes 1,4

Das Reich Gottes wächst automatisch

Markus 4,26-29 **Dienstag, 30.**

Alles, was lebt, wächst. In Bezug auf das Reich Gottes ist diese Alltagsweisheit verblüffend. Jesus nimmt das Bild vom Sämann (V. 1-9.13-20) erneut auf und ergänzt es: Nach dem Säen kann der Bauer nur zusehen, wie das Korn wächst und ausreift, ohne dass er es verstehen oder etwas dazu tun könnte. Gott selbst bewirkt Frucht, wenn das Evangelium verkündigt wird. Was in dieser Welt noch so klein und unscheinbar beginnt, bewirkt allmählich große Frucht. Das gilt für unser geistliches Leben, für die Gemeinden wie für das gesamte Reich Gottes. Alle Verkündigung hat ein Ziel: der große „Ernte“-Tag. Dann wird Gott kommen und sein Reich für alle sichtbar erscheinen (V. 29). Gottes Plan für die Welt wird am Ende aufgehen. Dafür sorgt er selbst. Herrlich!

„Denn das Reich Gottes steht nicht in Worten, sondern in Kraft.“
1. Korinther 4,20

Von winzig zu weltumspannend

Markus 4,30-34 **Mittwoch, 31.**

Mein Gesprächspartner spricht begeistert von einem Start-up-Unternehmen und ich verstehe sofort, was er meint: ein neu gegründetes Unternehmen mit einer einzigartigen Geschäftsidee und im besten Fall enormem Wachstum in den nächsten Jahren. Start-ups sind in der Berufswelt heute ein fester Begriff.
Jesus spricht dagegen von einem Senfkorn und nimmt die bäuerliche Erfahrungswelt seiner Zuhörer damals auf. Er erläutert mit Gleichnissen, was es mit dem Reich Gottes auf sich hat (V. 30). Dafür wählt er Alltagsbeispiele.
Ob Senfkorn oder Start-up, seine Botschaft bleibt gleich: Noch ist Jesus nur ein wenig bekannter Mensch, aber mit ihm beginnt das Reich Gottes, das jetzt noch winzig ist, aber immer größer werden wird. Das Gleichnis vom Senfkorn lädt ein, auf diesen kleinen Anfang zu vertrauen und an Jesus als Retter der Welt zu glauben.

„Du bist der Christus, des lebendigen Gottes Sohn!“ *Matthäus 16,16*

Monatsspruch August

Der HERR heilt, die zerbrochenen Herzens sind, und verbindet ihre Wunden.

Psalm 147,3

Herr über die Naturgewalten

Markus 4,35-41 **Donnerstag, 1.**

In den Nachrichten sehen wir leider oft Bilder von Erdbeben, Überschwemmungen und anderen Naturkatastrophen, und wo uns schon die Bilder aus der Ferne erschrecken, wie viel mehr Angst haben wir, wenn solche Katastrophen unsere Region oder uns selbst treffen?

Die Jünger, die in einem kleinen Boot mitten auf dem See Genezareth in einen heftigen Sturm geraten, haben Todesangst – und sie wenden sich mit ihrer Angst und ihren Fragen (V. 38) an Jesus. Jesus zeigt sich als Herr über Wind und Wellen. Die ganze Natur gehorcht ihm und darin erweist sich Jesus als göttlich. Weil er der Messias ist, kann er die Jünger nach ihrem Glauben fragen (V. 40). Weil er der Messias ist, dürfen aber auch wir mit unserer Angst und unserem vielleicht schwindenden Vertrauen jederzeit zu ihm kommen und ihn um Hilfe bitten.

„In der Welt habt ihr Angst; aber seid getrost, ich habe die Welt überwunden.“ *Johannes 16,33*

Jesus befreit

Markus 5,1-20 **Freitag, 2.**

Menschen mit schweren psychischen Erkrankungen erfahren oft auch heute noch gesellschaftliche Ausgrenzung. Der Mensch, der hier zu Jesus rennt, ist mehr als psychisch beeinträchtigt. Er lebt isoliert von der Gesellschaft, gilt als unrein, ist nicht mehr Herr seiner Sinne und verletzt sich selbst. Doch selbst in diesem Zustand erkennt er in Jesus den Sohn Gottes und Herrn (V. 7). Dass Jesus Herr ist – auch über zerstörerische, ja dämonische Mächte –, demonstriert er in der ganzen Erzählung. In göttlicher Vollmacht heilt Jesus den Mann und macht ihn frei. Jesus schenkt ihm ein neues Leben und schickt ihn mit dem konkreten Auftrag zu erzählen, „was der Herr für dich getan hat“, zurück zu seinen Angehörigen. – Wo habe ich schon erfahren, dass Gott mir geholfen hat, und habe ich davon auch schon einmal jemandem erzählt?

„Wenn euch nun der Sohn frei macht, so seid ihr wirklich frei."
Johannes 8,36

Herr über Krankheit

Markus 5,21-34 **Samstag, 3.**

Häufig lese oder schreibe ich auf Geburtstagskarten den Wunsch „... und vor allem Gesundheit!" Vielleicht liegt das daran, dass wir uns mit steigendem Lebensalter auch der Gefährdung des Lebens durch Krankheiten bewusst sind. Die Frau, die hier zu Jesus kommt, ist seit zwölf Jahren krank, gilt wegen ihrer heftigen Blutungen als unrein und hat Kraft und viel Geld im Kampf gegen ihre Krankheit verloren. Ihre letzte Hoffnung setzt sie auf Jesus – und sie wird von Jesus geheilt, allein durch die Berührung. Jesus zeigt sich erneut als Herr über Krankheit und Leiden. Dass Jesus Herr über Naturgewalten, zerstörerische Mächte, Krankheit und sogar den Tod ist, ist die zentrale Aussage in den Erzählungen von Markus (Kap. 4–5). Das fordert mich heraus: Wenn Jesus Herr ist, wie viel traue ich ihm dann in meinem Leben zu?

„Heile du mich, HERR, so werde ich heil; hilf du mir, so ist mir geholfen."
Jeremia 17,14

Wochenspruch

Wohl dem Volk, dessen Gott der HERR ist, dem Volk, das er zum Erbe erwählt hat!
Psalm 33,12

Heilsorte

Psalm 122 **Sonntag, 4.**

Haben wir einen Ort, an den es uns immer wieder zieht? Kennen wir einen Raum, den wir voller Erwartungen betreten, um die Nähe Gottes zu erfahren? Für einen gläubigen Israeliten ist dieser Ort Jerusalem mit seinem Tempel. Deshalb freut er sich über den Aufbruch seiner Gruppe dorthin. Er schwärmt von Jerusalem und wünscht der Stadt das Allerbeste. Diese Ausstrahlung hat die Stadt nicht aus sich heraus. Weil Gott hier wohnen und angebetet werden will, kann die Stadt zum Heilsort für ihre Besucher werden. An Heilsorten wird unser Leben zurechtgebracht. Wir kommen anders heraus, als wir hineingegangen sind. An solchen Orten kann man aufatmen. Belastendes wird abgelegt und Befreiung erfahren. Uns wird neue Lebens- und Glaubensfreude geschenkt. Haben wir einen solchen Heilsort in unserer Nähe?

„Kommt her zu mir alle, die ihr mühselig und beladen seid; ich will euch erquicken.“ *Matthäus 11,28*

Jahreslosung 2024

Alles, was ihr tut, geschehe in Liebe. (1. Korinther 16,14)

Was ist Liebe?

Was ist Liebe? In seinem Buch „The Four Loves“ (deutsch: „Die vier Arten der Liebe“) beschreibt C.S. Lewis vier Arten von Liebe, die er in der Bibel findet: Die erste ist die Zuneigung. Es ist die Liebe zwischen Eltern und Kindern, aber auch generell das warme Gefühl der Vertrautheit zwischen Menschen, die sich schon lange kennen. Idealerweise ist die Zuneigung auch in die anderen Arten der Liebe gemischt. Die Leidenschaft der partnerschaftlichen Liebe etwa wäre ohne die ruhige Zuneigung kaum auszuhalten. Die zweite ist die Freundschaft. Zwei oder mehr Menschen werden Freunde, indem sie dieselben Interessen verfolgen. Liebende stehen einander gegenüber, versunken in den Anblick des anderen. Freunde stehen nebeneinander, blicken auf das Interesse, das sie vereint. Der beste Weg, um Freunde zu finden, ist, sich für eine Sache neben der Freundschaft wirklich zu interessieren. Dann kommt die Freundschaft von selbst. Die dritte Form der Liebe ist die partnerschaftliche. Ein Paar möchte sich nahe sein, so wie zwei Lichtstrahlen, die ineinander übergehen. Die sexuelle Komponente gehört dazu, aber die partnerschaftliche Liebe ist umfassender. Sie will einen bestimmten Menschen, Lust ohne Liebe will ein Etwas, für das dieser Mensch nur die Voraussetzung ist. Die vierte Art der Liebe ist die göttliche Liebe. Sie löst die anderen Arten der Liebe nicht ab, sondern verändert sie, verwandelt sie zum Besten, was sie sein können. So weit Lewis. Gottes Liebe ist sein innerstes Wesen. Martin Luther sagt, wenn er Gott malen sollte, dann als einen Backofen voller Liebe. Gottes Liebe ist schenkende Liebe. Er gibt sich selbst. Das ist die Liebe, die Christus ans Kreuz gebracht hat. Seine Liebe für jeden von uns. Eine Liebe, die niemals aufhört, vgl. die Auslegung zu 1 Kor 13 am 31. Mai / 1. Juni. (JK)

Herr über Tod und Leben

Markus 5,35-43 **Montag, 5.**

Der Tod hat nicht das letzte Wort! Dieser Satz ist bei christlichen Begräbnisfeiern zu hören – weil er in der Person Jesus Christus wahr geworden ist. Wie Jesus die kranke Frau heilt, rettet er auch die Tochter des Synagogenvorstehers Jairus und ruft die junge Frau zurück ins Leben. Mit dieser Handlung gibt Jesus wieder ein Zeichen seiner göttlichen Vollmacht, mit der er selbst den Tod überwindet. Angesichts des Todes wird es immer Trauer und Klagen geben, aber mit Jesus als Herr über Leben und Tod gibt es auch Hoffnung, die über den Tod hinausgeht. Daher fordert Jesus Jairus auf, an seinem Glauben festzuhalten (V. 36).

„Denn ich bin gewiss, dass weder Tod noch Leben, weder Engel noch Mächte noch Gewalten, weder Gegenwärtiges noch Zukünftiges, weder Hohes noch Tiefes noch irgendeine andere Kreatur uns scheiden kann von der Liebe Gottes, die in Christus Jesus ist, unserm Herrn.“ *Römer 8,38-39*

Neues Denken wagen

Markus 6,1-6 **Dienstag, 6.**

Jesus hat schon viel gelehrt und seine Spuren hinterlassen. Jetzt kam er zurück an den Ort, wo er aufgewachsen ist. Die Menschen kannten ihn von früher. Sie hatten ein Bild von ihm und räumten ihm keine Chance ein, dass er sich verändert haben könnte.
Auch wir heute sind allzu oft festgefahren in unserem Bild von Menschen, in der Meinung, die wir von ihnen haben - und vielleicht auch in unserem Glauben. Sind wir von etwas überzeugt, sind wir nicht einfach bereit, es zu überdenken und Platz zu machen für Neues. Jesus bricht dieses festgefahrene Denken auf. Die Menschen mussten sich auf den Jesus, der vor ihnen stand, einlassen.
Was kannst du heute Neues wagen? Wo kannst du dich für Veränderungen öffnen?

„Ist der nicht der Zimmermann, Marias Sohn und der Bruder des Jakobus und Joses und Judas und Simon?“ *Markus 6,3*

Die Kraft der Botschaft Jesu

Markus 6,7-13 **Mittwoch, 7.**

Jesus schickt die Jünger auf den Weg, seine Botschaft unter den Menschen zu verbreiten. Dafür gibt er ihnen die Anweisung, dass sie nichts mitnehmen sollen. Denn es geht nicht um Materielles, sondern um die Worte und Taten, die sie den Menschen bringen. Das ist die Macht, die Jesus den Jüngern mit auf den Weg gibt: die Botschaft Jesu selber.
Und diese Macht haben auch wir. Die Botschaft Jesu hat die Kraft, auch durch uns zu wirken. Aber dabei kann es vorkommen, dass sie nicht auf fruchtbaren Boden fällt. Wir dürfen uns nicht davon unterkriegen lassen, wenn uns Gegenwind, Unsicherheiten oder Anfeindungen entgegentreten. Denn die Botschaft Jesu ist stark genug, dass sie, wenn die Zeit reif ist, auch diese Grenzen überwindet.

„Und wo man euch nicht aufnimmt und euch nicht hört, da geht hinaus und schüttelt den Staub von euren Füßen, ihnen zum Zeugnis." *Markus 6,11*

Die Botschaft annehmen

Markus 6,14-29 **Donnerstag, 8.**

Herodes Antipas, der Sohn von Herodes dem Großen, ist verwirrt. Sein Problem ist Johannes der Täufer. Er hatte ihn gefangen genommen, weil Johannes die Heirat von Herodes mit seiner Schwägerin Herodias verurteilt hatte (V. 18). Nur, was sollte er mit ihm jetzt anfangen? Johannes beunruhigte ihn sehr, aber zugleich „hörte er ihn gerne" (V.20). Die Worte von Johannes hatten Kraft – aber Herodes wollte oder konnte ihnen nicht folgen. Er war zu feige, Wort Gottes zu leben. Und so wurde er schließlich zum Mörder von Johannes dem Täufer (V. 27).
Nur das Wort Gottes durch seine Boten zu hören allein reicht nicht. Entscheidend ist, diese Botschaft auch anzunehmen und sein Leben danach auszurichten. Herodes war dazu nicht bereit. Ein mahnendes Beispiel.

„Und wenn er ihn hörte, wurde er sehr unruhig; doch hörte er ihn gern." *Markus 6,20*

Jesu Nachfolge als bewusste Überforderung

Markus 6,30-44 **Freitag, 9.**

Fünf Brote und zwei Fische für 5000 Menschen. Eine suboptimale Situation, die Jesus hätte verhindern können. Jesus schickt die Menschen jedoch nicht weg, sondern gibt ihnen, was sie brauchen. Und das Wichtige daran ist nicht das Essen selber und auch nicht das Wunder als Demonstration der Macht Jesu. Ginge es darum, so hätte Jesus, ähnlich wie Gott damals in der Wüste beim Volk Israel, Manna vom Himmel regnen lassen. Im Zentrum der Geschichte steht vielmehr Jesu Vertrauen und Beziehung zu seinen Jüngern. Der entscheidende Schritt ist, dass Jesus die Jün-

ger zum Teil des Wunders macht. Er gibt ihnen die Aufgabe, die Menge satt zu machen. Und die Jünger fangen mit der Aufgabe an, auch wenn sie wissen, dass es, rein menschlich, eigentlich nicht möglich ist.
Jesu Aufforderung und seine Botschaft sind eine bewusste Überforderung, eine Herausforderung an uns. Vertrauen wir ihm, sodass wir seine Nachfolger sein können.

„Er aber antwortete und sprach zu ihnen: Gebt ihr ihnen zu essen!"
Markus 6,37 a

Allein aus Christus

Markus 6,45-56 **Samstag, 10.**

„Seid getrost, ich bin's; fürchtet euch nicht!" (V. 50) Diese Worte spricht Jesus den Jüngern zu, als sie, abgeplagt von den Strapazen des Tages, mitten auf dem See eine Gestalt sehen, die übers Wasser geht. Seine Worte sind beruhigend gemeint, aber sind für die Jünger erst mal nur leere Hülsen. In ihnen regiert die blanke Angst. Und dennoch ist alles, was Jesus als Beruhigung aufführt, die Tatsache, dass er es ist. Die Schlichtheit dieser Aussage macht die wirkliche Kraft Jesu deutlich.
Wie Luther 1500 Jahre später mit einem seiner vier reformatorischen Grundsätze deutlich machte: Es gilt „solus christus". Wir können unser ganzes Vertrauen in jeder Lebensphase auf Jesus setzen. Die Herausforderung für uns – wie für die Jünger – ist, trotz aller Widrigkeiten, dies nicht zu vergessen, sondern es anzunehmen, denn Jesus ist für uns da.

„Seid getrost, ich bin's; fürchtet euch nicht!" *Markus 6,50*

Wochenspruch
Gott widersteht den Hochmütigen, aber den Demütigen gibt er Gnade. *1. Petrus 5,5 b*

Loben zieht nach oben

Psalm 145 **Sonntag, 11.**

Dieser Psalm ist das letzte David zugeschriebene Loblied. Eine Art Best-of-Album aus Davids Lobpreis. Was ist David in seinem wechselhaften Leben nicht schon alles gewesen: Hirte, Musiker, Kriegsheld, Söldner, König, Ehebrecher, Mörder. Ein Held mit Licht und Schattenseiten. Mal nah bei Gott und dann wieder tief verstrickt in Intrigen und Sünden. Aber David hat verstanden, dass gerade in ausweglos erscheinenden Situationen das Lob Gottes einen Perspektivwechsel ermöglicht. Dort, wo ich meine Grenzen und mein Scheitern akzeptiere und beginne auf die Verheißungen und Möglichkeiten Gottes zu schauen, entstehen neue Chancen und neuer Mut.

„Der HERR hält alle, die da fallen, und richtet alle auf, die niedergeschlagen sind." Psalm 145,14

Saubere Hände und schmutzige Gedanken

Markus 7,1-23 **Montag, 12.**

Vor dem Essen Händewaschen nicht vergessen! Das haben sicher auch die Jünger befolgt. Einige jedoch haben begonnen, auf die rituelle Reinigung von Händen und Geschirr zu verzichten. Dies führt zu einem Schlagabtausch zwischen Jesus und den Pharisäern, welche die Einhaltung der jüdischen Speiseregeln und Reinheitsvorschriften fordern. Im persönlichen Gespräch mit den Jüngern verdeutlicht Jesus, dass es nicht um Äußerlichkeiten geht. Vielmehr führen die bösen Gedanken, die unser Herz hervorbringt, zur Unreinheit und damit zur Trennung von Gott. Wo laufen wir Gefahr, Menschen aufgrund von Regeln und Formen zu bewerten? Es gibt nur wenige Dinge, die Jesus so sehr sanktioniert wie die Ausgrenzung oder Stigmatisierung von Menschen.

„Ein Mensch sieht, was vor Augen ist; der HERR aber sieht das Herz an." 1. Samuel 16,7

Challenge accepted

Markus 7,24-30 **Dienstag, 13.**

Jesus ist allein und inkognito unterwegs – aber auch hier, im heidnischen Land, bleibt seine Anwesenheit nicht verborgen. Eine Frau aus der Gegend bittet ihn, ihr Kind zu heilen, das von einem bösen Geist besessen ist. Wie sich dieser Dämon äußert, steht nicht im Text. Denkbar ist eine schwere psychische Erkrankung wie Depression oder Schizophrenie. Aber Jesus weist sie mit einem aus heutiger Sicht ziemlich herabsetzenden Vergleich ab. Die Frau jedoch bleibt mutig und fordert Jesus mit einer Mischung aus Demut und Schlagfertigkeit heraus. Jesus nimmt an und heilt ihre Tochter – und markiert so einen Wendepunkt. Das Heilsversprechen Gottes wird ausgeweitet: von den Juden auf alle Menschen. Wo sind wir herausgefordert dranzubleiben, hartnäckig und vertrauensvoll weiter zu beten, auch wenn das Wunder oder die Heilung noch auf sich warten lässt?

„Menschenfurcht bringt zu Fall; wer sich aber auf den HERRN verlässt, wird beschützt." *Sprüche 29,25*

Mit Geduld und Spucke

Markus 7,31-37 **Mittwoch, 14.**

Geschah im Text gestern die Heilung noch aus der Ferne, so erfährt der Taubstumme hier eine regelrechte Behandlung durch Jesus. Doch Jesus bleibt nicht bei der körperlichen Berührung stehen. Das mitleidende Gebet und der befreiende Zuspruch „Hefata – Tu dich auf!" sind Teil der Heilung. Der Text verdeutlicht, dass es auch für Jesus mehrere Formen der Heilung gab. Wo bin ich heute dankbar für die Möglichkeiten der modernen Medizin? Taubstumme – heute sagen wir „Gehörlose" – gibt es in der westlichen Welt immer weniger. Gehörlose Babys erhalten schon früh Implantate, die eine natürliche Sprachentwicklung ermöglichen. Kann ich auch darin Gottes Wirken erkennen? Unklar bleibt auch, warum Jesus dem Geheilten verbietet, über das Erlebte zu reden. Fürchtet er, auf die Rolle des Wunderheilers reduziert zu werden?

„Wer Ohren hat zu hören, der höre!" *Markus 4,23*

Die leibliche Fürsorge von Jesus

Markus 8,1-9 **Donnerstag, 15.**

Haben Sie schon einmal wegen geistiger Höhenflüge das Essen vergessen? Etwa, wenn uns ein Buch total faszinierte? Wahrscheinlich hat Jesus die Zuhörer mit seiner Rede so erstaunt, dass sie ihre körperlichen Bedürfnisse nicht bemerkten. Denn Jesus spricht mit dem starken Mandat Gottes. Darüber vergisst er aber nicht das Naheliegende: Die Leute haben nach der langen Rede Hunger. Jesus sorgt sich um das leibliche Wohl der Menschen und er handelt. Alle werden satt. Unsere Frage nach dem „Wie?" kann wieder mit dem starken Mandat Gottes erklärt werden. Damit zeigt Jesus seine einmalige Verbundenheit mit Gott. Nur so geht es! Jesus sieht also nicht nur unseren geistlichen Hunger, sondern auch unsere materiellen und körperlichen Bedürfnisse. In welchen Bereichen unseres Lebens sind wir immer noch unsicher, ob sich Jesus darum kümmert?

„Der HERR ist mein Hirte, mir wird nichts mangeln." *Psalm 23,1*

Hinweise des lebendigen Gottes

Markus 8,10-13 **Freitag, 16.**

Gott hat nichts gegen hilfreiche Zeichen. Dem unsicheren Gideon gibt er gleich mehrere Bestätigungen (Richter 6–8). Auch der Evangelist Markus berichtet von vielen Heilungen und Befreiungen der Menschen durch Jesus. Doch die Pharisäer wollen mehr: Jesus soll ein gewaltiges Wunder öffentlich initiieren und so seine irdische Macht demonstrieren. Damit würde Jesus ihren Vorstellungen vom kommenden Retter (Messias) entsprechen. Jesus lehnt seufzend ab. Er lässt sich nicht verbiegen. Er weiß: Die Pharisäer lehnen seinen Weg ab. Sie glauben nicht an ihn. Wünschen wir uns manchmal, Zeichen der Lebendigkeit Gottes zu sehen? Ich bin überzeugt: Es gibt sie reichlich in unserem Leben! Können wir sie sehen? In Verbindung mit dem Wort Gottes wollen sie unseren Glauben stärken.

„Gib mir ein Zeichen dafür, dass du es gut mit mir meinst."
Psalm 86,17 (NGÜ)

Unverständige Jünger

Markus 8,14-21 **Samstag, 17.**

Im November 2022 titelt ein Magazin: „EKD – Glaube, Hoffnung, Klima [...], aber das Klima ist das Größte unter ihnen." Dazu kommen kritische Worte über die Solidarität der Kirche mit radikalen Klima-Aktivisten. Der angedeutete Vorwurf meint: Eine unverständige Kirche kümmert sich mehr um die irdischen Probleme und vergisst darüber die größere Gefahr: den alles durchdringenden Sauerteig der Sünde. Jesus reagiert enttäuscht auf die Begriffsstutzigkeit seiner Jünger. Er erklärt ihnen, dass sie sich in ihren Sorgen auf seine Hilfe verlassen können. Dann schärft er ihnen ein: „Hütet euch vor der Selbstgerechtigkeit und Selbstgefälligkeit der Pharisäer. Sorgt dafür, dass die Menschen von der Gerechtigkeit hören, die Gott denen schenkt, die ihm seine Liebe und Vergebung glauben."

„Es ist nicht recht, dass wir das Wort Gottes vernachlässigen und uns dem Dienst an den Tischen widmen." *Apostelgeschichte 6, 2 (E)*

Wochenspruch
Das geknickte Rohr wird er nicht zerbrechen, und den glimmenden Docht wird er nicht auslöschen. *Jesaja 42,3*

Zerstörte Stadt

Psalm 147 **Sonntag, 18.**

Ich atme die staubig trockene Luft, die sich über die Trümmer der früher so schönen Stadt wie eine flimmernde Wolke gelegt hat. Mein Blick wandert über den Horizont hinaus – alles, was er einzufangen vermag, brennt mir Zerstörung ins Herz. Die Hoffnungslosigkeit lässt mich zwischen den Mauerresten dahinstolpern. Plötzlich… aus weiter Ferne… ein sanftes, rhythmisches Prasseln. Es kommt näher. Leise berühren erste Tropfen meine Haut. Meine Seele fängt zu atmen an. Ich beobachte mich, wie ich anfange, zwischen den Ruinen der Vergangenheit im Regen zu tanzen. Vor mir entdecke ich einen Strauch. Seine zarten rosa Knospen sind aufgesprungen, schon steht er in voller Blüte da. Die Häuser um mich wurden wieder aufgebaut. Ich höre Stimmen, höre das Lachen von Kindern. Die zerstörte Stadt ist zu neuem Leben erwacht. Wer hat das gemacht? „Preise, Jerusalem, den HERRN; lobe, Zion, deinen Gott!“ (V. 12)

„Jesus antwortete und sprach zu ihnen: Brecht diesen Tempel ab und in drei Tagen will ich ihn aufrichten.“ Johannes 2,19

Das große Ganze sehen

Markus 8,22-26 **Montag, 19.**

„Man sieht ja vor lauter Bäumen den Wald nicht.“ Besonders undurchsichtig wird Christsein, wenn große und kleine persönliche Entscheidungen anstehen und Gottes Wegweiser nicht in Sicht sind. Dabei könnte es so einfach sein,… wenn, ja wenn wir jetzt schon alles erkennen könnten. Wenn wir jetzt schon sehen dürften, wie alles eigentlich gemeint ist. Was hilft, wenn die menschliche Weisheit an ihr Ende kommt? Erstens: Sich von Jesus Christus führen zu lassen. Zweitens: Ihm zu vertrauen, auch wenn es sich komisch anfühlt, und drittens: akzeptieren, dass manches verschwommene Bild erst beim „zweiten Hinsehen“ klarer wird.

„Wir sehen jetzt durch einen Spiegel in einem dunklen Bild; dann aber von Angesicht zu Angesicht. Jetzt erkenne ich stückweise; dann aber werde ich erkennen, gleichwie ich erkannt bin.“ 1. Korinther 13,12

Wer ist Jesus … für dich?

Markus 8,27-33 **Dienstag. 20.**

„Jesus war ein guter Mensch!" „Jesus hat den Menschen Gottes Liebe gezeigt!" „Jesus war ein großer Lehrer!" Ich denke, dass diese Aussagen über Jesus richtig sind – sie sind aber auch irrelevant. Warum das?

Petrus betitelt Jesus als den Christus (V. 29). Übersetzt heißt das: als den (zum König) Gesalbten. Historisch betrachtet war das revolutionär, weil es die Könige – und insbesondere den Kaiser in Rom – infrage stellte (und musste deshalb bis zur Auferstehung geheim bleiben). Es macht aber auch heute den Unterschied. Wenn Jesus für dich nicht nur ein guter Mensch, sondern der Christus ist, dann beantwortet das eine zentrale Frage deines Lebens: Welche Autorität darf über dein Leben bestimmen?

„Und in keinem andern ist das Heil, auch ist kein andrer Name unter dem Himmel den Menschen gegeben, durch den wir sollen selig werden." *Apostelgeschichte 4,12*

Hingabe

Markus 8,34–9,1 **Mittwoch. 21.**

Jim Elliot war ein junger Amerikaner, der es sich als Missionar zur Aufgabe gemacht hatte, Stämme einer unerreichten Volksgruppe in Südamerika mit der guten Nachricht von Jesus Christus zu erreichen. Am Sonntag, den 8. Januar 1956, wurde er zusammen mit vier weiteren Missionaren von Kriegern des Stamms der Waorani-Indianer ermordet. Jim Elliot war zu diesem Zeitpunkt 29 Jahre alt. In seinem Tagebuch, das seine Frau Elisabeth unter dem Titel „Im Schatten des Allmächtigen" veröffentlicht hat, findet man folgenden Satz: „Der ist kein Narr, der hingibt, was er nicht behalten kann, damit er gewinne, was er nicht verlieren kann."

„Ich bin der HERR, dein Gott, der ich dich aus Ägyptenland, aus der Knechtschaft, geführt habe. Du sollst keine anderen Götter haben neben mir." *2. Mose 20,2-3*

Von Höhen und Tiefen

Markus 9,2-13 **Donnerstag, 22.**

Jesus nimmt seine drei engsten Freunde mit auf einen Berg. Und da passiert es: Er wird verklärt. Er strahlt in unglaublicher Schönheit und Mose und Elia kommen und sprechen mit ihm. Petrus ist so begeistert, dass er Hütten bauen und diesen Ort gar nicht mehr verlassen will. Aber es kommt anders.

Vielleicht kennen Sie das ja auch? Ein besonders inspirierter und inspirierender Gottesdienst, eine starke Predigt, berührende Lieder – und wenn es gerade am schönsten ist, geht es auch schon zurück in die Niederungen des Alltags. Herunter vom Berg der Verklärung in die alltäglichen Sorgen und Herausforderungen. Was bleibt nach einer intensiven Jesus-Begegnung? Was bleibt von diesem Highlight? Das, was trägt, ist das Wort Gottes! Das können wir mitnehmen in den Alltag und beherzigen – damit auch unser Alltag gelingt.

„Das ist mein lieber Sohn, den sollt ihr hören!" *Markus 9,7*

Von Glaube und Unglaube

Markus 9,14-29 **Freitag, 23.**

Was für eine Geschichte. Kennst du das vielleicht auch? Da gibt es eine Not, die hört und hört nicht auf, belastet die ganze Familie, ja, das ganze Leben. Und was man auch versucht – nichts hilft. Und dann gibt es auch noch gute Ratschläge: „Du musst nur richtig beten, richtig glauben." Wie gut, dass Jesus hier bei dem Vater des epileptischen Kindes so ganz anders reagiert. „Alle Dinge sind möglich dem, der da glaubt" (V. 23). Damit fordert er den Vater heraus. Nicht zum Glauben, sondern zur Ehrlichkeit. „Hilf meinem Unglauben", schreit er seinen ganzen Frust heraus. Und Jesus hilft. Er heilt das Kind und sicherlich stärkt er damit auch den Glauben des Vaters. Ich bin so dankbar, dass es nicht darauf ankommt einen *großen* Glauben an Gott zu haben, sondern einen (vielleicht auch kleinen) Glauben an einen *großen* Gott.

„Ich glaube; hilf meinem Unglauben!" *Markus 9,24*

Von Großen und Kleinen

Markus 9,30-37 **Samstag, 24.**

Jesus ist mit seinen Jüngern unterwegs. Qualitätszeit mit seinen engsten Vertrauten. Bereits zum zweiten Mal erklärt Jesus seinen Jüngern seine Mission. Das Ergebnis: Sie verstehen es nicht. Sie haben auch anderes zu regeln: Wer ist in ihrer Gruppe wichtig? Wer soll 1. Vorsitzender ihres Vereins werden? Wer ist der Größte? Jesus spricht genau in diese Diskussion hinein und erklärt ihnen, wer im Reich Gottes der „Größte" ist. Nicht der, der Ehre und Anerkennung sucht, sondern der, der bereit ist zu dienen. Zum Beispiel, indem man ein Kind aufnimmt. Das war damals nicht eine Tat, für die man öffentlich Beifall ernten konnte. Kinder waren unbedeutend. Aber genau diese Hinwendung zu den Kleinen, Unbedeutenden ist es, die einen Menschen „groß" macht. Weil er sich selbst zum Diener macht.

„Wenn jemand will der Erste sein, der soll der Letzte sein von allen und aller Diener." *Markus 9,35*

Wochenspruch

Christus spricht: Was ihr getan habt einem von diesen meinen geringsten Brüdern, das habt ihr mir getan. Matthäus 25,40 b

Umgeben von Lügen

Psalm 120 **Sonntag, 25.**

Welch' ein Schmerz steckt in den wenigen Zeilen dieses Wallfahrtsliedes. Wir finden uns in widersprüchlichen Gedankengängen wieder: Einerseits in sehnsuchtsvoller Erwartung auf Gottes Heiligtum und seine heilsame Gegenwart, andererseits in der Konfrontation mit Lügen, Verleumdung und Hass. Wie gut kenne ich diese Widersprüchlichkeit in meinem eigenen Herzen. „Meine

Seele dürstet nach Gott, nach dem lebendigen Gott“ (Ps 42,3) – doch je weiter ich ihm mein Herz öffne, desto schmerzlicher wird mir bewusst, wie ich lebe. Der Verfasser klagt über diesen Zustand: „Es wird meiner Seele lang“ (V. 6), denn er weiß, dass die Lügen, von denen er umgeben ist, der Wahrheit Gottes entgegenstehen, in der er leben möchte. Wo lebe ich mit inneren Lügen oder lasse es zu, dass Personen Unwahrheiten in mein Leben hineinsprechen? Ich darf diesen Schmerz vor Gott loswerden. Vor ihm hat keine Lüge Bestand.

„HERR, deine Güte reicht, so weit der Himmel ist, und deine Wahrheit, so weit die Wolken gehen.“ *Psalm 36,6*

Von Richtig und Falsch

Markus 9,38-41 **Montag, 26.**

„Die machen immer diese Lobpreisabende – sogar ganz ohne Predigt. Das ist doch nicht biblisch.“ Oder: „Heilungsgebet im Gottesdienst, das kann man doch nicht machen.“ Kennst du das auch, wie Gemeinden einander beäugen und gegenseitig beurteilen, was richtig und was falsch ist? Was anders ist als bei uns, muss falsch sein. Interessanterweise heißt es hier auch nicht, dass der fremde Wundertäter Jesus nicht nachfolgt, sondern „weil er uns nicht nachfolgt“ (V. 38). Der ist anders als wir. Schnell verliert man aus dem Blick, dass Menschen mit unterschiedlichen Prägungen auch manchmal unterschiedlich glauben. Eins wird hier deutlich: Jesus kommt es darauf an, an wen die Menschen glauben, und nicht, wie genau sie glauben. Selbst Außenstehende, die Christen um des Glaubens willen Gutes tun, dürfen mit Belohnung rechnen.

„Was tut's aber? Wenn nur Christus verkündigt wird auf jede Weise, […] so freue ich mich darüber.“ *Philipper 1,18*

Von Himmel und Hölle

Markus 9,42-50 **Dienstag, 27.**

Hier wird Jesus noch einmal deutlich: Christsein bedeutet nicht nur schöne Gottesdienste zu feiern oder gute Gemeinschaft in Hauskreisen oder Kleingruppen zu genießen. Nein, Christsein spielt sich vor allem im Alltag ab. Das, was andere zerstört oder zumindest schadet, sollen wir aus unserem Leben rausschmeißen. „Wirf es weg!“, sagt Jesus. Das sind genau die Punkte, an denen es um Entscheidungen geht. Wo ich erkenne, dass es Dinge in meinem Leben gibt, die die Beziehung zwischen mir und Jesus belasten, bin ich herausgefordert, sie aus meinem Leben zu eliminieren. Damit sie mich nicht ganz und gar in den Abgrund ziehen. Jesus ist gekommen, um mich genau davon zu befreien. Das tut er, wenn ich ihn lasse und dabei auch meine eigene Verantwortung wahrnehme.

„Wenn euch nun der Sohn frei macht, so seid ihr wirklich frei.“

Johannes 8,36

So sind sie nicht mehr zwei, sondern ein Fleisch

Markus 10,1-12 **Mittwoch, 28.**

Statistisch wird in Deutschland jede dritte Ehe wieder geschieden. Die Ehe ist ein heißes Eisen. Nicht nur heute, sondern auch zur Zeit Jesu. Johannes der Täufer kritisierte Herodes Antipas, weil er eine geschiedene Frau heiratete, und wurde dafür letztlich umgebracht. Die Pharisäer stellen Jesus die Frage über die Ehescheidung mit dem Hintergedanken, ihn aufgrund seiner Nähe zu Johannes in ein ähnliches Licht zu rücken. Jesus lässt sich davon nicht einschüchtern und zeigt wieder einmal sein radikales Verständnis der jüdischen Gesetze. Er bezieht sich auf die Schöpfungsordnung: Wenn ein Mann und eine Frau in der Ehe eins werden, dann sind sie ein Fleisch. Das darf nicht wieder auseinandergerissen werden. Damit setzt Jesus nicht nur in der jüdischen Kultur neue Maßstäbe, sondern auch in unserer heutigen

Zeit, in der die Ehe längst nicht mehr bedingungslos verbindlich ist.
Wenn ich die Ehe als ein Geschenk von Gott verstehe, kann ich dann auch die Verantwortung tragen, die damit einhergeht?

„Was nun Gott zusammengefügt hat, soll der Mensch nicht scheiden.“
Markus 10,9

Geschenkt

Markus 10,13-16 **Donnerstag, 29.**

Das Wort „unwillig“ oder „zornig“ (griech.: aganakteó) für Jesu Reaktion auf das abweisende Verhalten der Jünger findet sich auf Jesus bezogen nur hier im Neuen Testament. Das zeigt, wie verärgert Jesus über die schroffe Zurückweisung der Kinder ist. Jesus nutzt seinen Zorn, um etwas Wichtiges zu veranschaulichen: Das Reich Gottes wird geschenkt! Die Kinder sind ein perfektes Beispiel für eine Haltung des Sich-beschenken-Lassens, da sie damals eine sehr geringe Bedeutung hatten. Ein Kind kann nicht anders, als sich beschenken zu lassen. Es ist nicht in der Position, sich die Dinge selbst zu erarbeiten. Darin liegt das Geheimnis von der Königsherrschaft Gottes. Wie befreiend ist diese Botschaft! Wir müssen uns nicht darum bemühen, dem Wirken Gottes würdig zu werden. Es reichen unsere leeren Hände, die wir Gott entgegenstrecken.

„Wahrlich, ich sage euch: Wer das Reich Gottes nicht empfängt wie ein Kind, der wird nicht hineinkommen.“ *Markus 10,15*

Das große ABER

Markus 10,17-27 **Freitag, 30.**

„Guter Meister, was soll ich tun, damit ich das ewige Leben ererbe?“ (V. 17). Hinter der Frage steht die Sehnsucht nach dem ewigen Leben, aber auch die Frage, wie wir ein Leben führen können, das Gott gefällt. Oft wissen wir sogar schon, was Gottes Willen entspricht und was nicht. Wenn es aber konkret darum geht, Gottes Willen zu tun, ist das Problem das immer wiederkehrende, große „Aber“: Ich könnte das jetzt tun, *aber* was denken dann die anderen von mir? Ich könnte das jetzt tun, *aber* theoretisch ist ja auch morgen noch dafür Zeit. Jesus identifiziert das große „Aber“ bei dem Mann, der ihm die Frage stellt. Sein Reichtum steht ihm im Weg, Jesus nachzufolgen. Traurig geht er weg, als er erkennt, dass er seinen Reichtum unmöglich aufgeben kann. Welches große „Aber“ unseres Lebens können wir heute neu vor Gott bringen, damit wir ihm ganz nachfolgen können? Denn Jesus macht Hoffnung:

„Bei den Menschen ist's unmöglich, aber nicht bei Gott; denn alle Dinge sind möglich bei Gott.“ *Markus 10,27*

Der Lohn der Nachfolge

Markus 10,28-31 **Samstag, 31.**

Was steckt wohl hinter der Aussage von Petrus? Selbstbewusstsein oder Zweifel? In jedem Fall macht Jesus den Menschen Mut, Wesentliches zurückzulassen, um ihm zu folgen. Das Erschütternde ist: Es sind nicht nur materielle Dinge, sondern auch Beziehungen, die die Jünger zurücklassen sollen. Doch Jesus verspricht nicht nur eine Belohnung im Himmel. Gott versorgt uns schon auf der Erde, wenn wir etwas für ihn aufgegeben haben. Es bleibt die Frage, was Gott von uns fordern könnte – ob von materiellem oder ideellem Wert –, und was er uns gab, dass wir es zu seiner Ehre nutzen. In jedem Fall sind wir herausgefordert, alles, was wir in unserem Leben aufgebaut haben, auf Jesus hin zu prüfen. Was hat noch Bestand und was muss weichen? Festzuhalten ist, dass dieser Anspruch nicht von einem knauserigen Gott kommt, der uns nichts gönnen will, sondern der in besonderer Weise daran interessiert ist, dass es uns wohl ergeht.

„Du bereitest vor mir einen Tisch im Angesicht meiner Feinde. Du salbest mein Haupt mit Öl und schenkest mir voll ein.“ *Psalm 23,5*

Monatsspruch September

Bin ich nur ein Gott, der nahe ist, spricht der HERR, und nicht auch ein Gott, der ferne ist?

Jeremia 23,23

Wochenspruch

Lobe den HERRN, meine Seele, und vergiss nicht, was er dir Gutes getan hat. *Psalm 103,2*

Was bleibt, wenn alles geht

Psalm 146 **Sonntag, 1.**

Herrscher werden gefürchtet, manche geachtet, einige geliebt. Aber wie auch immer: Irgendwann wird ihre Herrschaft enden. Schlechte Herrscher leugnen dies, zuerst vor anderen, schließlich vor sich selbst. Sie wollen an der Macht bleiben, koste es, was es wolle. Die Macht Gottes dagegen bleibt. Und seine Herrschaft ist nicht bestimmt vom Machterhalt, sondern von der Treue zu den Menschen (V. 6). Sie zeigt sich darin, dass er sich um die Menschen sorgt, die Gewalt erfahren, Hunger leiden, gefangen und blind sind, niedergeschlagen (V. 7-8b). Er wendet sich denen zu, die an den Rand gedrängt werden: die Fremden, die Witwen und Waisen (V. 9). Ja, Gott liebt den Gerechten, denjenigen, der nach seinem Willen lebt und die Gesellschaft nach Gottes Willen gestaltet (V. 8c). Der Gottlose aber irrt und verirrt sich (V. 9).

„Der HERR ist König ewiglich.“ *Psalm 146,10*

Das Buch Jeremia

Die Person: Jeremia ist der Sohn des Priesters Hilkija aus dem kleinen Ort Anatot nahe Jerusalems (1,1). Im 13. Regierungsjahr Josias berufen (627 v. Chr.; Jer 1,2), wirkt er in Jerusalem bis zu dessen Zerstörung am Ende des 11. Regierungsjahres des Königs Zedekia (587 v. Chr.; Jer 1,3). Anschließend werden in Jer 40–44 noch Erzählungen rund um die Ermordung des von den Babyloniern eingesetzten Statthalters Gedalja berichtet, in denen Jeremia versucht, Judäer abzuhalten, nach Ägypten zu fliehen.

Die Begleitung: Jeremia ist der Prophet, der die Katastrophe des Untergangs des Südreichs Juda mit der Eroberung Jerusalems und der Zerstörung des Tempels miterlebt. Während der fast zeitgleich wirkende Hesekiel die Dinge aus der Ferne in Babylon miterlebt, ist Jeremia mitten in den Wirren dieser Entscheidungszeit in der Geschichte Israels. Er ist Gottes Mahner vor der Katastrophe, das kritische Gegenüber der verschiedenen Könige Judas während der Eroberung, und schließlich der (vergebliche) Warner vor einer Flucht nach Ägypten nach der Ermordung des Statthalters Gedalja.

Das Ringen: Jeremia ringt mit seinem Volk darum, die Ereignisse um die Eroberung Jerusalems im Jahr 587 v. Chr. als Gericht Gottes zu erkennen, damit das Volk umkehrt und nach dem Gericht wieder neu anfangen kann. Zugleich ringt Jeremia mit Gott, weil er – trotz seiner Berufung – so wenig Erfolg seiner Verkündigung sieht. Die sogenannten Konfessionen Jeremias (11,18-12,6; 15,10-21; 17,12-18; 18,18-23; 20,7-18) geben einen tiefen und z.T. auch erschreckenden Einblick in diese geistliche Auseinandersetzung des Propheten mit seinem Gott. Es gibt keine anderen Texte in der Bibel, die ein so angespanntes Gottesverhältnis eines Boten Gottes mit seinem Gott ausdrücken.

Die Buchteile: Die Worte und Erzählungen von Jeremia sind nicht chronologisch geordnet, sondern thematisch: **Jer 1–25**: Nach der Berufung Jeremias (Jer 1) sind hier viele Sprüche Jeremias gesammelt, Anklagen gegen das Volk (Jer 2.8–10.24) und gegen das Königshaus (Jer 21–23). Die Tempelrede, mit der Jeremia König und Priester herausfordert (Jer 7). Die Androhung von Unheil (Jer 4–6.25). Verschiedene Visionen Jer 1.24.25). Und vor allem die für Jeremia typischen Zeichenhandlungen (Jer 13.16.18). **Jer 26–45:** im Wesentlichen Erzählungen über den Propheten und seine Zeichenhandlungen. Ein Bericht über die Belagerung und den Untergang Jerusalems (Jer 37–44). Aber auch – überraschend – Heilsworte an das Volk (Jer 30–33). **Jer 46–51:** Unheilsworte des Propheten über die Völker im Umfeld Judas, u.a. Ägypten, Moab, Edom, Damaskus. **Jer 52**: der Bericht über den Untergang Jerusalems. (HN)

Gott sei Dank!

Jeremia 1,1-10 **Montag, 2.**

Jeremia – ein Priestersohn aus der Nähe Jerusalems, der 650 v. Chr. geboren und mit ca. 25 Jahren zum Propheten berufen wurde. Die ersten Verse machen klar: Prophetie im Alten Testament ist zum einen ein hohes (geistliches) Amt, zum anderen ist sie immer konkret, geerdet. Deshalb steht am Anfang (wie auch bei Jesaja oder Hesekiel) die exakte Verortung des Wirkens. Auf die Berufung (V. 5) folgt prompt der Widerspruch (V. 6). Das kennen wir: Wie oft erheben Sorge und Angst, Selbstabwertung oder Fremdbestimmung in unserem Leben Ansprüche und kreuzen Gottes Pläne. Aber Gott macht Mut, beauftragt neu und stellt sich selbst an die Seite des Gesendeten. Gott schickt jemanden nicht einfach los, sondern sagt: „Ich wirke durch dich." Das Leben des Jeremia war ein einziger Auftrag. Und unseres ist es auch. Gott sei Dank!

„Und siehe, ich bin bei euch alle Tage bis an der Welt Ende."

Matthäus 28,20

Schutzlos durch Misstrauen

Jeremia 1,11-19 **Dienstag, 3.**

„Was siehst du?" – Propheten sind keine Wahrsager, sondern Wahrnehmer und Kritiker ihrer Zeit. Sie erkennen die Zeichen der Zeit und warnen vor Irrweg und Gericht. Und das hat es in sich: Die Babylonier werden „von Norden her" Jerusalem belagern und einnehmen. Aber selbst diese große Weltmacht ist nur ein Erfüllungsgehilfe Gottes. Gott ruft sie (V. 15). Nicht die Babylonier sind der eigentliche „Gegner", dem sich Gottes Volk stellen muss, sondern Gott selbst, der es in aller Deutlichkeit anklagt (V. 16). Misstrauen und Ungehorsam werden zu Sinnbildern der Schutzlosigkeit. Hingegen wird der gesendete und gehorsame Jeremia zur „festen Stadt mit eherner Mauer" (V. 18), uneinnehmbar, unzerstörbar. Ich denke in diesem Zuge auch an die Waffenrüstung Gottes aus Epheser 6 – bin ich gut ausgerüstet?

„Der HERR ist meine Stärke und mein Schild, auf ihn traut mein Herz und mir ist geholfen.“ *Psalm 28,7 a*

Ein schlechter Tausch

Jeremia 2,1-13 **Mittwoch, 4.**

Gott gibt seinem Volk durch Jeremia einen Einblick in sein Herz. Man spürt die Enttäuschung. Auch wenn Gott die Anfänge des gemeinsamen Weges nicht vergessen hat (V. 2.3), sieht er sowohl geistlichen Abfall (V. 6: „Sie sagen nicht: ‚Wo ist der HERR?‘“) als auch soziale Ungerechtigkeit (V. 8). Richter, Priester, Propheten – alle haben versagt. Und besonders schmerzhaft ist, dass das Volk sich nicht nur vom lebendigen Gott abwendet, sondern sich zeitgleich einem „toten“ Gott zuwendet, der nicht hilft. Sie haben Gott nicht nur verlassen, sondern eingetauscht (V. 11). Und darin steckt eine tiefe Wahrheit: Das menschliche Herz ist immer geleitet. Die Mitte ist nie vakant. Der Thron ist nie frei. Das Volk Gottes ist hier dieser zweifachen Sünde (V. 13) erlegen. Lernen wir aus diesem Fehlverhalten! Suchen und bleiben wir bei der lebendigen Quelle.

„Wenn ich nur dich habe, so frage ich nichts nach Himmel und Erde.“ *Psalm 73,25*

Sünde ist kein Leichtgewicht

Jeremia 3,1-10 **Donnerstag, 5.**

Untreue, Ehebruch, Hurerei, Scheidung – die Beziehung zwischen Gott und seinem Volk ist am Boden. Die Schuld ist eindeutig, die Anklage ist ausgesprochen, das Gericht ist angekündigt. Auch das Gericht an Israel (dem Nordreich), der abtrünnigen Schwester Judas, diente ihr leider nicht als mahnendes Beispiel. Und doch geht es hier auch um Rückkehr und Wiederannahme (V. 1.5). Aber nicht um jeden Preis. Wer nach eigenem Fehlverhalten und Schuldigwerden leichtfertig, schamfrei, bagatellisierend, gar vorwurfsvoll vor Gott kommt, wird der Heuchelei bezichtigt (V. 10). Sünde muss und kann uns seit der Auferstehung Jesu nicht mehr abwerten oder herunterdrücken. Aber dennoch ist die Sünde kein Leichtgewicht, dem ich mich nicht mehr stellen müsste. Ja: von ganzem Herzen frei sein und als solcher angemessen der Sünde begegnen.

„Wenn wir sagen, wir haben keine Sünde, so betrügen wir uns selbst, und die Wahrheit ist nicht in uns." 1. Johannes 1,8

Neuanfang möglich

Jeremia 3,21–4,4 **Freitag, 6.**

Was Juda im vorigen Kapitel noch verwehrt bleibt (Rückkehr ohne Scham- und Schuldbewusstsein), dürfen wir nun an Israel, der Schwester Judas aus dem Norden, erleben. Das eigene Verhalten wird reflektiert, die Sünde wird beim Namen genannt, echte Reue wird empfunden. Wo das passiert, sind Gnade und eine neue Zukunft nicht nur die Folge, sondern die Gnade, die Gott letztlich in Jesus sichtbar werden lässt, ist längst am Werk. Und (neue) Zukunft bedeutet immer auch Auftrag (4,2): Zum Segen werden für andere. Israel wird hier ein Neuanfang geschenkt. Und selbst das verstoßene Juda darf hier noch hoffen und könnte dem Gericht entgehen. Wir lernen: Neuanfang ist möglich! Die Tür ist offen! Auch für uns heute.

„Der Menschensohn ist gekommen, zu suchen und selig zu machen, was verloren ist." Lukas 19,10

Notwendig: Eingriff am Ohr

Jeremia 6,9-26 **Samstag, 7.**

Es ist kein „kurzer Prozess". Sondern ein Ringen und Suchen – zwischen Gott und Jeremia geht es hin und her: Könnte es nicht sein, dass eine Nachlese am Weinstock (= Israel) einen „Rest vom Rest" zum Vorschein bringt, der das Urteil positiver ausfallen lässt? Könnte durch die Frucht Einzelner nicht doch noch die Rettung des Ganzen kommen? Jeremia ist verzweifelt – und zornig, denn es sieht nicht danach aus. Die Menschen wollen nicht hören. „Unbeschnittene" Ohren sind verschlossen für das, was Gott will. Die Beschneidung ist ja das Zeichen des Bundes zwischen Gott und seinem Volk (vgl. 4,4). Als Folgen werden ausdrücklich genannt: Gier, Lüge, oberflächliche Vertröstungsparolen. Wenn Gott bei uns nach den einzelnen Trauben sucht, was wird er finden? Es braucht den Eingriff am Ohr!

„Jesus sprach zu ihm: Hefata!, das heißt: Tu dich auf! Und sogleich taten sich seine Ohren auf." *Markus 7,34-35*

Wochenspruch

Alle eure Sorge werft auf ihn; denn er sorgt für euch.

1. Petrus 5,7

Wovon alles abhängt

Psalm 127 **Sonntag, 8.**

Fortschritt, Sicherheit, Frieden. Fühlten wir uns nicht schon viel weiter – eine Menschheit, die sich emanzipiert, immer höher entwickelt? Wir planen und bauen, versichern uns gegen alles und jedes, mühen uns von früh bis spät. Vieles gelingt, aber dann kommt eine Flut, ein Krieg, eine Energiekrise. Ganz zu schweigen von persönlichen Schwierigkeiten in der Familie, im Freundeskreis. Was trägt, wenn uns unsere Grenzen schmerzlich bewusst werden und Gewissheiten entgleiten? Der Psalm wertet unser Tun nicht ab, macht aber klar: Das Gelingen kommt allein von Gott. Egal, um was es geht: Haus, Stadt, Lebensunterhalt, Familie. Üben wir in dieser Woche den anderen Blick ein, der nicht mit Sorge auf das „zu Leistende", sondern mit Dankbarkeit auf das Geschenkte schaut: Alles, was zustande kommt, ist Geschenk. Das macht barmherzig, auch mit sich selbst.

Jesus sagt: „Ohne mich könnt ihr nichts tun." *Johannes 15,5*

Himmelweit

Jeremia 7,1-15 **Montag. 9.**

Wir befinden uns im Tempel in Jerusalem, im Jahr 609/608 v. Chr. Es sind bedrückende Zeiten, die Hand der Ägypter lastet auf dem Land, wenig später werden die Babylonier die Herren sein. Die Feststimmung, wohl zur Feier des neuen Königs, mit Opfern, Gebeten und allem, was dazugehört (vgl. Kap. 26), soll zur (Selbst-)Bestätigung beitragen: Der ewige Gott hat diesen Ort erwählt, wie er das Volk erwählt hat – „Hier ist des HERRN Tempel!", da kann uns schon nichts passieren. Jeremia entlarvt und zerstört die trügerische Selbstsicherheit: Was tut ihr so, als sei alles in Ordnung (siehe 8,11)? Seht doch, wie himmelweit die frommen Behauptungen und euer Handeln auseinanderliegen. Heiligtümer sind nie heiliger als die Menschen, die sie pflegen. Hören wir neu, worauf es Gott ankommt: dass der Glaube im Leben lebendig wird. Bessert euer Leben und Tun!

„Wer mich liebt, der wird mein Wort halten." *Johannes 14,23*

Ende der Fürbitte?

Jeremia 7,16-28 **Dienstag. 10.**

Das ist hart: Jeremia will nichts sagen – da muss er es (1,6; 20,9). Jetzt brennt es ihm sicher auf dem Herzen – da darf er nicht. Kann das sein: Gott verbietet die Fürbitte?! Sie ist doch das Erste und das Letzte, was wir tun können (und erst recht ein Prophet), gerade wenn es um fürchterliche Verirrungen und unlösbare Verstrickungen geht. Abraham bat Gott für Sodom, Mose flehte für das Volk, Hiob für seine Freunde (Hiob 42,10), Josua, Daniel ... Wir lernen etwas über die Fürbitte: Sie ist vor allem nicht *unser* Werk. Sie hat ihren Grund und ihre Kraft in Gott. Gott nimmt uns hinein in seinen Schmerz und sein Ringen. An der Stelle ist aber nun von Gottes Entscheidung die Rede: Das Gericht ist beschlossen. *Deshalb* keine Fürbitte mehr! Diese Weisung haben *wir* – Gott sei Dank – nicht. Bleiben wir umso mehr dran!

Jesus sagt: „Ich aber habe für dich gebeten, dass dein Glaube nicht aufhöre.“ *Lukas 22,32*

Praise the LORD

Jeremia 9,22-23 **Mittwoch, 11.**

Weisheit, Stärke, Reichtum. Wir müssen nicht lange danach suchen, was uns anzieht und was wir gerne vor anderen zeigen. Vielleicht „rühmen“ wir uns nicht, aber wir sind doch wer, hier ehrenamtlich, dort unterstützend, immer aktiv. Es ist so ein schmaler Grat zwischen gesundem Selbstwertgefühl und ungesunder Selbstbehauptung: *Mich* braucht Gott ganz sicher! Angesichts der tiefen Trennung von Gott sagt Paulus: „Wo bleibt nun das Rühmen? Es ist ausgeschlossen“ (Röm 3,27). Verbindung zu Gott und barmherziges, gerechtes Handeln können wir uns nicht selbst zugutehalten. Das hebräische Wort für „rühmen, loben, preisen“ steckt auch in dem Wort für die „Psalmen“ (M. Buber: „Preisungen“). Auf uns sollte man keine Psalmen singen! Unser Glaube soll nicht auf Menschenweisheit stehen, sondern auf Gottes Kraft (1 Kor 2,5).

„In Christus liegen verborgen alle Schätze der Weisheit und der Erkenntnis.“ *Kolosser 2,3*

Das ist doch ungerecht!?

Jeremia 12,1-6 **Donnerstag, 12.**

Jeremia ringt mit Gott: Warum kommen Menschen, die Gott links liegen lassen, so gut durchs Leben? Jeremia will, dass Gott härter durchgreift (V. 3b), auch weil er überzeugt ist, dass unter den Folgen der Gottlosigkeit die ganze Natur leidet (V. 4). So offen reden darf, wer selbst bereit ist, sich von Gott prüfen zu lassen (V. 3a). Gottes Antwort ist herausfordernd: Für Jeremia wird es persönlich noch schwerer werden. Selbst von nahestehenden Menschen kann er nichts Gutes erwarten (V. 5.6). Ein schwerer Weg, den Gott ihm zumutet. Ich frage mich: In welchem Bereich meines Lebens hadere ich gerade mit Gott? Ich möchte ihm wie Jeremia meine Gedanken, Gefühle und Hoffnungen ehrlich sagen. Gleichzeitig bete ich um den Mut, Gott weiter zu vertrauen, wenn äußere Umstände sich nicht wie erhofft ändern.

„Mich aber, HERR, kennst du und siehst mich und prüfst mein Herz vor dir.“
Jeremia 12,3

Nicht mehr zu gebrauchen

Jeremia 13,1-11 **Freitag, 13.**

Viel näher geht wirklich nicht. Ein Gürtel als Bild für die Beziehung zwischen Gott und seinem auserwählten Volk Israel. Welche Würde und welches Vorrecht, Gott so nahe zu sein. Umso größer der in V. 11 spürbare Schmerz darüber, dass dieser Gürtel verrottet und damit unbrauchbar geworden ist. Etwas Kostbares geht verloren. Der Zersetzungsprozess läuft schleichend. Die Einflüsse heißen in diesem Fall: Hochmut, Boshaftigkeit, Götzendienst und Ungehorsam (V. 9.10). Wie Jeremia den Gürtel ablegt und damit das Unheil beginnt, so hat sich das Volk aus der Verbindung mit seinem Gott gelöst und ist Schritt für Schritt ins Verderben gelaufen. Wir dürfen heute durch Jesus Gott nahe sein und sollen ihm mit unserem Leben Freude und Ehre machen (vgl. Eph 1,14). Was stärkt heute meine Verbindung zu Gott? Was gefährdet sie?

„[...], dass wir sein Eigentum würden zum Lob seiner Herrlichkeit.“
Epheser 1,14

Es reicht!

Jeremia 14,1-16 **Samstag, 14.**

Die Grenze ist überschritten. Jetzt gibt es kein Zurück. Gott vollzieht sein Gerichtshandeln am Volk. Da helfen kein Bitten und keine kurzfristige Buße. Selbst Jeremia soll nicht mehr für das Volk eintreten (V. 11). Zu lange hat das Volk das Werben Gottes ignoriert. Eine Geschichte ohne Happy End, die uns auf herausfordernde Weise die Heiligkeit und Entschlossenheit Gottes zeigt. Eine besondere Warnung wird an die Leiter ausgesprochen. Sie haben das Volk mit ihren Schönwetterpredigten verführt und damit echte Buße und Umkehr verhindert. Wo trage ich persönlich Verantwortung, unbequeme Wahrheiten anzusprechen, oder mich ihnen zu stellen? Heute bin ich zugleich unglaublich dankbar für die Chance zur Vergebung und zum Neuanfang durch Jesus.

„Denn er hat den, der von keiner Sünde wusste, für uns zur Sünde gemacht, auf dass wir in ihm die Gerechtigkeit würden, die vor Gott gilt". *2. Korinther 5,21*

Wochenspruch

Christus Jesus hat dem Tode die Macht genommen und das Leben und ein unvergängliches Wesen ans Licht gebracht durch das Evangelium. *2. Timotheus 1,10 b*

Komm und lobe den Herrn

Psalm 68,20-36 **Sonntag, 15.**

Psalm 68 feiert die Größe und Macht Gottes, die sich in der Geschichte Israels zeigt. Den Rahmen für den 2. Abschnitt bildet die Aufforderung zum Lob Gottes (V. 20.36). Viele Gründe werden dafür genannt: die Erfahrung, dass Gott hilft, Lasten zu tragen. Die Zusammenführung des Volkes. Der Sieg gegen Feinde. Der Einzug der Bundeslade in Jerusalem (V. 25-28). David ist sich sicher: In diesen Lobgesang werden noch viele Völker einstimmen und Gott die Ehre geben (V. 32-33). Manche der Worte und intensiven Bilder des Psalms sind heute nur noch schwer zu fassen. Darauf weisen etliche Ausleger hin und zählen den Psalm 68 zu den am schwierigsten zu deutenden Psalmen. Das will ich aushalten und mich auf die Frage konzentrieren: Wo habe ich Gottes Größe und Macht in meinem Leben schon erlebt? Welches Loblied möchte ich heute anstimmen?

„Gelobt sei der Herr täglich." *Psalm 68,20*

Zivilcourage gefragt!

Jeremia 15,10-21 **Montag, 16.**

Das kann einen manchmal ganz schön mürbe machen, wenn die Leute sich zurückziehen oder spötteln. Dabei ist es doch das Allerwichtigste im Leben, Jesus Christus zu kennen und zu ihm einzuladen. Aber das wollen viele nicht hören, sogar bis in die eigene Familie hinein. Viele wollen bleiben, wie sie sind.

Der Prophet Jeremia leidet physisch an dieser Spannung: Auf der einen Seite ist er mit Lust und Leidenschaft Gottes Prediger. Auf der anderen Seite merkt er, dass er darüber einsam wird, Freunde verliert, ja, sogar Feinde bekommt. So klagt er Gott sein Leid. Noch mehr, er klagt ihn an. Aber Gottes Antwort ist klar: Jeremia soll seinem Auftrag treu bleiben. Wenn er das tut, ist er nicht einsam: Gott ist ja bei ihm. Darum: Lasst uns treu bei Jesus bleiben und zu ihm einladen, egal, was die Leute denken.

„Man muss Gott mehr gehorchen als den Menschen."
Apostelgeschichte 5,29

Knallhart!

Jeremia 16,1-13 **Dienstag, 17.**

Gott ist nicht nur der liebe Gott! Er ist nicht nur der Allesversteher, mit dem man machen kann, was man will. Das Volk Gottes ist ihm davongelaufen, hat aufgehört, nach ihm zu fragen, hat einfach so vor sich hin gelebt, als ob es Gott nicht geben würde. Alles geht nur noch um Reichtum, Drogen und anderes, was Menschen abhängig macht. An alles Mögliche hängen die Leute sich. Aber abhängig bleiben von ihrem Gott, dem sie doch ihr Leben verdanken, das wollen sie nicht.

Schluss damit! Gott funkt dazwischen. Der Prophet Jeremia hat eine schwere Nachricht zu überbringen. Allein das Hören und Lesen ist kaum zu ertragen. Aber Gott lässt sich nicht spotten –

damals nicht und heute auch nicht. Seine Liebe hört nicht auf, das sehen wir an Jesus. Aber er ist nicht nur der liebe Gott. Er will Treue, nicht Selbstsucht.

„Wer aber beharrt bis ans Ende, der wird selig."

Matthäus 24,13

Umkehren!

Jeremia 18,1-12 **Mittwoch, 18.**

Eigentlich ein völlig unspektakuläres Bild: Jeremia soll einen Töpfer besuchen. Und was er sieht, ist ganz normal: Der erste Versuch, einen wohlgeformten Topf zu erschaffen, misslingt dem Töpfer. Der zweite gelingt. Es gibt wohl keinen Handwerker oder Künstler, der nicht ähnliche Erfahrungen machen würde.
Aber hier wird die Szene zum Gleichnis: Wenn es mit dem Volk Gottes nicht gelingt, wenn seine Leute sich von ihm abwenden und nur sich suchen – dann bitte: Gott kann ein anderes Volk erwählen! So ist das bei Gott: Er setzt klare Stopp-Zeichen, aber seine ausgestreckte Hand ist da. Seine Sehnsucht bleibt. Da hilft nur eins: Umkehren! So wie der verlorene Sohn damals im Gleichnis Jesu. Umkehren zu Gott bedeutet, seine Güte neu zu erfahren.

Paulus schreibt: „Hat nicht ein Töpfer Macht über den Ton?"

Römer 9,21

Irgendwann ist Schluss!

Jeremia 19,1-13 **Donnerstag, 19.**

Wir mögen keine Gerichtspredigten, vor allem, wenn sie nicht aufhören. Stattdessen hören wir lieber von der Liebe und Güte Gottes – und bleiben dabei, wie wir sind. Aber wer nur noch durch das Leben jagt, ohne auf Gott zu hören – der eben nicht nur bestätigt, sondern auch warnt –, dem geht es auf Dauer nicht gut. Er verliert seine Bodenhaftung, seine Geborgenheit, seinen Gott.

Wieder hat Jeremia harte Worte Gottes an das Volk zu richten. Wieder wird ein Bild zum Gleichnis. Diesmal ist das Werk des Töpfers heil, aber Jeremia soll den Krug vor den Augen vieler Zeugen zerbrechen. Gotteslästerung, Flickenteppichreligiosität und Menschenverachtung haben sich breitgemacht. So geht es nicht weiter. Gottes Strafe war erheblich damals. Wenn wir genau hinschauen, sehen wir auch heute: So kann es nicht weitergehen!

Jesus spricht: „Trachtet zuerst nach dem Reich Gottes und nach seiner Gerechtigkeit." Matthäus 6,33

Amtsmüde, lebensmüde

Jeremia 20,7-18 **Freitag, 20.**

„Du Hetzer", sagte mir ein Gottesdienstbesucher beim Hinausgehen. Meine Erläuterung zu 1 Kor 6,9 f., was Gott über gleichgeschlechtliche Lebenspartnerschaft denkt, hatte ihm wohl nicht geschmeckt. „Du schlimmer Gerichtsprediger", hört Jeremia immer wieder. Er wird öffentlich an den Pranger gestellt. Jetzt hat er die Nase voll! Warum noch predigen, wenn man sich nur Feinde macht? Der Sprecher Gottes ist nicht nur amtsmüde, sondern auch lebensmüde. Erschütternd, dass ein gläubiger Mensch an seinem Leben verzweifeln kann und sich im Nachhinein seine Abtreibung wünscht! Doch dieses Klagegebet kann uns trösten, wenn uns dunkle Gedanken bestürmen. Jeremia erfährt trotz allem: „Der HERR ist bei mir wie ein starker Held." Auch wenn wir die Nase voll haben – er lässt uns trotzdem nicht im Stich.

„Gelobt sei Gott, [...] der uns tröstet in aller unserer Bedrängnis." 2. Korinther 1,3 f.

Die Rettungschance nutzen

Jeremia 21,1-14 **Samstag, 21.**

Der König hofft auf ein Wunder in letzter Minute. Bevor die Belagerer die Stadt stürmen. Wie damals zur Zeit des Königs Hiskia, als ein ganzes Heerlager vor den Toren über Nacht den Tod fand. Doch dieses Mal wird es nichts mit dem rettenden Wunder, teilt der Sprecher Gottes mit. Denn der HERR Israels hat sich auf die Seite der Angreifer geschlagen. Warum? Weil das Maß voll ist. Zu lange ist Juda dem Allerhöchsten auf der Nase herumgetanzt. Jetzt weist er seine Verächter in die Schranken. Einzige Rettungschance: seinen Stolz ablegen, Gott, den Richter, anerkennen, mit der weißen Fahne zum Tor hinausgehen. Unsere Rettungschance heute: unsere Blindheit ablegen, Gottes Gericht ernst nehmen und auf Jesus zugehen, der uns erlöst: „Wer mein Wort hört und glaubt, der kommt nicht in das Gericht." (Joh 5,24)

„Ist Gott für uns, wer kann wider uns sein?" *Römer 8,31*

Wochenspruch
Unser Glaube ist der Sieg, der die Welt überwunden hat.
1. Johannes 5,4 c

Wenn sich Könige vor Gott verneigen

Psalm 138 **Sonntag, 22.**

„Es danken dir, HERR, alle Könige auf Erden." Wie bitte? Die meisten Staatslenker haben anderes im Sinn, als dem Gott Israels Loblieder zu singen. Also kann man diese Schau nur als Prophetie für das Ende der Tage verstehen, wenn sich einmal tatsächlich jedes Knie vor Gott beugt. Allerdings tritt der Allerhöchste jetzt schon manchem Großen dieser Welt überraschend in den Weg. Als Daniel Nebukadnezar die kommende Gottesherrschaft erklärt, erkennt er den Gott über allen Göttern. Steigen wir von dem Thron unseres Stolzes und unserer Selbstbestimmung, um Gott die Ehre zu geben? Je mehr wir uns vor ihm verneigen, desto mehr lernen wir seine Zuneigung zu den Niedrigen kennen. Wenn Politiker, Führungskräfte und Eltern von Gott reden und singen, erleben wir Güte und Treue, von oben geschenkt.

„Gott widersteht den Hochmütigen, aber den Demütigen gibt er Gnade.“ 1. Petrus 5,5

Böse Hirten, gute Hirten

Jeremia 23,1-8 **Montag, 23.**

Ein Politiker kassiert Hunderttausende bei der Beschaffung von Masken. Ein Abteilungsleiter schwingt jeden Morgen die Peitsche. Eltern kümmern sich nicht um ihre Teenager. Schlimm, was sich Menschen mit verantwortungsvoller Aufgabe leisten! „Weh euch!“, ruft Gott ihnen zu. Der allerhöchste Chef schaut den irdischen Chefs genau auf die Finger. Von solchen Hirten, denen es nicht um die Schafe geht, sondern nur um den eigenen Vorteil, fordert er Rechenschaft. Seinem Volk Israel verspricht er bessere Führungskräfte, die nicht ruinieren, sondern aufbauen. Der beste Hirte kommt erst noch: endlich ein König, der für gerechte, menschenfreundliche Lebensverhältnisse sorgt! Wir wissen, wer das ist, seitdem Jesus zu Pilatus gesagt hat: „Ich bin ein König.“ Jesus möchte uns dazu anleiten, besser für die zu sorgen, die uns anvertraut sind.

„Weidet die Herde Gottes, die euch anbefohlen ist.“ 1. Petrus 5,2

Vorsicht, Falschgeld!

Jeremia 23,16-29 **Dienstag, 24.**

Es sieht so aus wie echtes Geld. Es scheint 50 oder 200 Euro Wert zu haben. Doch als die Kassiererin es in ihr Prüfgerät mit Schwarzlicht hält, erweist es sich als Falschgeld. Irgendjemand hat „Blüten“ ohne Lizenz der Zentralbank in Umlauf gebracht. Zur Vorsicht gegenüber falschen Propheten mahnt Jeremia: Sie klingen fromm. Sie scheinen wirklich gute Botschaft zu verbreiten. Doch als Gott sie unter die Lupe nimmt, erweisen sie sich als „falsche Fuffziger“. Ihr Erkennungsmerkmal ist die Wohlfühltheologie: „Es gibt kein Gericht. Gott ist immer nett zu euch. Ihr braucht nicht zu bereuen und umzukehren.“ Diese Falschbotschaft zerbricht unter dem Hammer des Wortes Gottes. Das echte Wort von oben, nicht von Menschen zusammenfantasiert, entlarvt Sünde, ruft zur Umkehr und zeigt den Erlöser Jesus.

„Prüft die Geister, ob sie von Gott sind." *1. Johannes 4,1*

Eine gefährliche Rede

Jeremia 26,1-19 **Mittwoch, 25.**

Heute wird noch einmal die Tempelrede des Jeremia von Kapitel 7 zusammengefasst. Inhaltlich zielt sie nicht nur auf den verfehlten Gottesdienst, sondern auf das verkehrte Verhalten des Volkes. Jeremia legt im Auftrag Gottes die Wahrheit auf den Tisch. Gleichzeitig schimmert die Hoffnung durch, dass die Israeliten doch noch mal die Kurve kriegen (Jer 26,3). Die Tempelpriester und -propheten nehmen Jeremia fest und verurteilen ihn zum Tode. Jeremia ist ein Bote Gottes. Wer ihn umbringt, vergießt unschuldiges Blut. Einflussreiche Leute sprechen den Propheten frei.

Jesus lädt ebenfalls klar und deutlich zur Umkehr ein. Wer mit ihm geht, der hat das volle Leben. Widerstand regt sich. Jesus wird nicht freigesprochen. Als der Unschuldige stirbt er stellvertretend für unsere Schuld. So setzt er uns ins Recht und öffnet uns die Tür zu einem neuen und befreiten Leben.

„Wenn euch nun der Sohn frei macht, so seid ihr wirklich frei."
Johannes 8,36

Ein festes Wort

Jeremia 28,1-17 **Donnerstag, 26.**

Wer hat recht? Das ist hier die spannende Frage. Der Prophet Hananja tritt wie Jeremia im Namen Gottes auf. Er zerbricht das hölzerne Joch, das Jeremia trägt. Das müsste doch ausreichen, um seine Botschaft zeichenhaft zu bestätigen. So kurz und so leicht wird die Gefangenschaft in Babylon beendet sein. Jeremia hat darauf nicht gleich eine Antwort. Er geht, schweigt, wartet und hört, bis Gott neu zu ihm redet. Dann tritt er mit großer Kraft auf: Das Joch aus Holz wird gegen ein Joch aus Eisen getauscht. Die Gefangenschaft in Babylon wird härter und länger als gedacht. Auch wir dürfen uns neu Zeit nehmen, sein Wort für unser Leben zu entdecken und weiterzugeben. Jesus hat sich deshalb oft in die Stille und Einsamkeit zurückgezogen. Wenn wir Zeit mit Gott verbringen und auf seine Worte hören, dann haben wir den Menschen in unserer Umgebung wirklich etwas Festes zu sagen.

„Wer an mich glaubt, wie die Schrift sagt, von dessen Leib werden Ströme lebendigen Wassers fließen." *Johannes 7,38 (LUT84)*

Ein hoffnungsvoller Brief

Jeremia 29,1-14 **Freitag, 27.**

Manchmal dauert es länger als gedacht, bis sich Gottes Versprechen erfüllen. Knapp 70 Jahre werden vergehen, bis die Israeliten wieder nach Hause ziehen können. Bis es so weit ist, muss der Alltag gestaltet werden. Der Brief des Jeremia an die Gefangenen gibt praktische Tipps: Häuser bauen, Gärten anlegen, Familien gründen und für die oft heidnische Umgebung beten. Wer damit anfängt, wird verändert. Häufig geschieht es dann auch, dass unsere Umgebung sich verändert. Es bleibt nicht mehr alles beim Alten. Menschen werden neugierig nach dem lebendigen Gott und nach der Hoffnung, die dahintersteckt. So hat es mal ein heidnischer Schriftsteller sinngemäß über die Christen ausgedrückt: „Sie töten ihre Leibesfrucht nicht, sie teilen alles, nur nicht das Ehebett, und sie kümmern sich um die Witwen und Waisen." Wer Hoffnung und Zukunft bei Jesus hat, der kann heute anders leben.

„Suchet der Stadt Bestes, dahin ich euch habe wegführen lassen, und betet für sie zum HERRN." *Jeremia 29,7 a*

Eine herrliche Aussicht

Jeremia 31,1-14 Samstag, **28.**

Endlich wieder zu Hause. Mit meinen Eltern und meinem Bruder hatte ich mich in den Bergen verlaufen. Einige Bauernburschen fuhren uns nachts mit ihren Mopeds zu unserem Quartier. So möchte Gott sein Volk wieder nach Hause bringen. Aus der Gefangenschaft dürfen sie in die Freiheit ziehen. Gottes große Liebe steckt dahinter. Sie zieht durch Jesus noch größere Kreise. Neben Israel sind jetzt alle Menschen im Blick. Wer bei Jesus sein Zuhause gefunden hat, der atmet neu auf, genießt die guten Gaben Gottes, fragt nach seinen Weisungen, wird im Leid getröstet und stimmt mit anderen ein Loblied an. Gleichzeitig blitzt bei Jeremia schon etwas von der ungetrübten Gemeinschaft mit Jesus in seinem himmlischen Zuhause auf. Mit dieser Zuversicht können wir heute in den Tag gehen.

„Wenn der HERR die Gefangenen Zions erlösen wird, so werden wir sein wie die Träumenden. Dann wird unser Mund voll Lachens und unsere Zunge voll Rühmens sein.“ *Psalm 126,1-2*

Wochenspruch

Der Engel des HERRN lagert sich um die her, die ihn fürchten, und hilft ihnen heraus. *Psalm 34,8*

Zuversichtlich in der Krise

Psalm 142 Sonntag, **29.**

Saul jagt David. In 1Sam 23 hat er ihn mit seinen Kriegern umstellt, als nur eine Nachricht vom Angriff der Philister Saul abhält, David zu fangen. David flieht mit seiner Truppe in die Wüste En-Gedi. Saul hört davon und nimmt 3000 Krieger mit, um nun David zur Strecke zu bringen. In dieser Krisensituation hat David wohl diesen Psalm geschrieben. Er ist müde von der Flucht. Er hat Angst. Die Verzweiflung ist in den Worten deutlich herauszuhören.

Wie gut, dass ich diese Worte in ausweglosen Situationen mitbeten kann, wenn mir selbst keine Worte mehr einfallen. Ich bewundere dabei besonders die Aussage von David in V. 6: „Du bist meine Zuversicht." Zuversichtlich glauben in Krisenzeiten: Das wünsche ich mir. Vielleicht nutzt Gott diese Zeit, um uns seine Größe zu zeigen, so wie bei David in 1 Sam 24.

„HERR, zu dir schreie ich und sage: Du bist meine Zuversicht, mein Teil im Lande der Lebendigen." *Psalm 142,6*

Ich liebe es, meine Jacke aufzuhängen!

Jeremia 31,27-34 **Montag, 30.**

„Häng deine Jacke auf." Ein einfacher Satz und doch in der Umsetzung schwer. Es gibt Familienregeln, die das Zusammenleben erleichtern sollen, aber aus irgendeinem Grund halten sich nicht alle daran. Wie viel einfacher wäre es, wenn alle die Regeln umsetzen würden, weil sie es wollen ...
Die Israeliten können scheinbar auch nicht ihre „Jacken aufhängen", wie Gott das gerne hätte. Sie halten sich nicht an seine Gebote, die noch wichtiger sind als Jacken, weil sie das Zusammenleben grundlegend regeln. Doch Gott gibt nicht genervt auf. Er geht mit seinem Volk und uns einen neuen Weg. „Ich will mein Gesetz in ihr Herz geben und in ihren Sinn schreiben." Er schließt einen neuen Bund und schenkt später seinen Heiligen Geist. Dadurch wirkt er in uns beides: „das Wollen und das Vollbringen" (Phil 2,13). Klappt nicht immer bei den Jacken – aber Liebe und Geduld sind genau dann auch wichtig!

„Ich will mein Gesetz in ihr Herz geben und in ihren Sinn schreiben, und ich will ihr Gott sein und sie sollen mein Volk sein."
Jeremia 31,33

Monatsspruch Oktober

Die Güte des HERRN ist's,
dass wir nicht gar aus sind,
seine Barmherzigkeit hat
noch kein Ende, sondern sie
ist alle Morgen neu,
und deine Treue ist groß.

Klagelieder 3,22-23

Das göttliche „Vielleicht"

Jeremia 36,1-19 **Dienstag, 1.**

Jeremia hat viele Reden gehalten, um das Volk zur Umkehr zu bringen. Vergeblich. Jetzt ist es fünf vor zwölf. Im Jahr 605 v. Chr. besiegt Nebukadnezar die Ägypter bei Karkemisch und dadurch wird niemand mehr die Babylonier aufhalten. Es sei denn, Gott greift ein. Nun lässt er Jeremia eine geballte Ladung Gerichtsandrohung aufschreiben, in der Hoffnung, dass Juda dadurch umkehrt. Gott hofft: Vielleicht wird sich das Haus Juda bekehren.
Mich bewegt dieses göttliche „Vielleicht". Er hätte allen Grund dazu, sie als hoffnungslose Fälle abzustempeln. Doch er gibt seine Menschen nicht auf. Das will ich von ihm lernen. „Vielleicht" ist es heute für uns dran, einen Schritt auf jemanden zuzugehen?

„Vielleicht wird das Haus Juda, wenn sie hören von all dem Unheil, das ich ihnen zu tun gedenke, sich bekehren, ein jeder von seinem bösen Wege, damit ich ihnen ihre Schuld und Sünde vergeben kann."
Jeremia 36,3

Nicht aufgeben!

Jeremia 36,20-32 **Mittwoch, 2.**

Wie arrogant ist König Jojakim. Gott gibt ihm sogar schriftlich, was er zu spüren bekommt, wenn er nichts ändert. Doch er hört nicht. Er zerreißt nicht seine Kleider wie sein Vater Josia (2 Kön 22–23) – er lässt stattdessen die Schriftrolle zerschneiden und verbrennen. Damit ist das Schicksal seines ganzen Volkes besiegelt.
Manche Machthaber dieser Welt lassen uns verzweifeln, auch heute noch. Aber was können wir dagegen tun? Jeremia bekommt den Auftrag alles erneut von Baruch aufschreiben zu lassen. Klein beigeben gegenüber den Großen ist keine Option! Ungerechtigkeit muss benannt werden. Hungernden und Fliehenden muss geholfen werden. Wir können uns auch jetzt an ihn wenden, damit er uns Kraft und Geduld schenkt, im Angesicht der momentanen Weltlage nicht aufzugeben.

„Baruch schrieb darauf, so wie ihm Jeremia vorsagte, alle Worte, die auf der Schriftrolle gestanden hatten, die Jojakim, der König von Juda, im Feuer verbrannt hatte.“ *Jeremia 36,32*

Wer hat die Macht?

Jeremia 37,1-21 **Donnerstag, 3.**

Keine Frage, natürlich der König. Wer auch sonst? Er regiert. Ohne ihn geht nichts, möchte man meinen. Aber wenn der König schwach ist und seine Gegner stark? Wenn die Regierten bestimmen, wo's langgeht? Eine missliche Situation für Zedekia und für den Propheten. Für ihn ist klar: Ich muss Gott mehr gehorchen als den Menschen. Ich werde weder dem König noch seinen Untergebenen nach dem Munde reden. Ich werde sagen, was Gott sagt, und nicht, was Menschen hören wollen. Eine mutige Entscheidung – nicht nur damals, sondern auch heute. Besonders dann, wenn die Botschaft Gottes so gar nicht in die Zeit zu passen scheint. Wenn mit dieser Botschaft im wahrsten Sinn des Wortes kein „Staat zu machen ist“. Gerade dann ist es wichtig, sich nicht von den Wünschen der Menschen bestimmen zu lassen, sondern von Gottes Willen und seinem Wort.

„Man muss Gott mehr gehorchen als den Menschen.“
Apostelgeschichte 5,29

Wer hat das Sagen?

Jeremia 38,1-13 **Freitag, 4.**

Der schwache König Zedekia hat es nicht. Jeremia? Er kann Gottes Wort noch sagen, aber keinen interessiert es. Gottes Worte, die Leben retten können, werden ignoriert. Damit bestimmen die, die auf ihre eigene Kraft und auf menschliche Bündnisse setzen. Jeremia, der ungeliebte Mahner, wird kaltgestellt. Eine bis heute geübte Praxis. Diktatoren handeln zu allen Zeiten nach dem Schema: Wer nicht mitmachen will, wird beseitigt. Gott beauftragt einen äthiopischen Palastdiener, Jeremias Leben zu retten. Auch wenn es scheint, dass Menschen bestimmen, was geschieht, lässt sich Gott die Geschichte und die Geschicke seiner Leute nicht aus der Hand nehmen. Er hat das Sagen – mehr noch: Er handelt. Ohne das Vertrauen darauf wäre Jeremia gescheitert. Diese Gewissheit brauchen alle, die ihr Leben nach Gottes Wort und Willen ausrichten.

„Darum werft euer Vertrauen nicht weg, welches eine große Belohnung hat.“ *Hebräer 10,35*

Wer behält recht?

Jeremia 38,14-28 **Samstag, 5.**

Wieder fragt der König Jeremia nach Gottes Willen. Eigentlich kennt er den seit Langem. Aber Kennen heißt noch lange nicht, sich danach zu richten. Möchte er von Gott hören, was er selbst für richtig hält? Jeremia redet mit Menschen- und mit Engelszungen. Der König zögert und hat schon die nächsten Einwände parat, um ja nicht sein Vertrauen auf Gott zu setzen. Man reibt sich die Augen und fragt verwundert: Was will er eigentlich noch? Hat er nicht inzwischen erkannt, dass er mit seiner Weisheit am Ende ist? Wem will der denn jetzt noch vertrauen? Seinen Oberen doch wohl nicht. Immer wieder haben sich Menschen in schwierigen Situationen lieber an den letzten Strohhalm geklammert als an Gott. Aber wer sich Gottes Händen nicht anvertraut, wird nicht erfahren, dass diese Hände tragen. Zum Schluss heißt es, dass Jerusalem eingenommen wird.

„Wenn ihr doch heute auf seine Stimme hören wolltet: ‚Verstocket euer Herz nicht.‘“ *Psalm 95,7-8*

Wochenspruch

Aller Augen warten auf dich, und du gibst ihnen ihre Speise zur rechten Zeit. *Psalm 145,15*

Wer stimmt ein?

Psalm 65 **Erntedank. 6.**

Diese Frage stellt der Psalm. Eigentlich ist es keine Frage, sondern eine Aufforderung, in das Lob Gottes einzustimmen. Kann man zum Lob Gottes auffordern? Muss das nicht von innen kommen, weil es sonst unecht und aufgesetzt wirkt? Mag sein. Aber auffordern kann und muss man immer wieder. Sich die Gründe bewusst zu machen, die zum Lob Gottes führen. Diese Gründe nennt der Beter: Gott erhört Gebete. Er vergibt und tröstet. Er ist die Zuversicht für alle, weil er als der Schöpfer und Erhalter seiner Schöpfung alle Macht hat. Der Beter schwärmt von der Großzügigkeit Gottes, der nicht knauserig ist und nicht gerade mal das Überleben garantiert. Er gibt so, dass seine Fußspuren vom Segen triefen. Ich sehe den Beter vor mir, wie ihm der Mund übergeht, weil sein Herz voller Dankbarkeit ist. Er fragt: Wer stimmt ein in das Lob Gottes?

„Lobe den HERRN, meine Seele, und vergiss nicht, was er dir Gutes getan hat.“ *Psalm 103,2*

Wenn alles schon gesagt ist …

Jeremia 39,1-18 **Montag. 7.**

Jeremia hat zu Volk und König geredet. Er hat immer wieder Gottes Wort und dessen Weisungen verkündigt. Es wurde gehört, aber niemanden hat es gestört. Die Ankündigung des Falls Jerusalem war allen bekannt. Als nun die Stadtmauer aufgebrochen wird, wird dann nicht mehr groß gekämpft und die Babylonier können im Triumph einziehen. Vorher wollte der König Jerusalem unter keinen Umständen aufgeben. Jetzt geht er einfach durch die Hintertür – aber furchtbar hart trifft es dann seine Familie. Alles in Israel mit Rang und Namen fällt in Gefangenschaft. Nur die, die zurückbleiben, haben plötzlich Anteil an dem Land. Wie kann Gott so Zukunft für seine Menschen bauen? Und doch redet Gott: Aber nicht zu seinem Volk, das alles von ihm schon längst gehört hatte. Gott redet zu dem einen, der Jeremia geholfen hat, und lässt über Jeremia diesem die eine Wahrheit ansagen: „Du hast mir vertraut – daher wirst du leben!“

„Wer Ohren hat, der höre!“ *Matthäus 11,15*

Das Wort bleibt

Jeremia 40,1-16 **Dienstag, 8.**

Eigenartig, wie es in Israel weitergeht: Gott greift nicht direkt ein, aber durch die Besatzer werden seine Verheißungen Wirklichkeit. Nicht nur in der Strafe und der Wegführung, sondern auch darin, wie das zurückbleibende Volk Schutz erfährt. Es wird zwar alles anders, aber in seinem Festhalten bleibt Gott den Zurückbleibenden treu. Und Gott redet – durch den ursprünglichen Feind, der das Offensichtliche ausspricht, was Gottes Volk überhören wollte. Worte, die von Gott ausgegangen sind, durch Jeremia weitergegeben wurden und nun zu Taten geworden sind. Gott wirkt nicht direkt, hält aber doch den Kontakt. Und Jeremia bleibt als mögliche Verbindung erst einmal im Land. Wartend darauf, dass Gott wieder direkt reden wird.

„Selig sind, die das Wort Gottes hören und bewahren.“ *Lukas 11,28*

Die letzte Heimat

Jeremia 41,1-18 **Mittwoch, 9.**

Nebukadnezars politisches Abwägen hilft den zurückbleibenden Israeliten. Es sieht nach einem Neuanfang aus. Sogar die ersten Beter sind zurück auf dem Weg zum Tempel. Aber dann wird brutal klar: Zum einen steht Nebukadnezars politisches Kalkül. Er will kein Machtvakuum in der Region, sondern benötigt eine funktionierende, aber ihm hörige Regierung. Zum anderen geht dieses Kalkül aber doch nicht auf, denn es wird deutlich, wie stark Israel aus der Nähe Gottes lebt. Es wird bewahrt in feindlichem Umfeld und vor den eigenen internen Interessenkonflikten. Doch dann geraten sie wieder aus dem Gleichgewicht und selbst der bis dahin bewahrte Teil wählt die Flucht. Eine verwirrende Zeit, in der eines aber deutlich wird: Ohne Gottes Nähe und direktes Handeln gerät Israel auf verlorenen Posten.

„Du meine Zuflucht und meine Burg, mein Gott, auf den ich vertraue."
Psalm 91,2 (E)

Guter Rat ist teuer

Jeremia 42,1-22 **Donnerstag, 10.**

In Israel gab es bei Jeremia einen Aufbruch zur Umkehr und die Israeliten wollten wieder Gottes Weg folgen. Doch Gottes Antwort ließ auf sich warten – für ein Volk auf der Flucht sind zehn Tage unendlich lang. Und dann forderte Gott in seiner Antwort, sich nur auf ihn zu verlassen: Das Volk soll in der gefährlichen Situation verbleiben und darin nur von Gott Schutz erhoffen. Wer Gottes Weg sucht, darf und muss mit Wegweisung rechnen, die auch herausfordert. Die nicht einfach den eigenen gewünschten Weg und eigene Vorstellungen bestätigt, sondern ganz auf Gott setzt und die Zukunft in seine Hand legt. Gott bleibt seinem Volk nahe und wird es segnen, wenn sein Volk dort bleibt, wohin Gott es geführt hat. Umkehr bedeutet, sich ganz in dieses Vertrauen hineinbegeben.

„Heute, wenn ihr seine Stimme hört, so verstockt eure Herzen nicht."
Hebräer 3,15

Fliehen oder Standhalten?

Jeremia 43,1-13 **Freitag, 11.**

Offenbar war von der Verheißung Gottes, dass die im Lande Verbliebenen Gottes Barmherzigkeit erfahren sollten, wenig zu spüren. Ungeduld macht sich unter den politischen Führern breit. Sie lenken Zorn und Ungeduld gegen Baruch und den Propheten: „Du lügst!" (V. 2) – und folgen ihren eigenen Rettungsplänen. An der Grenzfestung Tachpanhes, als wohl schon Erleichterung über die geglückte Flucht nach Ägypten eintritt, holt Gottes Wort sie wieder ein: Mit großen Steinen markiert Jeremia den Ort, an dem einmal der Thron Nebukadnezars stehen wird, wenn er Ägypten angreift: Wie ein Hirte, der seinen Mantel entlaust, um Ruhe von den Plagegeistern zu haben, wird Nebukadnezar beim aufsässigen Ägypten seine Ruhe herstellen. – Es ist schwer, die Zumutungen Gottes in schweren Tagen auszuhalten, aber aufhalten kann man sie nicht.

„Gott legt uns eine Last auf, aber er hilft uns auch." *Psalm 68,20*

An wen du dein Herz hängst

Jeremia 44,1-14 **Samstag, 12.**

Der Spruch des Propheten nimmt vorweg, welche Gefahr wieder auf die Israeliten in Ägypten zukommt: Wer sich den Göttern einer Gesellschaft beugt, übernimmt auch ihre Werte und sozialen Strukturen. Wer nicht den Gott Israels anbetet, der in die Freiheit geführt hat und in seiner Tora diese Freiheit unter den Menschen bewahren will, der wird in einer unsolidarischen und unterdrückerischen Welt nur noch das Angesicht Gottes erkennen, das sich gegen sein Volk richtet. Die alte Sünde in Israel wird sich wiederholen – zum Schaden! „An wen du dein Herz hängst, das ist dein Gott", schreibt Luther. Das Herz muss sich sagen lassen, wo es Freiheit und wahres Leben gibt, und nicht den eigenen Wünschen nachlaufen.

„Herr, wohin sollen wir gehen? Du hast Worte des ewigen Lebens; und wir haben geglaubt und erkannt: Du bist der Heilige Gottes."

Johannes 6,68f.

Wochenspruch

Es ist dir gesagt, Mensch, was gut ist und was der HERR von dir fordert: nichts als Gottes Wort halten und Liebe üben und demütig sein vor deinem Gott. *Micha 6,8*

Vergiss nicht zu danken

Psalm 106,1-23 **Sonntag, 13.**

Die Aufforderung zum Danken und die Warnung vor dem Vergessen durchzieht das Psalmenbuch. Danken ist Beziehungspflege; nicht die Gabe, sondern der Geber steht im Mittelpunkt. Vergessen ist Beziehungsabbruch. Wer sich nicht erinnern kann, woher Leben und alle Wohltat kommen, der wird in Notzeiten keine Adresse zum Trost und keine Orientierung zur Umkehr haben. – Der Beter hier ruft Gott selbst an, er möge sich selbst in Erinnerung bringen, „dass wir sehen das Heil deiner Auserwählten." (V. 5) Wer dankbar lebt, wird glücklich werden. Wer glücklich ist, ohne danken zu können, wird einsam werden in einer Welt, in der das Glück nie lange anhält.

„Alles, was ihr tut mit Worten oder mit Werken, das tut alles im Namen des Herrn Jesus und dankt Gott, dem Vater, durch ihn."

Kolosser 3,17

Von Herzen vertrauen und mit dem Munde bekennen

Jeremia 44,15-30 **Montag, 14.**

Wie in den Erzählungen vom Paradies wird auch hier die Schuld immer bei den anderen gesucht: Die Frauen waren es! Nein, die Männer haben doch wissentlich mitgemacht bei der Verehrung der Himmelskönigin der Babylonier. Sie soll ihnen das Leben bringen, das sie bei ihrem Gott vermissen. Die Israeliten wollen sich nicht bevormunden lassen, sondern wollen nach dem leben, wofür sie selbst den Mund aufgemacht haben. – Wo Gottes Name nicht mehr genannt und angerufen wird, da gewinnt all das die Oberhand, was nicht mit seinem Namen verbunden ist: Schwert und Hunger, Gewaltherrschaft und Mangel. Denn Gottes Name steht für gnädige Zuwendung, Gerechtigkeit und Barmherzigkeit.

„Wenn du mit deinem Munde bekennst, dass Jesus der Herr ist, und glaubst in deinem Herzen, dass ihn Gott von den Toten auferweckt hat, so wirst du gerettet." *Römer 10,9*

Der Jünger steht nicht über seinem Meister

Jeremia 45,1-5 **Dienstag, 15.**

Am Ende der Berichte Baruchs steht das Wort, das ihm Jeremia bei Antritt seines Dienstes als Schreiber des Propheten zugesprochen hatte. Er wurde hineinverwoben in das Geschick und Leiden des Propheten. Als Diener der Wahrheit hat er Teil an dessen Schicksal: keine Anerkennung, Verleumdung, Vergeblichkeit! Aber nun wird Jeremia zum Seelsorger für ihn, reißt ihn aus seiner Ichbefangenheit und stellt ihn in den Horizont von Gottes Leiden an der Geschichte mit seinem Volk. Was zählt da ein vereinzelter, kleiner Jammer? – Aber Baruch erhält sein Leben wie zur Beute durch alle Stationen; ein Glück im Unglück und eine Bestätigung dessen, was der Prophet verkündet hat. Baruch kann es bezeugen: Es ist euch gesagt worden.

„Wir tragen allezeit das Sterben Jesu an unserem Leibe, auf dass auch das Leben Jesu an unserem Leibe offenbar werde.“ *2. Korinther 4,10*

Die Klagelieder

Die fünf Lieder beklagen die Zerstörung Jerusalems im Jahr 587 v. Chr. Durch die Septuaginta, die griechische Übersetzung des Alten Testaments, wurden sie dem Propheten Jeremia zugeschrieben. Unabhängig von ihrer Zuordnung sind sie ein Zeugnis dafür, wie diese Katastrophe des Untergangs Judas und Jerusalems theologisch bewältigt wurde.

Der Zorn Gottes ist der Grund der Zerstörung und des Niedergangs. Ausgelöst wurde Gottes Zorn durch die Sünden Jerusalems. Wenn das Volk seine Sünden bekennt und Buße tut, kann es hoffen, Gottes Zorn zu stillen. Auch wenn das Volk sich jetzt von Gott fern fühlt, soll es doch wieder beginnen, Gott zu vertrauen. Denn Gott hält an seinem Volk fest, auch durch das Gericht seines Zorns hindurch.

In der hebräischen Version des Alten Testaments (dem Tanach) sind die Klagelieder im dritten Teil, den Schriften (den Ketubim) eingeordnet. Sie gehören zu den Megillot, den fünf Festrollen, die an den wichtigen jüdischen Festen im Gottesdienst verlesen werden. Die Klagelieder erinnern am 9. Tag des Monats Aw (Juli/August; „Tischa Be-Aw") an die Zerstörung des Tempels 587 v. Chr. durch die Babylonier und 70 n. Chr. durch die Römer. (HN)

Es wird nicht dunkel bleiben!

Klagelieder 1,1-11.17-22 Mittwoch, **16.**

Der Prophet Jeremia hat es miterlebt: Jerusalem wurde im Jahr 587 v. Chr. von der babylonischen Großmacht mit brutaler Zerstörungskraft überfallen und in Schutt und Asche gelegt. Viele Bewohner wurden nach Babylon verschleppt. Andere flüchteten nach Ägypten. Zion – der biblische Name für Jerusalem – war ein einziger Trümmerhaufen. Die Zurückgebliebenen erlebten Elend und Hunger. Eine trostlose Situation. Sie trieb Tränen ins Gesicht und raubte den Schlaf in der Nacht. Die Menschen rufen aus, was viele in Krisen- und Kriegszeiten bis heute empfinden: Wo ist ein Tröster für mich? Von Menschen, auch von Freunden, sind sie bitter enttäuscht. Doch der lebendige Gott ist unser Tröster (Jes 51,12).
Jesus Christus verheißt uns später: Es wird nicht trostlos bleiben, denn Gottes Hoffnungslicht leuchtet auf. Das alte Klagelied macht uns heute Mut.

„Gott wird abwischen alle Tränen von ihren Augen." Offenbarung 7,17

Gottes Güte ist nicht zu Ende

Klagelieder 3,1-33 Donnerstag, **17.**

Wir lesen von einem Menschen, der in seinem Leben kein Licht mehr sieht. Alles ist dunkel – wie in einem kalten zugemauerten Keller. Er ist gefesselt, ohne Lebensperspektive. Er klagt Gott

dafür an. Auch in seinem Inneren ist alles Nacht. Seine Seele hat den Frieden verloren – totale Depression. Und alle Gebete gehen scheinbar ins Leere. Sind Gottes Ohren verstopft? Wir sehen hier einen Menschen in der Dunkelkammer der Not.
Plötzlich erreicht ihn ein Lichtstrahl der Barmherzigkeit Gottes: „Gott hat mich doch nicht vergessen! An jedem neuen Morgen ist seine Treue groß und seine Güte ist nicht zu Ende."
Das entdecken wir besonders bei Jesus Christus, der uns mit Hilfe begegnet und der für uns alles geopfert hat, damit wir ewiges Leben gewinnen. So können wir erleben: Gott begegnet uns freundlich. Das macht Mut und gibt Hoffnung.

Jesus Christus spricht: „Ich bin gekommen, damit sie das Leben und volle Genüge haben sollen!" *Johannes 10,10 (LUT 84)*

Auf Gottes Hilfe warten

Klagelieder 3,34-66 **Freitag, 18.**

Jeremia hat einen globalen Blick. Er weiß: Der lebendige Gott sieht das Leid aller Gefangenen, die zu Unrecht verfolgt werden. Er ist stärker als alle bösen Mächte in unserer Welt.
Wir werden aufgefordert, unseren Lebensstil zu überprüfen. Geben wir unserem Schöpfer die Ehre – oder leben wir ohne Gottesbezug? Die Bibel nennt Letzteres Sünde. Erheben wir unsere Hände zum Lobpreis der Güte Gottes?
Dieser Klagesong ruft uns zum Blickwechsel auf: Weg von unserem Jammer – Gott kennt ihn doch. Weg von erfahrenem Unrecht – Gott schafft uns Gerechtigkeit.
In der menschlichen Grube tiefster Enttäuschungen sieht Gott unsere Tränen und hört unser Gebet. Seine Hilfe ist nahe!
Wir sehen dies am deutlichsten bei Jesus. Auf dem Passionsweg in Jerusalem hat er alles Unrecht und allen Spott für uns erlitten. Am Kreuz auf Golgatha rief er: Es ist vollbracht! Jesus schenkt uns echten Frieden. So werden wir heute mit klaren Worten zur Umkehr eingeladen.

„Durch seine Wunden sind wir geheilt.“ *Jesaja 53,5*

Heimkommen in Gottes Arme

Klagelieder 5,1-22 Samstag, **19.**

Die zurückgebliebenen Einwohner Jerusalems klagen über ihre hoffnungslose Situation. Sie leben in totaler Unterdrückung. Wie arme Waisen und Witwen müssen sie um das tägliche Überleben betteln. Sie erleben schrecklichen Hunger und grausame Folterungen. Mitten in den Demütigungen ihrer Feinde bitten sie eindringlich: „Unser Gott, sieh uns an und vergiss uns nicht!“
Auch wenn der Tempel ein Trümmerhaufen ist und keine Freudenfeste mehr gefeiert werden können, hören wir die eindringliche Bitte: „Gott, bringe uns zu dir zurück!“
Jesus erzählt uns in dem bekannten Gleichnis (Lk 15), wie der „verlorene Sohn“ heimkehrt in die offenen Arme seines Vaters. So nimmt Gott uns in seine barmherzigen Arme, wenn wir zu ihm kommen. Er gibt uns Schutz, neue Liebe und viel Vergebung.
In Gottes Gegenwart können wir, trotz vieler Alltagssorgen, wie der heimgekehrte Sohn, fröhlich feiern und uns ehrlich freuen.

„Ich will mich aufmachen und zu meinem Vater gehen.“ *Lukas 15,18*

Wochenspruch

Lass dich nicht vom Bösen überwinden, sondern überwinde das Böse mit Gutem. *Römer 12,21*

Achterbahn des Lebens

Psalm 106,24-48 Sonntag, **20.**

Unser Leben ist ein Auf und Ab. Das eigene Leben hat viele Höhen und Tiefen. Das Leben in der Familie und in der Gemeinde hat gute und schwierige Tage. Ein ganzes Volk lebt auf großen und kleinen Irrwegen und manchmal hoffentlich auf dem Weg Gottes. Wenig ist bei uns so konstant, dass wir uns darauf verlassen

können. Das macht das Leben abwechslungsreich und spannend, aber auch mitunter sehr gefährlich.
Bei allen Unwägbarkeiten ist uns eine Konstante im Leben verheißen: Gott, unser Herr, hilft uns. Darauf ist Verlass. Dafür können wir seinen heiligen Namen nicht oft genug und hoch genug preisen.

„Hilf uns, HERR, unser Gott [...], dass wir preisen deinen heiligen Namen.“ *Psalm 106,47*

Der zweite Korintherbrief

Das Apostelamt von Paulus war in der Gemeinde von Korinth umstritten. Seine Kompetenz wurde infrage gestellt (vgl. 1Kor 2,1-4; 4,1-5), das nutzten Wandermissionare aus, um sich selbst zu profilieren und Paulus herabzusetzen (vgl. 2Kor 10,10.12; 11,12-15). Dazu kamen Missverständnisse, Demütigungen, nicht eingehaltene Versprechen. Die Beziehung des Apostels zu seiner Gemeinde war zerrüttet – dieser Brief ist der letzte Versuch von Paulus, das Verhältnis zu klären. (Zur umfangreichen Korrespondenz des Paulus mit den Korinthern vgl. „Hintergrund“ S. 224.
Die apostolische Existenz: Seine Berufung zum Apostel Jesu Christi bestimmt sein ganzes Leben. Nirgendwo in seinen Briefen gibt er deshalb so viel von sich preis wie im 2Kor.
Seine Bedrängnisse erkannte er als hilfreich für seinen Dienst: Wer selbst getröstet werden musste, kann auch andere trösten (1,3-11). Die Leidensgemeinschaft mit Christus bedrückt das Leben und den Glauben, vertieft sie aber auch (4,7-18). Er berichtet von den Verfolgungen, die er immer wieder ertragen musste (6,3-10; 11,23-33). Es ist ihm unangenehm, von diesen Erfahrungen zu sprechen, zu leicht könnten sie als Versuch aufgefasst werden, sich selbst in den Mittelpunkt zu stellen (10,12-18; 11,1.16; 12,1.11).

Dazu spricht Paulus nur im 2Kor von seinen besonderen geistlichen Erfahrungen (12,1-10), seiner Entrückung „bis in den dritten Himmel", „in das Paradies" (12,2.4), die er aber zugleich mit seiner schmerzhaften Krankheit in Verbindung bringt, „damit ich mich nicht überhebe." (12,7). Das wird für Paulus zu einem Schlüssel seines Dienstes, dass Jesus Christus ihm zeigt: „Lass dir an meiner Gnade genügen; denn meine Kraft vollendet sich in der Schwachheit." (12,9).

Das apostolische Amt: Ausführlich entfaltet Paulus in 2,14–7,4 sein apostolisches Amt. Sein Auftrag ist es, Jesus Christus so zu verkündigen, „dass die Erleuchtung entstünde zur Erkenntnis der Herrlichkeit Gottes in dem Angesicht Jesu Christi" (4,6). Nicht der Apostel steht im Mittelpunkt, sondern Christus (4,5). Zugleich ist die Beziehung zu ihm für den Apostel auch die Kraftquelle zu seinem Dienst (4,7-18).

Paulus ist als „Botschafter an Christi statt" berufen, in der Welt, die Gott mit sich versöhnt hat, „das Wort von der Versöhnung" „aufzurichten", (5,19-21) d.h., es so deutlich und unübersehbar zu vermitteln, dass sich Menschen mit Gott versöhnen lassen. Der Glaube an Jesus Christus ist die Antwort auf die Versöhnung der Menschenwelt durch Gott.

2Kor wirkt wie ein Abbild der Situation, in der er geschrieben wurde. Kein anderer Brief hat so viele Brüche (vgl. 2Kor 1–9 mit 10–13) und Einschübe (z.B. 2,14–7,4; vgl. 2,13 und 7,5). Nirgendwo im Neuen Testament wird die Tiefe des apostolischen Amtes als apostolische Existenz so sehr ausgeleuchtet wie im 2Kor. (HN)

Wir und uns – statt ich und ihr

2. Korinther 1,1-11 **Montag, 21.**

Paulus ist unzufrieden und hat allen Grund dazu. Seit seiner Gemeindegründung in Korinth ist das Verhältnis zwischen ihm, dem Apostel, und der Gemeinde stark abgekühlt. Andere Prediger sind wichtiger geworden – was aus Sicht des Paulus für die

Gemeinde nicht immer richtig und gut ist. Wie es weitergeht, ist in der Schwebe. Jetzt schreibt er einen neuen Brief an die Gemeinde in Korinth.
Wie geht man mit so einer Situation um? Ist harte Konfrontation der richtige Weg? Paulus entscheidet sich anders: Er baut seinen Brief auf die bestehende Gemeinschaft mit den Korinthern auf. Er braucht nur 11 Verse, um je 13-mal „wir" und „uns/unser" zu schreiben. Und diese Gemeinschaft bettet er in ein Lob Gottes ein. Das ist doch ein hoffnungsvoller Anfang!
Wie gehe ich damit um, wenn in Familie, Beruf oder Gemeinde persönliche Spannungen vorhanden sind? Gott loben und auf Gemeinschaft setzen!

„Gelobt sei Gott, der Vater unseres Herrn Jesus Christus."

2. Korinther 1,3

Wenn einmal der Wurm drin ist

2. Korinther 1,12-24 **Dienstag, 22.**

Es gibt einen heftigen Streit zwischen der Gemeinde in Korinth und Paulus. Dabei gehen mehrere Themen durcheinander, bauen aufeinander auf, obwohl sie besser zu trennen wären. Die mehrfach verschobenen und geänderten Reise- und Besuchspläne führen dazu, dass auch über die Verkündigung des Paulus gestritten wird.
Paulus betont als Antwort auf diesen Streit das eindeutige Ja Gottes in Jesus Christus zu seiner Gemeinde. Das ist der entscheidende Punkt für ihn!
Wie gehe ich damit um, wenn nicht alles so läuft, wie es geplant war und es nicht allen gefällt? Ich darf die Argumente und Fragen der anderen nicht abqualifizieren. Ich muss aber auch und vor allem auf das Entscheidende blicken, auf das wir gemeinsam bauen: Jesus Christus!

„Ich bin das A und das O, spricht Gott, der Herr." *Offenbarung 1,8*

Konflikte gibt es in der besten Familie

2. Korinther 2,1-11 **Mittwoch, 23.**

Das Zusammenleben ist alles andere als einfach. Konflikte lassen sich nicht immer vermeiden. Die Anlässe sind vielfältig. Paulus erlebt das mit den Korinthern und sie mit ihm. Mal geht es um Macht und Einfluss, mal um persönliche Belange, mal steht sogar das Evangelium auf dem Spiel.
Wenn Konflikte nicht aufgearbeitet werden, dann werden sie in der Regel auch nicht gelöst. Einfache Kompromisse in der Sache helfen oft nicht weiter. Klärung ist unbedingt notwendig.
Wenn die Sache des Konflikts geklärt ist, kann ich den Konfliktpartner auch wieder annehmen. Vergebung ist eine gute Sache und ein positives Ende der Auseinandersetzung. Aber oft ist es bei uns gar nicht so einfach, wie es hier von Paulus so klar beschrieben wird. Sein Lösungsweg ist aber hilfreich und mehr als einen Versuch wert.

„Herr, wie oft muss ich meinem Bruder, der an mir sündigt, vergeben?“
Matthäus 18,21

Wer ist dazu fähig, von Jesus zu reden?

2. Korinther 2,12-17 **Donnerstag, 24.**

Von Jesus zu reden ist keine Aufgabe wie jede andere. Das ist auch keine gewöhnliche Tätigkeit und kein Beruf wie Handwerker, Reiseleiter oder Geschäftsmann. Paulus muss zusätzlich zum Reden von Jesus eine Menge praktischer Dinge klären: Reisepläne abstimmen, offene Türen nutzen, mit anderen Mitarbeitenden kommunizieren. Aber inhaltlich geht es um viel mehr als um diesen Alltag. Es geht um Leben und Tod, schreibt Paulus. Also um alles und um das Eigentliche.
Grundsätzlich sind wir dabei auf der Siegerstraße, wenn wir von Jesus reden. Die Botschaft ist Duft und Wohlgeruch. Aber nicht für jeden hat der Geruch die gleiche Wirkung: Tod und Leben, beides ist möglich.
Wer kann diese große Verantwortung tragen, wenn beide Auswir-

kungen beim Hörer möglich sind? Wir selbst können es von uns aus nicht. Deshalb reden wir auch nicht *von* Christus, sondern wir reden *in* Christus. Nur er macht uns fähig. Jetzt können wir von ihm reden.

„Fürchte dich nicht, sondern rede und schweige nicht!"

Apostelgeschichte 18,9

Ermutigende Unterstützung

2. Korinther 3,1-11 **Freitag. 25.**

Paulus trifft mich mitten ins Herz. Nein, ich brauche keine Empfehlungsschreiben anderer, denke ich und halte inne: Stimmt das wirklich? Wie ist das mit Likes und Rückmeldungen anderer an mich? Nein, es geht mir nicht um Ermutigung. Damit sind wir oft zu sparsam. Es geht um Abhängigkeit von Empfehlungen anderer. Es wird deutlich: Zum Schatz des Evangeliums tritt der Schatz der Menschen, die es teilen. Ehrenamtlich Engagierte wie Diakoninnen, Pastoren und Bischöfinnen, die sich ertüchtigt, befähigt, beauftragt wissen von Gott, brauchen unsere Ermutigung und Unterstützung. Alle Christinnen und Christen sind Briefe Gottes. Geschrieben für die Welt. Was sollen andere in mir lesen können? Heute schreibe ich einer Person, die mir zum Brief Gottes wurde, die mich begleitet, ermutigt, geprägt hat.

„Was du von mir gehört hast durch viele Zeugen, das befiehl treuen Menschen an, die tüchtig sind, auch andere zu lehren."

2. Timotheus 2,2

Unerschrockene Hoffnungsmenschen

2. Korinther 3,12-18 **Samstag. 26.**

„Hast du dich geniert?", fragte mich mein Onkel immer wieder als Kind. Ob mir die Begegnung mit anderen Menschen unangenehm war, ich mich unwohl fühlte, meinte der liebevolle Schwabe. Wie großartig, wenn Paulus schreibt, dass wir als un-

erschrockene Hoffnungsmenschen leben dürfen. Weil wir Gott in Freimut, also ungeniert, ohne Rücksicht auf Widerspruch und Ablehnung begegnen dürfen. So selbstverständlich ist das heute und zugleich so wunderbar. So wenig verdient und doch für immer geschenkt. Gottes Geist ermöglicht diese Freiheit der Begegnung mit dem Schöpfer der Welt, der heilig, gerecht und liebend zugleich ist.
Diese Freiheit soll mein Leben prägen. Eine Freiheit, eine Freimütigkeit, die nicht mit Beliebigkeit zu verwechseln ist. Es geht für Christen um verantwortetes Leben und Handeln im Angesicht des Gottes, der uns zugewandt ist in all seiner Herrlichkeit. So können wir zu Hoffnungsmenschen für diese Welt werden, am Arbeitsplatz, am Gartenzaun, in der Familie, auf Social Media.

„Der Gott der Hoffnung aber erfülle euch mit aller Freude und Frieden im Glauben, dass ihr immer reicher werdet an Hoffnung durch die Kraft des Heiligen Geistes.“ *Römer 15,13*

Wochenspruch
Bei dir ist die Vergebung, dass man dich fürchte. *Psalm 130,4*

Aber die Bitte

Psalm 143 **Sonntag, 27.**

Vier Verse Not (V. 3-6) präsentiert uns hier Psalm 143. Mit Händen zu greifen. Manche von uns könnten direkt mitsprechen. Andere können es erahnen. Was tun damit?
Erstens beginnt nicht alles bei der Not. Der Psalmist betet und bittet um Güte. Wir konfrontieren nicht allein Gott mit unserer Not, wir konfrontieren unsere Not mit Gebet und Gottes Güte.
Zweitens schimmert das Vertrauen auch mitten in der Not durch. Gedenken, nachsinnen, sich freuen über das, was Gott getan hat und tut. Das muss mitten in der größten Not nicht verloren gehen. Drittens mündet alles in die Bitte. Einfach Gott das Herz ausschütten. Und bekennen: „Denn Du bist mein Gott“ (V. 10).

Die Not ist immer wieder groß – vielleicht auch heute. Aber das Gebet ist im wahrsten Sinne des Wortes not-wendig.

„Rufe mich an in der Not, so will ich dich erretten, und du sollst mich preisen.“ *Psalm 50,15*

Lichterfüllter Dienst

2. Korinther 4,1-6 **Montag, 28.**

Diakonie ist unser Dienst am Nächsten. In Wort und Tat, in Tat und Wort. Beides ist gleichwertig und gleich wichtig. Diesen Dienst, dieses Amt (griech. Diakonia), übernehmen wir nicht, weil wir ihn verdient hätten. Gott vertraut ihn uns an. Es geht nicht um meinen Dienst, mein Evangelium, meine Ideen. Dieses „Mein“ verdunkelt vielmehr die Kraft der Liebe Gottes in dieser Welt.
Die Blickrichtung geht auch nach innen: Gott hat einen hellen Schein in mein Herz gegeben. Dieser soll leuchten und strahlen. In unserem Reden und Handeln. Es braucht immer wieder neu meine bewusste Entscheidung dafür, mein Ja, Gottes Wege zu gehen, damit sein Licht, seine Lichtkraft die Herzen von Menschen erhellen kann. Mit dem, was wir sagen, und dem, wie wir handeln. Nicht ich, sondern er. In allem, was wir tun und lassen. Soli Deo Gloria – allein Gott die Ehre.

„Das Licht scheint in der Finsternis, und die Finsternis hat's nicht ergriffen.“ *Johannes 1,5*

Ewigkeitsperspektive statt Gegenwartspräferenz

2. Korinther 4,7-18 **Dienstag, 29.**

Wenn das Heute wichtiger ist als das Morgen, spricht man von „Gegenwartspräferenz“. Bei dieser Bevorzugung ertappe ich mich selbst immer wieder. Trotz aller Krisen und Herausforderungen darf ich in einer faszinierenden Zeit mit unendlich vielen Möglichkeiten leben und habe vertrauensvolle Menschen um mich.

Paulus schreibt, dass die Ewigkeitsperspektive weiter den Vorzug hat. Aus guten Gründen. Wir sind bedrängt, wir werden verfolgt und unterdrückt. Die Erfahrung der ersten Christen ist bis heute die Erfahrung vieler Kinder Gottes weltweit. Paulus schreibt das „Aber" groß: Wir müssen uns nicht ängstigen, wir verzagen nicht, wir kommen nicht um. Denn Gott erneuert uns durch seinen Geist. Alles fokussiert sich im Hoffnungszeichen: Gott schafft eine über alle Maßen gewichtige Herrlichkeit. Wir sind Teil davon. Ich will diesen Vorzug bevorzugen.

„Wer mein Wort hält, der wird den Tod nicht sehen in Ewigkeit."
Johannes 8,51

Nur der Glaube

2. Korinther 5,1-10 **Mittwoch, 30.**

Es steht uns zum Oktoberende im Herbst vor Augen: Unser Leben hier ist vergänglich. Paulus beschreibt es mit den Bildern von Haus und Kleid – abgebrochen, entkleidet.
Was trägt uns dann mitten in der Vergänglichkeit? Es ist der Glaube an das Leben, das selbst noch den Tod überlebt, weil Jesus dieses Leben ist. Noch sehen wir es nicht, denn wir leben im Glauben. Aber eine Vorahnung davon bekommt der Glaube schon geschenkt: den Heiligen Geist – Jesus selbst, in uns gegenwärtig wirksam.
Nur so halten wir das Seufzen und die Schwere aus. Sie haben nicht das letzte Wort. Wir werden ewig bei Jesus daheim sein im neuen Leben. Hier beginnt es schon. Hier ist es noch zerrissen und umkämpft. Aber weil Jesus am Ende siegt und wir vor ihm stehen werden, fangen wir heute schon an, alles aufs gute Ende hin zu glauben und zu tun.

„HERR, ich warte auf Dein Heil." *1. Mose 49,18*

Allein die Liebe

2. Korinther 5,11-15 **Reformationstag, 31.**

Nein, kein Zwang und keine Angst sind Grundlage unserer Sendung, unserer Mission. Wir sind gerne missionarisch, aber aus ganz anderen Gründen:

a) Gott ist uns konkurrenzlos wichtig – das ist mit „zu fürchten“ gemeint. Angstmache vor Gott ist nicht in der Liebe.

b) Wir sind authentisch. Wir wissen (V. 12-13), dass wir als Personen immer neu überzeugen. Nicht, weil wir perfekt sind, sondern weil wir gewinnend sind.

c) Wir sind von der Liebe ergriffen. Gott ist die Liebe und will jede und jeden bei sich haben – und wir lieben in seinem Namen. Bedingungslos.

d) Jesus hat geliebt – wie keiner. Sein Leben gegeben, damit Menschen das Leben aller Leben entdecken: Leben mit Jesus.

Lieben wir so. Ganz. Leben wir so. Allein.

„Der HERR ist mir erschienen von ferne: Ich habe Dich je und je geliebt, darum habe ich Dich zu mir gezogen aus lauter Güte.“ Jeremia 31,3

Monatsspruch November

Wir warten aber auf einen neuen
Himmel und eine neue Erde
nach seiner Verheißung,
in denen Gerechtigkeit wohnt.

2. Petrus 3,13

Ganz das Neue

2. Korinther 5,16-21 **Freitag. 1.**

Was für einen atemberaubenden Blick eröffnet uns hier Paulus. Unser Leben ist dank Jesus Christus und dem Glauben an ihn ein Neues geworden. Eine ganz neue Schöpfung. Was Saatkorn war, ist jetzt Pflanze. Was Versprechen war, ist jetzt Erfüllung. Was Hoffnung war, ist jetzt Realität. Aber noch mehr wird neu: Die ganze Welt wurde mit Gott versöhnt. Dazu trug Jesus alle unsere Unversöhnlichkeit gegenüber Gott und Menschen. Wer so neu geworden ist, kann nicht anders, als dass sich heute und immer wieder im Alltag wie von selbst Folgen ergeben: Wir haben eine völlig neue Rolle, repräsentieren Jesus in dieser Welt („Botschafter"). Und damit ist auch die neue, beste Nachricht klar: Ihr seid versöhnt – lasst euch deshalb versöhnen mit Gott. Das neue Leben wurde uns im Glauben geschenkt. Also: dann auch das Neue leben!

„Wie lieblich sind auf den Bergen die Füße des Freudenboten, der da Frieden verkündigt, Gutes predigt, Heil verkündigt." *Jesaja 52,7*

Hintergrund: Versöhnung und Sühne

Der Tod Jesu – gerade als Tod am Kreuz – war für Paulus der Grund des Heils. Mit verschiedenen, vertrauten Bildern hat er den Sinn des Todes Jesu verdeutlicht: Stellvertretung, Freikauf, Versöhnung, Sühne u.a. Diese Bilder sind für ihn keine Alternativen, sodass man sich zwischen ihnen entscheiden müsste, sondern verschiedene Perspektiven. In 2 Kor 5,19-21 spricht Paulus sowohl von Versöhnung als auch von Sühne:

Versöhnung: Das Wort „versöhnen", griechisch katalasso, stammt aus dem politischen Bereich und bezeichnet zwei verfeindete Parteien, die aufeinander zugehen. Meist haben die Parteien den Friedensschluss durch Unterhändler ausgehandelt, beide müssen ihm aber selbst zustimmen. Erst dann wird die Versöhnung für sie

wirklich. Paulus schreibt: Gott, der „in Christus“ war, versöhnt die Welt mit sich selbst (V. 19 a) – Die ganze Welt ist schon durch Gott selbst in Christus mit ihm versöhnt. Anders als unter uns Menschen ist die Versöhnung nicht durch Verhandlungen zustande gekommen, sondern ist von Gott einseitig verwirklicht worden. Das bedeutet, dass die Sünden, die Menschen von Gott trennen, ihnen nicht zugerechnet werden (V. 19 b). Wichtig ist aber, dass die versöhnten Menschen sich auch wirklich mit Gott versöhnen lassen, indem sie diese Versöhnung für sich annehmen. Denn Versöhnung gibt es letztlich nur durch Gegenseitigkeit. Eine Seite kann sie zwar in die Wege leiten, aber beide Parteien müssen zustimmen. Diese Botschaft von der Versöhnung muss den Menschen mitgeteilt werden: Das geschieht durch die „Botschafter an Christi statt“ (V. 20 a), die die Botschaft von der Versöhnung weitertragen: „Lasst euch versöhnen mit Gott!“ (V. 20 b)
Sühne: Im letzten Vers greift Paulus nun ein Bild aus einem ganz anderen Bildbereich auf: Jesus Christus ist für uns „zur Sünde gemacht“ (V. 21): die Sühne. Im Alten Testament wird die Sühne in der Schilderung des Großen Versöhnungstages (3. Mose 16) anschaulich: Zwei Ziegenböcke werden ausgewählt, von denen der eine zur Reinigung des Altars geschlachtet wird (V. 9.15-19). Dem zweiten Ziegenbock werden die Sünden des Volkes übertragen. Anschließend wird dieser „Sündenbock“ (V. 21) in die Wüste gejagt, wo er sterben wird. So nimmt er alle Sünden des Volkes auf und trägt sie hinaus in die Wildnis (V. 22). Auf dieses Ritual nimmt Paulus hier (und auch in Röm 3,24-26; 8,3) Bezug: Jesus, der Sündlose, identifiziert sich so mit den Sünden der Menschen, dass er selbst „zur Sünde gemacht wird“. So befreit er uns Menschen von der tödlichen Last der Sünde. (HN)

Alles andre als beliebig

2. Korinther 6,1-10 — **Samstag, 2.**

Vieles ist beliebig: egal, ob man es besitzt, gesehen oder erlebt hat. Es gibt Dinge, die bleiben ziemlich bedeutungslos für das Leben. Auch Zeitpunkte sind beliebig: Es spielt keine große Rolle, wann man sich mit dem Angebot oder der Info beschäftigt oder darauf einlässt. Paulus' Ermahnung ist aber von der Überzeugung geprägt: Es ist wichtig und dringend! Ihn treibt die Sorge, dass Menschen zwar die Gnade Gottes „zur Kenntnis nehmen", ihr Leben aber nicht unter den Einfluss der Gnade kommt. So bleibt die Gnadenmitteilung eine abstrakte und distanzierte Information ohne persönliche Aneignung. Die Dringlichkeit liegt in der Unverfügbarkeit. Über die Gottesgnade verfügt nur Gott, nicht wir, weder als Empfangende noch als Boten.

„Da sprach Jesus zu ihnen: Es ist das Licht noch eine kleine Zeit bei euch. Wandelt, solange ihr das Licht habt, dass euch die Finsternis nicht überfalle." *Johannes 12,35*

Wochenspruch

Dem König aller Könige und HERRN aller Herren, der allein Unsterblichkeit hat, dem sei Ehre und ewige Macht!

1. Timotheus 6,15 b.16 a.c

Von Gott umgeben

Psalm 125 **Sonntag, 3.**

Die Nachfolge von Jesus bleibt nicht ohne äußere Bedrohung und innere Anfechtung. Der Psalm will in und vor solchen Situationen den Glauben stärken und das Vertrauen auf die Gegenwart des unsichtbaren Gottes festigen. Während die Angriffe real erlebt werden, scheint Gott oftmals verborgen. Unsere persönliche Wahrnehmung und die geistliche Wahrheit sind nicht im Einklang. „Wie um Jerusalem her Berge sind, so ist der HERR um sein Volk her" (V. 2): Solche Sinnbilder und Symbole helfen, wenn die Gegenwart Gottes unwirklich erscheint. Wie der Blick auf das Kreuz oder die Vergewisserung im Abendmahl. So wirklich wie die Dinge, die wir anfassen können, ist der lebendige Gott da.

„Fürchte dich nicht, ich bin mit dir; weiche nicht, denn ich bin dein Gott. Ich stärke dich, ich helfe dir auch, ich halte dich durch die rechte Hand meiner Gerechtigkeit.“ *Jesaja 41,10*

Das Licht der Welt

2. Korinther 6,11–7,1 **Montag, 4.**

Das Verhältnis zwischen Paulus und den Korinthern ist nicht stressfrei. Gerade im Blick auf die folgende, für einige sicher schmerzliche Ermahnung, ist ihm wichtig, den Korinthern offen und mit weitem Herzen zu begegnen. Dafür wirbt er auch bei ihnen. Sein Anliegen ist wieder davon bestimmt, dass die Gnade Gottes das Leben prägt. Die Gnade hat für das Leben der Christen so unendlich große Auswirkungen: Sie macht sie zu Glaubenden. Sie lässt sie Tempel Gottes sein. Sie macht gerecht. Sie macht zu Geliebten Gottes. Diese Umgestaltung durch die Gnade Gottes darf nicht aufs Spiel gesetzt werden durch falsche Abhängigkeiten und Bindungen, die mit der Christuswirklichkeit unvereinbar wären. Paulus redet nicht einer Distanz der Selbstgefälligkeit oder -gerechtigkeit das Wort. Vielmehr orientiert sich unser Verhalten als Christen am Verhalten Gottes zur Welt.

„Wie du mich gesandt hast in die Welt, so habe auch ich sie in die Welt gesandt.“ *Johannes 17,18*

Eine heikle Mission

2. Korinther 7,2-16 **Dienstag, 5.**

Die Gemeinde in Korinth ist durch ein uns unbekanntes grobes Fehlverhalten eines Gemeindemitgliedes belastet. Dadurch ist auch das Verhältnis zwischen Paulus und den Korinthern gestört. Jetzt hilft kein Besuch; stattdessen schreibt Paulus einen Brief. Darin bezieht er sicher eindeutig Position. Und er schickt seinen Mitarbeiter Titus als Vermittler nach Korinth (2,4.12). Nun wartet Paulus gespannt auf das Ergebnis der Reise. Das Warten ist belastend. Es gibt innere und äußere Anfeindungen. Mit der Rückkehr von Titus kommt die befreiende Nachricht. Die harten Worte haben Gutes bewirkt: Die „gottgewirkte Traurigkeit" hat die Korinther nicht in eine Depression gestürzt. Mit großem Eifer haben sie ihr Verhalten korrigiert und Konsequenzen gezogen (V. 11). Bei allen macht sich große Freude breit.

„Als er aber noch weit entfernt war, sah ihn sein Vater [...], und er lief und fiel ihm um den Hals und küsste ihn." *Lukas 15,20*

Über Geld spricht man

2. Korinther 8,1-15 **Mittwoch, 6.**

Für Paulus ist Geld kein Tabuthema. Offen und direkt tritt er als Fundraiser auf und bittet um Spenden für die Gemeinde in Jerusalem. Eine Sammlung hatte in Korinth schon begonnen (vgl. 1Kor 16,1-4), war aber ins Stocken geraten.
Es scheint gar nicht wichtig zu sein, warum die finanzielle Hilfe benötigt wird. Vielmehr geht es um die Motivation zu geben. Hier sind die Gemeinden in Mazedonien ein Vorbild. Trotz eigener Armut war es ihnen ein Herzensanliegen, sich an der Unterstützung zu beteiligen. Diese Haltung möchte Paulus auch bei den Korinthern wecken. Eine Herzenshaltung des Gebens aus Liebe und Dankbarkeit.
Dabei geht es nicht darum, sich selbst zu beschneiden, damit andere im Übermaß leben können. Es geht um einen gerechten Ausgleich. Das Ziel ist, dass alle das haben, was sie brauchen.

„Wer zwei Hemden hat, der gebe dem, der keines hat; und wer Speise hat, tue ebenso." *Lukas 3,11*

Das Sechs-Augen-Prinzip

2. Korinther 8,16-24 **Donnerstag, 7.**

Wem Geld anvertraut ist, der hat eine besondere Verantwortung. Das weiß auch Paulus. Von Anfang an sind ihm Transparenz und Vertrauenswürdigkeit enorm wichtig. Deshalb wählt er für diese

Aufgabe Mitarbeitende aus, die in den Gemeinden bekannt sind und die von allen als ehrlich und aufrichtig angesehen werden. Denn in Finanzangelegenheiten geht es nicht nur um Rechenschaft vor Gott, sondern auch vor den Menschen.
Auch für die Beauftragten ist es eine Hilfe, wenn sie zu dritt in dieser Angelegenheit unterwegs sind. Zum einen können sie sich in ihrer Leidenschaft und Einsatzfreude gegenseitig unterstützen. Zum anderen beugt es der Gefahr vor, selbst in Versuchung zu geraten, wenn eine große Geldmenge verwaltet und transportiert wird. Das Sechs-Augen-Prinzip schützt und schafft Vertrauen.

„Denn wir sehen darauf, dass es redlich zugehe, nicht allein vor dem Herrn, sondern auch vor den Menschen.“ *2. Korinther 8,21*

Der Segenskreislauf

2. Korinther 9,1-15 **Freitag, 8.**

Paulus geht clever vor. Er lockt jeweils mit dem guten Beispiel der anderen. Bei den Korinthern schwärmt er vom großen Einsatz der Gemeinden in Mazedonien (8,2-5) und die Mazedonier spornt er durch das gute Beispiel der Gemeinde in Korinth an. Neben dieser Motivationsoffensive bereitet er die Spendensammlung sorgfältig vor. Es soll zu keinen Peinlichkeiten kommen.
Dabei stellt er die ganze Aktion in einen geistlichen Zusammenhang. Letztlich geht es darum, mit anderen das zu teilen, was Gott selbst gegeben hat. Nicht aus Pflichtbewusstsein, sondern aus fröhlicher Dankbarkeit. So werden die Gebenden selbst zu Beschenkten. Und bei den Empfangenden lindert das nicht nur den Mangel, sondern führt ins Gebet und ins Lob Gottes. Ein Kreislauf des Segens, durch den auch die Gemeinschaft untereinander wächst.

„Wer gibt, gebe mit lauterem Sinn.“ *Römer 12,8 (LUT 84)*

Hintergrund: Die Korintherbriefe – Teil einer wechselvollen Geschichte

Die beiden Korintherbriefe sind Teil einer umfangreicheren Korrespondenz zwischen dem Apostel Paulus und der von ihm gegründeten Gemeinde in Korinth. Gegen Ende des Jahres 50 hat Paulus auf seiner zweiten Missionsreise die Gemeinde in Korinth gegründet. Im Jahr 52 musste er Korinth verlassen, nachdem er vor dem römischen Statthalter Gallio angeklagt worden war (Gallio amtierte nachweislich 51–52 in Korinth). In Ephesus schrieb er, kurz nach der Abreise aus Korinth, den Korinthern einen Brief (1 Kor 5,9-13), den sog. Vorbrief, in dem er das Verhalten eines Gemeindemitgliedes kritisiert und die Gemeinde auffordert, entsprechend zu handeln. Dieser Brief ist nicht erhalten. Nachdem Paulus in seine Heimatgemeinde Antiochia zurückgekehrt war, brach er zu seiner dritten Missionsreise (52–56) auf.

In Ephesus blieb Paulus fast drei Jahre. Dort erreicht ihn ein Brief mit Fragen aus Korinth, der sog. Fragebrief, auf die er dann im 1 Kor eingeht. Paulus schreibt den 1 Kor, in dem er auf Fragen der Gemeinde antwortet, aber auch eigene Themen anschneidet – der sog. Antwortbrief. Die Fragen lassen sich anhand der Einleitungsformel „was aber (das Thema)... betrifft,..." rekonstruieren. Daneben spricht Paulus Probleme in der Gemeinde an (s. Einführung 1 Kor, S. 85). Paulus kündigt an, demnächst selbst nach Korinth zu kommen, um alle Fragen vor Ort zu klären.

Als Timotheus, der Überbringer des 1 Kor, zurückkehrt, hat er schlechte Nachrichten: Wandermissionare sind in Korinth aufgetaucht, die die Autorität von Paulus als Apostel infrage stellen (vgl. 2 Kor 10). Paulus entschließt sich zu einem Blitzbesuch in Korinth, dem Zwischenbesuch (er lässt sich aus 2 Kor 12,14; 13,1 erschließen, wo er von einem beabsichtigten dritten Besuch spricht). Doch dieser Besuch endet in einem Eklat, durch den Paulus persönlich gedemütigt wird (2 Kor 2,5; 7,12; 12,21). Der Konflikt eskaliert. Als Reaktion auf den enttäuschenden zweiten Besuch in Korinth schreibt Paulus den sog., uns nicht mehr

erhaltenen Tränenbrief (2 Kor 2,4). Paulus sieht die Gemeinde nicht mehr auf seiner Seite.
Schließlich reist Paulus von Ephesus weiter, um in Griechenland noch einmal für die Kollekte für die Gemeinde in Jerusalem zu sammeln (vgl. Gal 2,10). Er schickt Titus voraus, um die Lage in Korinth zu sondieren (2 Kor 2,12 f). In Philippi trifft Paulus wieder auf Titus, der gute Nachrichten überbringt: Die Korinther möchten sich wieder mit Paulus versöhnen. Daraufhin schreibt Paulus den 2 Kor. Da zwischen Kap. 9 und 10 offensichtlich die Stimmung kippt, könnte es sein, dass hier verschiedene Briefe von Paulus zusammengefügt sind. Sind die nun folgenden Kapitel der „Tränenbrief"? Oder hat Paulus einfach nach Erhalt neuer Nachrichten in einem anderen Tonfall weitergeschrieben? – Es wird sich nicht mehr genau rekonstruieren lassen.
Zu Beginn des Jahres 56 erreicht Paulus Korinth. Sein dritter und letzter Besuch. Die Probleme scheinen jetzt endgültig geklärt zu sein, denn Paulus bleibt mindestens 3 Monate in Korinth (Apg 20, 2 f) und verfasst dort den Römerbrief (Röm 15,25 f). Menschlich und theologisch scheint alles wieder ins Lot gekommen zu sein. (HN)

Verteidigungsstrategie

2. Korinther 10,1-11 **Samstag, 9.**

Paulus wird mit massiven Vorwürfen und Vorbehalten seiner Person gegenüber konfrontiert. Zwei Dinge werden ihm vorgeworfen: In seinen Briefen aus der Ferne argumentiere er scharf und unnachgiebig, aber in der persönlichen Begegnung sei er mild und schwach. Außerdem würde sein Lebensstil von menschlichen Schwächen bestimmt.
Paulus ringt spürbar darum, nicht mit gleicher Münze zurückzuzahlen. Er verweist auf die Freundlichkeit und Güte Jesu. Geistlich zu handeln, bedeutet für ihn: Um Christi willen lasse ich meinen Regungen nicht freien Lauf. Der Blick auf Jesus kann entwaffnend sein. Er erinnert an ihre gemeinsame Grundlage: Beide Seiten gehören zu Christus (V. 7). Dies darf bei allem Streit und

Auseinandersetzungen nie aus den Augen gelassen werden. Wie gehen wir geistlich mit Konflikten um?

„Zieht an die Waffenrüstung Gottes, damit ihr bestehen könnt gegen die listigen Anschläge des Teufels.“ *Epheser 6,11*

Wochenspruch
Selig sind, die Frieden stiften; denn sie werden Gottes Kinder heißen. Matthäus 5,9

Das Gebet der Hoffnung

Psalm 90 **Sonntag, 10.**

Wir bekommen Einblick in zwei Welten.
Auf der einen Seite die Unvergänglichkeit Gottes. Er war schon da, bevor es diese Erde gab. Und er wird noch da sein, wenn diese Erde nicht mehr existieren wird. Ein Gott, bei dem eine völlig andere Zeitrechnung gilt. Der in Souveränität Leben gibt und Leben nimmt.
Auf der anderen Seite die Vergänglichkeit des Menschen, die wie ein Hauch zu sein scheint. Wie eine schnell verblühende Pflanze. Gekennzeichnet durch vergebliche Mühe und Arbeit. Und in aller Sündhaftigkeit ein krasser Gegensatz zur Heiligkeit Gottes. Zwei Welten, die gegensätzlicher nicht sein könnten.
Und doch ist da dieser Hoffnungsstrahl: Dieser Gott bleibt nicht ferne. Der Betende erkennt ihn als Ort der Zuflucht und des Schutzes. Als den, der seinen Menschen gegenüber gnädig ist, sie als seine Kinder freundlich ansieht und ihr Leben gelingen lässt.

„Meine Zeit steht in deinen Händen.“ *Psalm 31,16*

Maß und maßlos …

2. Korinther 10,12-18 **Montag, 11.**

Wie unterschiedlich doch Maßstäbe für die Selbsteinschätzung sein können. Die Gegner von Paulus tun sich leicht damit, ihre Verdienste groß zu reden. Paulus hingegen verzichtet auf Reklame in eigener Sache. Dies führt dazu, dass Paulus es in Korinth nicht leicht hat. Er will sich selbst nicht größer machen, als er ist, und muss es nun letztendlich um der Wahrheit willen doch tun. Aber eins ist ihm dabei wichtig: Es geht nicht um ihn, sondern die Botschaft. Das Evangelium von Jesus Christus gehört in die Mitte. Arbeiten wir mit daran, dass diese frohe Botschaft unter die Leute kommt. Wer sich um sich selber dreht, verliert schnell das Maß. Und wer maßlos ist, verliert oft die Mitte. Ich muss mich nicht selber größer machen, als ich bin. Deshalb gilt: Ehre, wem Ehre gebührt.

„Ein jeder sehe nicht auf das Seine, sondern auch auf das, was dem anderen dient.“ *Philipper 2,4*

Mehr Schein als Sein

2. Korinther 11,1-15 **Dienstag, 12.**

Man spürt Paulus’ emotionale Betroffenheit. Er kämpft um die Gemeinde in Korinth. Er sieht die Frucht seiner ganzen Arbeit gefährdet. Besonders schwer ist es für ihn zu ertragen, dass das Auftreten der „Superapostel“ nicht nur geduldet, sondern sogar begrüßt wird. Seine Gegner sind zwar rhetorisch geschickter, aber nicht alles, was sich fromm anhört, ist auch göttlichen Ursprungs. Selbst wenn er kein guter Redner ist, seine Inhalte sind evangeliumsgemäß, darauf kommt es an. Paulus warnt: Wo die Konzentration auf Christus nachlässt, geht auch die Orientierung verloren. Was draufsteht, muss auch drin sein! Es steht alles auf dem Spiel, wenn wir Nebenthemen oder dem vermeintlich „Neuem“ einen zu hohen Stellenwert geben. In der Antike schaute man auf Heldenpathos, Status und äußere Stärke. Wem rennen wir heute viel zu leichtfertig hinterher?

„Einen anderen Grund kann niemand legen außer dem, der gelegt ist, welcher ist Jesus Christus." *1.Korinther 3,11*

Eigenlob stinkt

2. Korinther 11,16-33 **Mittwoch, 13.**

Paulus verschärft zusehends den ironischen Unterton in der Auseinandersetzung mit seinen Gegnern. Er weiß, seine Argumentation ist nicht geistlich. Selbstruhm ist und bleibt töricht, auch wenn man im Vergleich gut abschneidet.
Bemerkenswert ist jedoch, wessen Paulus sich dennoch rühmt. Er zählt nicht etwa seine großartigen geistlichen Erfolge auf, sondern fasst kurz zusammen, wie er Gott unter verschiedenen Leiden in Schwachheit gedient hat. Auch seine Gegner werden über die Mühen ihrer Mission berichtet haben, aber im Unterschied zu Paulus werden sie vermutlich eine „Erfolgsstory" daraus gemacht haben, um damit ihre Glaubensstärke zu demonstrieren. Paulus hingegen ließ „die Sorge für alle Gemeinden" nicht in Ruhe, er trägt schwer an ihrer geistlichen Entwicklung.

„Wer groß sein will unter euch, der soll euer Diener sein."
Markus 10,43

Schwachheit wird zur Kraft!

2. Korinther 12,1-10 **Donnerstag 14.**

Der „Pfahl für das Fleisch" wird sehr unterschiedlich gedeutet. Da aber Paulus nichts Näheres dazu schreibt, bleiben alle Deutungsversuche Vermutungen. So viel aber erfahren wir, dieser „Pfahl für das Fleisch" machte den Apostel zu einer „geschwächten Person". Und das blieb auch seinen Mitmenschen nicht verborgen.
Wegen dieser teuflischen Fausthiebe wendet er sich bittend an Gott. Die Antwort fiel aber ganz anders aus, als Paulus erhofft hatte. Rückblickend erkennt er, dass sein Leiden ihn davor be-

wahrt hat, eingebildet und überheblich zu werden. Diese Schwäche zwang ihn, sich ganz auf Gottes Gnade zu verlassen. Und so bekam er neue Kraft für seine missionarischen Aufgaben. Wenn wir unser Vertrauen ganz auf Jesus setzen, dann wohnt Gottes Kraft in uns. Und das macht uns stark für den Alltag und für das, was Jesus uns aufträgt.

„Durch Gottes Gnade bin ich, was ich bin.“ *1. Korinther 15,10*

Befürchtungen!

2. Korinther 12,11-21 **Freitag, 15.**

Unsere zahlreichen Kommunikationsmittel ermöglichen, vieles von uns weiterzugeben und von anderen zu erfahren. In welchem Zustand wir einen Menschen aber antreffen, wenn wir ihn besuchen, bleibt offen. Paulus will wieder nach Korinth. Und ihn treibt die Sorge um, „ich könnte euch nicht so finden, wie ich wünsche“ (V. 20). Menschen hatten sich dafür entschieden, ihr Leben völlig zu verändern. Paulus hatte in seinen Briefen viel Ermutigendes dazu geschrieben. Das war aber keine Garantie dafür, dass sie nicht wieder in alte Verhaltensmuster, die Paulus deutlich in V. 20.21 anspricht, zurückfallen. Sünde bindet und zerstört Menschen und Gemeinden. Bis zum Besuch des Paulus ist noch Zeit, um umzukehren und neue Wege zu gehen.
Wie würde Jesus uns und unsere Gemeinde vorfinden? Wäre die Bitte um Vergebung und ein wirklicher Neuanfang nötig? Noch ist Zeit dazu!

„Gott, sei mir Sünder gnädig!“ *Lukas 18,13*

Prüft euch!

2. Korinther 13,1-13 **Samstag, 16.**

Prüfungen sind meistens unbeliebt. Sie fordern uns heraus, Kenntnisse und Fähigkeiten zu präsentieren. Peinlich, wenn dadurch Bildungslücken und Inkompetenzen offengelegt werden.

Das Gute dabei ist, dass wir Wissenslücken schließen können, um die nächste Prüfung zu bestehen.
Paulus rät dazu, sich selbst einer Prüfung auszusetzen: *„Erforscht euch selbst, ob ihr im Glauben steht"* (V. 5). Auch unser Glaube kann merkwürdige „Blüten treiben", von Halbwissen oder völliger Unkenntnis gekennzeichnet sein. Prüfen – aber woran? Unseren Glauben können wir anhand der Bibel überprüfen. Gottes Wort informiert, korrigiert, renoviert und mobilisiert (2Tim 3,16-17). Auch den schmerzlichen Wahrheiten, die Schuld und Sünde aufdecken, dürfen wir nicht ausweichen. Sie sind Anstöße zur Veränderung und ermöglichen einen gesunden Glauben.

„Erforsche mich, Gott, und erkenne mein Herz; prüfe mich und erkenne, wie ich's meine." *Psalm 139,23*

Wochenspruch
Denn wir müssen alle offenbar werden vor dem Richterstuhl Christi. *2. Korinther 5,10 a*

Freude, die bleibt!

Psalm 51 **Sonntag, 17.**

Wenn Menschen zu Jesus umkehren, Vergebung empfangen und ein neues Leben beginnen, entsteht große Freude. Stets werden sie dann zu Evangelisten. Sie können nicht verschweigen, was sie bei Jesus gefunden haben.
Mit der Zeit wird aber vieles zur Gewohnheit. Was man hinter sich lassen wollte, ist wieder da, wie bei David. Er war zum Ehebrecher und Mörder geworden. Schließlich aber ging er vor Gott auf die Knie, bat um Vergebung und empfing sie. Danach erwachte in ihm die Sehnsucht: *„Gib mir wieder die Freude an deinem Heil, und stärke mich mit einem willigen Geist!"* (V. 14, SLT) Wo wir aus der Vergebung leben, fehlt es an Freude nicht. Dann sehnen wir uns nach *„Unterstützung durch einen willigen Geist"*, dass wir gehorsam Jesus nachfolgen und davon reden (V. 17),

was er jedem Menschen schenken will. Ist bei Ihnen diese Sehnsucht lebendig?

„Verwirf mich nicht von deinem Angesicht." *Psalm 51,13*

Der zweite Petrusbrief

Die wichtigsten Dinge noch einmal sagen. Regeln, was noch geregelt werden muss. Irrtümer und Missverständnisse klarstellen. Der 2. Petrusbrief ist als eine Art „Vermächtnis" oder „Testament" des Petrus gestaltet. Er ist deshalb an keine konkrete Gemeinde, sondern an alle Christen gerichtet. Er ermahnt, das neu geschenkte Leben mutig zu gestalten (1,3-6); er ermutigt, an Gottes Wort festzuhalten – gerade auch gegen die Irrlehrer aus den eigenen Reihen (1,16–2,22), und er stärkt die Hoffnung und Gewissheit auf die Wiederkunft Christi. Dabei erklärt er die Verzögerung seines Kommens als Gottes Angebot zur Umkehr für jeden Menschen (3,8-10). Er ist sich darin ganz mit Paulus einig, dessen theologische Gedanken aber von vielen missverstanden werden (3,14-16). Der 2. Petrusbrief erinnert uns daran, am Glauben festzuhalten und uns auf seine Grundlagen zu besinnen – und an die Hoffnung, die über diese Welt hinausgeht. (UB)

Alles ist euch geschenkt – darum setzt allen Eifer ein!

2. Petrus 1,1-11 Montag, **18.**

Alles, was zum christlichen Leben notwendig ist, bekommen wir geschenkt: den kostbaren Glauben, die rettende Gerechtigkeit, Gnade und Frieden in Fülle, Erkenntnis von Gott und Jesus, göttliche Kraft, unerschütterliche Berufung, kostbarste Verheißungen, Anteil an der göttlichen Natur (V. 1-4). Der Glaube an Jesus Christus kommt immer wieder staunend und anbetend zu dem Grund-Satz zurück: Alles ist uns geschenkt!

Darum kann das Leben nicht mehr in Bereiche unterteilt werden: Der Sonntag gehört Gott – über den Alltag bestimme ich; in der Gemeinde gelten die Maßstäbe der Bibel – im Geschäftsleben muss jeder sehen, wo er bleibt. Vielmehr gehören alle Aspekte des Lebens unter die Herrschaft des Christus: Der Glaube ist – in höchst vielfältiger Gestalt (V. 5-7) – in der Liebe tätig. Dabei bleiben beide, Glaube wie Liebe, Gottes Geschenk an uns.

„Was hast du, das du nicht empfangen hast?“ *1. Korinther 4,7*

Göttermärchen oder Gotteswort

2. Petrus 1,12-21 **Dienstag, 19.**

Vor seinem Tod schärft Petrus den Gemeinden das Fundament christlichen Lebens ein: Das von ihm gepredigte Evangelium besteht nicht in fantastischen Göttermythen aus uralter Zeit. Vielmehr verkündigt er, was er und seine Mit-Apostel selbst erlebt hatten: Gott hat sich persönlich zu Wort gemeldet. Wie durch einen Spalt im Vorhang blitzt Licht aus Gottes Herrlichkeit auf und fällt auf Jesus von Nazareth: „Dies ist mein lieber Sohn; den sollt ihr hören!“ Das Jesuswort ist autoritatives Gotteswort. Es ist verankert im Verheißungswort der Propheten, die vielfältig auf Jesus hinweisen. Jetzt wird es erfüllt und damit die Nacht durch das Licht erhellt. Wo Menschen im Glauben an Jesus das Licht aufgeht, wird ihr Leben hell.

„Nachdem Gott vorzeiten vielfach und auf vielerlei Weise geredet hat zu den Vätern durch die Propheten, hat er zuletzt in diesen Tagen zu uns geredet durch den Sohn.“ *Hebräer 1,1f.*

Keine Alternative zum „Weg der Wahrheit“!

2. Petrus 2,1-11 **Buß- und Bettag, 20.**

Man sollte sich nicht täuschen: Wo Prediger das Wort Gottes in der Kraft des Heiligen Geistes verkündigen, tauchen falsche Lehrer auf. Daher gilt es, die einen von den anderen zu unterscheiden.

Maßstab dafür ist der „Weg der Wahrheit“ (V. 2). Auf diesem Weg sind alle unterwegs, die sich zu Jesus Christus als ihrem Herrn bekennen; denn er hat sie aus der Macht der Sünde „losgekauft“ (V. 1). Durch ihn werden sie vor Gott gerecht. Das spiegelt sich in ihrem Leben wider; es wird durch die Gerechtigkeit von Christus geprägt – wie schon beispielhaft bei Noah und Lot (V. 5.7.8).
Demgegenüber verbindet sich falsche Lehre mit falschem Leben: Der Herr wird verleugnet (V. 1), sein heilsamer Wille missachtet. Dies zieht Gottes Gericht nach sich. Wichtig zu wissen: Nur Gott allein vermag aus solcher Versuchung zu erretten.

„Jesus sagt: Wer aus der Wahrheit ist, der hört meine Stimme.“
Johannes 18,37

Missverstandene „Freiheit“

2. Petrus 2,12-22 **Donnerstag, 21.**

„Zur Freiheit hat uns Christus befreit!“ (Gal 5,1) – dieser Grund-Satz des Evangeliums ist für den christlichen Glauben unaufgebbar. Die Freiheit des Christus ist Freiheit von der Macht der Sünde, von dem Joch der Werkgerechtigkeit, von dem Diktat der eigenen Leistung. Freiheit von der Versklavung an das Böse ist untrennbar verbunden mit der Bindung an Jesus Christus. Christen sind nicht autonom, sondern „Jünger des Christus“: Sie folgen ihrem Herrn und seinem heilsamen Willen. Erkenntnis von Jesus Christus führt zum „Weg der Gerechtigkeit“, d.h. zum Leben mit Jesus Christus. Christliche „Freiheit“ wird daher in ihrem Kern zerstört, wenn sie zum Deckmäntelchen für ein Leben in Sünde missbraucht wird. Diese Perversion legt Petrus hier anschaulich dar und warnt seine Leser mit Nachdruck davor.

„Missbraucht eure Freiheit nicht als Freibrief zur Befriedigung eurer selbstsüchtigen Wünsche.“ *Galater 5,13 (GNB)*

Hoffen und Harren macht manche zum Narren

2. Petrus 3,1-9 **Freitag, 22.**

Nichts Neues unter der Sonne. Die Zeit läuft dahin in einem unaufhörlichen Kreislauf von Werden und Vergehen. Doch das ist ein Irrtum, sagt Petrus. Zeit ist kein ewiges Drehen im Kreis. Zeit hat einen Anfang und erstreckt sich zu einem Ende hin. Dabei entfaltet Gott sein eigenes Zeitmaß: Tausend Jahre sind für ihn wie ein Tag. Lange sieht es so aus, als würde die Zeit dahinplätschern. Doch plötzlich sagt Gott: „Jetzt – ist die Zeit erfüllt!"

Was ist der Grund für Gottes langen Atem? Er erweist hier seine besondere Geduld. Ihm liegen die vielen am Herzen. Seine rettende Botschaft soll auch sie erreichen. Er will, „dass jedermann umkehre" – heraus aus der Sackgasse eines Lebens ohne Hoffnung, ohne Vergebung, ohne Gemeinschaft. So ist jetzt Raum für die Boten des Evangeliums. Das aber braucht viel Zeit. Gott hat Geduld um der Menschen willen.

„Hoffnung aber lässt nicht zuschanden werden." *Römer 5,5*

Gott ersinnt seine neue Welt!

2. Petrus 3,10-18 **Samstag, 23.**

Bevor die neue Welt kommt, kommt die alte zu ihrem Abschluss. Da macht sich Sorge breit: Was wird mit unserer großen Welt und ihren Problemen? Und: Wie wird es mit mir selbst weitergehen – bis zum Ende meines Lebens?

Petrus schärft uns ein: Am Anfang dieser irdischen Welt steht Gott und sein gebietendes Wort. Er erhält sie mitsamt unserem Leben in jedem Augenblick. Wir werden uns dabei engagiert für die Welt unseres himmlischen Vaters einsetzen. Doch wir überschätzen uns nicht, denn Gott allein schafft die neue Welt. Darauf wird unser Blick ausgerichtet. Jesus Christus, der für uns am Kreuz gelitten hat, wartet als der bereits Auferstandene schon dort. Er will uns endgültig bei sich haben. Diese Aussicht prägt unser Leben hier und jetzt. Darum richten wir unser Leben auf ihn und seinen guten Willen aus.

„Und er wird bei ihnen wohnen, und sie werden sein Volk sein."
Offenbarung 21,3 (LUT84)

Wochenspruch
Lehre uns bedenken, dass wir sterben müssen, auf dass wir klug werden. *Psalm 90,12*

Stärker!

Jesaja 26,7-19 **Ewigkeitssonntag, 24.**

Dem Tod stehen wir fassungslos gegenüber. Es quält die Frage nach dem „Warum?" und noch mehr quält, dass es darauf keine befriedigende Antwort gibt. Jesaja verfasst hier ein Gebet für die gesamte Gemeinde. Die Menschen sind in Not. Sie brauchen Hilfe und sie hoffen auf Gott. Auch wenn sie völlig verzweifelt sind und mehr Fragen als Antworten haben, hören sie nicht auf zu beten. Ihre Hoffnung steht fest und bleibt: Gott wird Leben schenken, auch im Angesicht des Todes. Jesaja malt ein wunderbares Bild von Gott und seiner Macht. Er schreibt, dass sein Tau ein „Tau der Lichter" ist (V. 19). Er ist Tau, der die Erde benetzt und dadurch wieder neues Leben wachsen lässt. Er ist das Licht des Lebens, das bewirkt, dass Neues aufblüht. Gott ist stärker als der Tod!

„Deine Toten werden leben, deine Leichname werden auferstehen. Wachet auf und rühmet, die ihr liegt unter der Erde! Denn ein Tau der Lichter ist dein Tau, und die Erde wird die Toten herausgeben."
Jesaja 26,19 (LUT 84)

Das Buch Jesaja (Teil III: Kapitel 56–66)

Im dritten Teil des Buchs Jesaja geht es um den Wiederaufbau des Volkes Gottes – den äußeren wie den inneren.

Wiederaufbau – außen und innen: Das Südreich Juda war auf das Gebiet um Jerusalem geschrumpft. Die Zerstörung Jerusalems und des Tempels im Jahr 587 v. Chr. und die Verschleppung Zehntausender in das Babylonische Exil hatten das Land verarmen lassen. Jetzt kehrten die Menschen aus dem Babylonischen Exil zurück und mussten wieder integriert werden. Für den äußeren Wiederaufbau war wichtig, dass sowohl die Rechte der noch im Land Lebenden als auch die Rechte der Rückkehrer gewahrt wurden.

Zugleich ging es aber auch um den inneren Wiederaufbau des Volkes Gottes: Was zählt wirklich im Glauben, wo doch das alte geistliche Zentrum, der Tempel, zerstört ist? Wie können wir die unterschiedlichen Erfahrungen der Heimkehrer und der Daheimgebliebenen so verbinden, dass das Volk Gottes nicht nur äußerlich, sondern auch innerlich eine Einheit wird?

Das Buch Jesaja und seine Themen: Während der erste Teil des Buchs Jesaja (Jes 1–39) vor allem unter dem Stichwort „Kritik" steht, geht es im zweiten Teil (Jes 40–55) um „Ermutigung". Das Thema des dritten Teils kann man mit „Ermutigung und Kritik" umschreiben. Gott macht seinem Volk Mut, den Wiederaufbau anzugehen, aber zugleich kritisiert er den inneren Zustand des Volkes, der ein Vorankommen verhindert:

- Im Zentrum steht die Zionsverheißung (60–62): Gott selbst wird den Zion erneuern, den Tempelberg in Jerusalem, zugleich Symbol für die Gegenwart Gottes in seinem Volk. Und damit wird Gott auch sein Volk von innen heraus aufbauen.
- Aber Gott kritisiert den inneren Zustand des Volkes: Es duldet Ungerechtigkeit, lässt zu, dass das Recht gebeugt wird. Die Menschen fasten, aber aus falschen Motiven. Fremde Glaubensvorstellungen werden akzeptiert. Habgier und Neid breiten sich aus.

Eine neue Grenzziehung: Gott zieht die Grenzen des Volkes Gottes noch einmal neu: Nicht derjenige gehört dazu, der im Volk

geboren ist, sondern derjenige, der den Willen Gottes tut. Der Gerechtigkeit fördert. Der nach Gott fragt und nach Gottes Willen lebt. Und solange das Volk Gottes das Unrecht in seiner Mitte duldet, solange wird das Heil Gottes verhindert.
Gott fordert keine neuen Anstrengungen des Volkes. Keine totale Besserung. Damit wäre es überfordert. Aber Gott will, dass sein Wort Gewicht bekommt und sein Wille die Menschen bestimmt. Dann wird Israel durch Gottes Segen aufblühen und gestärkt aus dieser langwierigen Notsituation hervorgehen. (HN)

Vielleicht anders, sicher gut!

Jesaja 56,1-8 **Montag, 25.**

Gott lässt seinem Volk ausrichten, was ihm wichtig ist und wie er sich die Zukunft vorstellt. Entscheidend ist nicht, was ich bin, woher ich komme oder womit ich Probleme habe. Es zählt einzig und allein, ob ich mich an Gottes Ordnungen halte. Daraus folgen – nicht als Belohnung, sondern als logische Konsequenz – Glück und Frieden. Der Kastrierte aus V. 4 kann keine Kinder bekommen, aber Gott verspricht ihm, sich um sein Andenken zu kümmern (V. 5). Ausländer haben Angst, nicht dazuzugehören (V. 6), aber Gott lädt sie in seine Familie und sein Volk ein (V. 7). Welche Einschränkungen halten mich davon ab, darauf zu vertrauen, dass Gott für mein Glück sorgt? Was steht mir im Weg, Gottes Ordnungen zu halten? Gott verspricht: Halte dich an mich und ich sorge für dich! Vielleicht anders, als du es erwartest, aber immer besser, als du denkst.

„Wohl dem Menschen, der dies tut“! *Jesaja 56,2*

So nicht!

Jesaja 56,9-12 **Dienstag, 26.**

Gott klagt die Hirten seines Volkes an. Er wirft ihnen vor, nicht nach seiner Ordnung, seiner Wegweisung, zu fragen und die ihnen anvertrauten Menschen und Aufgaben nicht in seinem

Sinne zu leiten. Und noch schlimmer ist, dass sie nur auf ihren eigenen Vorteil, Gewinn und Genuss aus sind.
In welche Verantwortung hat Gott mich berufen? Investiere ich mich in die Gemeinde? Wirke ich in die Welt? Sorge ich mich um Menschen, z.B. meine Kinder, Familie, Eltern oder durch meinen Beruf? Wen oder was hat Gott mir anvertraut? Wie erfülle ich diese Verantwortung? Achte ich zuerst auf mich, meinen Gewinn und meinen Genuss? Oder wirke ich in Gottes Sinne, durch seine Vollmacht, was ihm gefällt?

„So habt nun acht auf euch selbst und auf die ganze Herde, in der euch der Heilige Geist eingesetzt hat zu Bischöfen, zu weiden die Gemeinde Gottes, die er durch sein eigenes Blut erworben hat."

Apostelgeschichte 20,28

Der Einzige!

Jesaja 57,1-13 **Mittwoch, 27.**

Je nach Übersetzung wird der Urtext mehr oder weniger beschönigt ins Deutsche übertragen. An den Kraftausdrücken, die hier verwendet werden (#Hurerei), spüren wir, dass Gott wirklich sauer ist. Er hat sich seine Braut ausgesucht, sein geliebtes und erwähltes Volk – und es betrügt ihn mit anderen Göttern. Das ruft seinen heiligen Zorn hervor. Es lässt Gott nicht kalt, wenn wir ohne ihn leben und unsere Hilfe woanders suchen. Er liebt uns unbändig und ist unfassbar verletzt, wenn wir uns gegen ihn entscheiden. Er leidet mit den Menschen, die seinetwegen leiden müssen (V. 1), und kümmert sich um sie. Und er wird für Gerechtigkeit sorgen und klarstellen, dass nur er Gott ist (V. 12-13). Auf wen oder was vertraust du in letzter Konsequenz? Geld, Gesundheit, Sicherheit, Menschen? Oder den einzig wahren und lebendigen Gott?

„Du hast dich abgemüht mit der Menge deiner Wege und sprachst nicht: Das lasse ich." *Jesaja 57,10*

Gott regelt!

Jesaja 57,14-21 **Donnerstag, 28.**

Gott bringt zurecht, was der Mensch durcheinandergebracht hat. Er lässt nicht zu, dass die schlechten Hirten sein Volk zugrunde richten. Er bringt Hoffnung und Mut denen, die unter diesen Menschen leiden. Er hält seinen Zorn zurück und vernichtet die Sünder nicht, sondern ist gnädig. Er bringt alles wieder in Ordnung und heilt die Menschen.

Das gilt auch für mich. Seit Jesus auf der Welt war sogar noch mehr als zur Zeit Jesajas. Auch wenn ich Gott nicht voll vertraue. Auch, wenn ich Verletzung in mir trage und ich mir nicht vorstellen kann, jemals vergeben zu können. Auch wenn ich meiner Verantwortung nicht gerecht werde und ein schlechter Hirte bin. Gott ist größer! Er wohnt in der Höhe und im Heiligtum – und er wohnt in mir durch seinen Heiligen Geist. Und er ist gnädiger, als ich es mir vorstellen kann.

„Wisst ihr nicht, dass ihr Gottes Tempel seid und der Geist Gottes in euch wohnt?“ *1. Korinther 3,16*

Wider die Heuchelei!

Jesaja 58,1-9 a **Freitag, 29.**

Viele Unternehmen mit umweltschädlichen oder ethisch fragwürdigen Aktivitäten polieren mit dem sogenannten ‚Greenwashing‘ ihr Image auf: ein Klimazertifikat hier, eine öffentliche Spende dort und ansonsten weiter wie bisher! Im Text ist es ähnlich: Da wird kräftig gefastet, bei einem sonst wenig gottesfürchtigen Lebenswandel. Nähe bei Gott schon, aber bitte ohne lästige Einschränkungen für das alltägliche Leben! Jesaja macht klar: Gott schaut nicht auf den Mittelwert oder einzelne positive Ausreißer. Er will, dass wir unser Leben vollständig auf ihn ausrichten. Es geht ihm nicht nur um vereinzelte ‚große Gesten‘, sondern er will uns im Alltag begegnen. Sind wir bereit?

„Und wenn ihr betet, sollt ihr nicht sein wie die Heuchler, die gern in den Synagogen und an den Straßenecken stehen und beten, um sich vor den Leuten zu zeigen.“ *Matthäus 6,5*

Ein (An-)Gebot Gottes

Jesaja 58,9b-14 **Samstag, 30.**

Vorsätze beim Jahreswechsel sind schnell gesagt – und im Alltag noch schneller vergessen. Der Heiratsantrag mit großer Geste ist einfach – Gesten der Liebe im Alltag weitaus schwieriger. Nicht anders ist es in Glaubensdingen. Wie schaffen wir es, Gott im Alltag Platz zu geben und ihn angesichts der vielen großen und kleinen Herausforderungen nicht zu vergessen? Es ist segensreich, bewusst aus dem Alltag auszubrechen, die gewohnten Routinen zu unterbrechen, sich zu beschränken und Gott dadurch Raum zu geben (V. 13-14). Das Befolgen der Sabbatregeln in der jüdischen Tradition erscheint uns vielleicht ungewohnt und streng. Beschrieben wird hier jedoch kein Zwang. Das Ausbrechen, Unterbrechen und Beschränken soll vielmehr mit „Lust“ geschehen – nicht weil wir müssen, sondern weil wir wollen.

„Zur Freiheit hat uns Christus befreit!“ *Galater 5,1*

Monatsspruch Dezember
Mache dich auf, werde licht; denn dein Licht kommt, und die Herrlichkeit des HERRN geht auf über dir!
Jesaja 60,1

Wochenspruch
Siehe, dein König kommt zu dir, ein Gerechter und ein Helfer.
Sacharja 9,9 a

Machet die Tore weit

Psalm 24 **1. Adventssonntag. 1.**

Gottes Einzug in sein Heiligtum. Ein erhabener Text. Und ein passender für heute, mit seiner engen Verbindung zum Advent (V. 7-10). Natürlich kommt einem direkt das Adventslied ‚Macht hoch die Tür, die Tor macht weit' in den Sinn. Aber auch namhafte Komponisten haben die Verse in wunderschönen adventlichen Werken vertont, so z.B. Georg Philipp Thelemann, Heinrich Schütz und Andreas Hammerschmidt. Auch in Händels Messias sind sie anzutreffen (Nr. 31). In dieser christlichen Tradition wird der Einzug Gottes in sein Heiligtum als Sinnbild für Jesu Eintritt in die Welt ausgelegt. Dadurch bekommt der Text noch mal eine neue Facette: Zur großartigen Erhabenheit kommt eine gewisse Verletzlichkeit hinzu – der Heiland ist zunächst das Kind in der Krippe.

„Und siehe, der Stern, den sie hatten aufgehen sehen, ging vor ihnen her, bis er über dem Ort stand, wo das Kindlein war." Matthäus 2,9

Menschliches Handeln und seine Konsequenzen

Jesaja 59,1-15a **Montag. 2.**

Es sind Worte wie Peitschenhiebe. Beschrieben wird eine Dystopie. Eine Welt in Dunkelheit und ohne Zusammenhalt, in der böses Handeln vorherrscht (V. 15a). Eine Welt ohne Hoffnung (V. 9.11), gefangen in einem unerbittlichen Überlebenskampf (V. 7), fern von Recht und Gerechtigkeit (V. 14). Eine Welt ohne Segen. Aber Gott ist weder schwach, noch hat er sich von seinem Volk abgewandt. Vielmehr haben sich die Menschen für die Sünde entschieden, mit allen Konsequenzen. Allzu oft haben wir diesen verhängnisvollen Weg eingeschlagen. Aber: Bei jeder Entscheidung besteht die Hoffnung, dass wir uns für Gott und seinen Segen entscheiden – nicht, weil wir müssen, sondern, weil wir wollen.

„Ihr aber, Brüder und Schwestern, seid zur Freiheit berufen. Allein seht zu, dass ihr durch die Freiheit nicht dem Fleisch Raum gebt, sondern durch die Liebe diene einer dem andern." Galater 5,13

Gott will uns

Jesaja 59,15b-21 **Dienstag, 3.**

Gott sei Dank endet es nicht mit der Frage, ob wir Gott wollen – Gott will uns! Unsere Entscheidungen und deren Konsequenzen sind ihm nicht gleichgültig (V. 15-16a), er zieht für uns in den Kampf (V. 16b-17). Unrecht und Sünde werden nicht das letzte Wort haben! Zum einen, weil mit Jesus ein Erlöser kommen wird (V. 20), der unsere Sünden am Kreuz auf sich nehmen wird. Zum anderen, weil wir trotz unserer Sünden bei Gott Heil finden können: Seine Zusage und sein Segen richten sich explizit an alle, die sich „von der Sünde abwenden" und umkehren (V. 20). Und so sind unsere Entscheidungen für Gott keine kleinen unbedeutenden Tropfen, die im ‚Meer der Sünde' untergehen, sondern vielmehr Nadelstiche, die den ‚Sündenballon' zum Platzen bringen. Es besteht Hoffnung – wagen wir es!

„Jesus aber sprach: So verdamme ich dich auch nicht; geh hin und sündige hinfort nicht mehr." Johannes 8,11

Die Zukunft steht bereit

Jesaja 60,1-14 **Mittwoch, 4.**

Jerusalem ist immer noch ein kümmerlicher Ort. Der Wiederaufbau und das städtische Leben kommen nach der Rückkehr aus der Gefangenschaft nur ganz langsam wieder in Gang. Mühsal, Beschwernis und Resignation bestimmen das Alltagsleben. Doch Gott spricht durch seinen Propheten eine große Verheißung aus:

Aus dem kümmerlichen Ort wird ein Wallfahrtsort werden (V. 1). Gott macht alles neu und das Licht in Israel hat eine weltweite, anziehende Wirkung.

Wir brauchen auch immer wieder Mut machende Worte, die uns gerade in schwierigen Lebensphasen vor Augen führen, dass unser Herr mit uns gemeinsam unterwegs ist. Er hält die Zukunft für uns bereit, weil er es ist, der alles neu macht. Mit dieser Erfahrung können und dürfen wir dann auch Hoffnungsträger für die Menschen um uns herum sein.

„Und ich sah einen neuen Himmel und eine neue Erde."

Offenbarung 21,1

Die Zukunft hat schon begonnen

Jesaja 60,15-22 **Donnerstag, 5.**

Ein beeindruckendes Szenario schildert der Prophet: Jerusalem wird zur himmlischen Stadt, in der Frieden und Gerechtigkeit herrschen. Die Stadt wird eine Pracht sein und der HERR selbst wird das Licht des Lebens sein.

Ich mag solche Verheißungen. Geben sie mir doch angesichts der momentan großen, weltweiten Herausforderungen einen Blick über den Horizont hinaus. Klar, diese Worte sind an die Menschen in Zion, an das Volk Israel gerichtet und gelten nicht automatisch so für uns. In Jesus Christus aber haben wir jemanden, der uns durch sein Leiden, Sterben und Auferstehen schon jetzt Anteil an dieser Zukunft gibt. Wir brauchen deshalb unser Licht nicht mehr unter den Scheffel zu stellen, sondern können es erstrahlen lassen.

„[...] und Gott wird abwischen alle Tränen von ihren Augen und der Tod wird nicht mehr sein, noch Leid noch Geschrei noch Schmerz wird mehr sein [...]" *Offenbarung 21,4*

Zukunft bringt Befreiung

Jesaja 61,1-11 **Freitag, 6.**

Der Prophet hat eine überwältigende Botschaft: Zuversicht für die Elenden. Freiheit für die Geknechteten. Freude den Trauernden. Kraft zum Aufbau der zerstörten Stadt. Wie das Erlassjahr (3Mose 25) die Menschen von ihrer Schuldknechtschaft befreit, so befreit es auch die Menschen von ihren plagenden Nöten. All das mündet in Hilfe und Befreiung für das Volk Gottes.
Elende gibt es auch heute zur Genüge, ebenso wie Trauernde und Geknechtete. Wo sind wir als Gemeinde, um die überwältigende Botschaft Jesu weiterzugeben? Denn die Botschaft des Propheten war Jahre später die Botschaft Jesu (Lk 4,18+19). Wir alle sind aufgefordert, das in unserem Rahmen Mögliche zu tun, damit die Freudenbotschaft heute Menschen Hoffnung und Zukunft gibt.

„Was ihr getan habt einem von diesen meinen geringsten Brüdern, das habt ihr mir getan." Matthäus 25,40 b

Herrliche Zukunft

Jesaja 62,1-12 **Samstag, 7.**

Die Menschen in Jerusalem sind immer noch verzagt. Die Erfüllung der Verheißungen ist nur in Ansätzen zu erkennen. Der Prophet will deshalb Tag und Nacht den HERRN an seine Zusagen erinnern (V. 6). Denn er hat versprochen, dass er seine Verheißungen halten wird. Er wird die noch fehlenden Heimkehrer auf dem bereiteten Weg in die Stadt hineinführen. Mir kommt ein Kirchenlied in Erinnerung: „Wach auf, du Geist der ersten Zeugen, die auf der Maur' als treue Wächter stehen, die Tag und Nächte nimmer schweigen und die getrost dem Feind entgegengehen" (EG 241). So dürfen wir Gott auch mit unserem Anliegen bedrängen und ihn an seine Zusagen für uns erinnern.

„Betet allezeit mit allem Bitten und Flehen im Geist und wacht dazu mit aller Beharrlichkeit und Flehen für alle Heiligen." Epheser 6,18

Wochenspruch

Seht auf und erhebt eure Häupter, weil sich eure Erlösung naht.

Lukas 21,28 b

Was gibt einem Leben Würde?

Psalm 144 **2. Adventssonntag. 8.**

Auf den ersten Blick ist dieser Psalm ein Lied aus vergangenen Tagen: Er singt davon, wie ein König seine Gegner besiegt. Wir leben in einer anderen Zeit, aber in diesen alten Worten leuchtet auf, was unserem Leben auch heute noch seine unverlierbare Würde gibt: dass Gott an uns denkt und wir niemals aus seinem Blick geraten. Selbst in den dunkelsten Momenten sind wir nicht vergessen. Auch der größte König ist im Vergleich zu Gott nur ein vergänglicher Mensch und, wie wir alle, eigentlich ein Hauch von Nichts (V. 4). Aber Gott will mit uns in Beziehung sein. Für ihn sind wir kostbar – unabhängig davon, wer wir sind und wie viel wir leisten oder wozu wir es gebracht haben. Wir sind mehr als die Summe unserer Lebensleistung. Es geht im Leben also nicht darum, etwas darzustellen und vorzuweisen, sondern darum, Gott zu vertrauen.

„Bei euch aber sind sogar die Haare auf dem Haupt alle gezählt."

Matthäus 10,30

Zeit des Erinnerns

Jesaja 63,7-14 **Montag. 9.**

Die Adventszeit ist eine Zeit der Verheißungen und erhöht die Vorfreude auf das Kommende. Doch Propheten wie Jesaja mahnen uns auch immer zur Erinnerung, weil wir Menschen leicht vergessen, dass Gott es ist, der unser Leben gelingen lässt. Ich will gedenken – so beginnt unser Abschnitt heute und ruft uns dazu auf, innezuhalten.

Ich will mich erinnern: an die Gnade Gottes, die er seinem Volk und uns immer wieder erwiesen hat. Daran, dass er sich selbst um uns kümmern will, weil wir ihm nicht egal sind. Daran, dass der Grund für unser Suchen und Fragen nach Gott wohl nur in unserer Widerspenstigkeit und Abkehr von ihm liegt (V. 10). Ich will mich daran erinnern, dass Gott wunderbar führt, auch durch die schwierigsten Situationen meines Lebens hindurch. Ich will mich erinnern – was mir wohl dazu alles einfällt?

Und er sprach: „Jesus, gedenke an mich, wenn du in dein Reich kommst!“ — *Lukas 23,42*

Gott hält mich aus

Jesaja 63,15–64,6 — **Dienstag, 10.**

Bitten, Vorwürfe, Klagen, Selbsterkenntnis, Verzweiflung, Hoffnung – all das steckt in diesem Gebet. Und wir fragen uns: Ist das fair, Gott für unsere eigenen Unzulänglichkeiten solche Vorwürfe zu machen? – Die lange Zeit in babylonischer Gefangenschaft hat mürbe gemacht. Jahrzehnte ohne Gebetserhörung gehen nicht spurlos an einem vorüber. Am Ende ruft keiner mehr nach Gottes Hilfe (64,6). – Wenn Erwartung in Verzweiflung umschlägt, wenn Geduld am Ende ist, dann geraten wir leicht in Gefahr, unseren Glauben zu verlieren. Doch bevor das passiert, dürfen wir Gott ruhig unsere ganze Verzweiflung entgegenschleudern. Gott hält das aus, weil Gott uns aushält – so lange schon. Gott hört unser Bitten und Flehen. Er kommt herab (64,2), aber nicht furchtbar, sondern mit all seiner Liebe für uns Menschen – in Jesus Christus, seinem Sohn!

„All eure Sorge werft auf ihn; denn er sorgt für euch.“ — *1. Petrus 5,7*

Dranbleiben im Gebet

Jesaja 64,7-11 — **Mittwoch, 11.**

Ich kenne Leute, die können mit dem Alten Testament nicht viel anfangen. Sie sagen: „Gott ist Liebe! Ein zorniger Gott mit all diesen grausamen Zerstörungen und den Strafen passt nicht in meine Vorstellung. Solch einen Gott brauche ich nicht!" Aber es ist ja nicht Gott, der diesen Zustand heraufbeschworen hat. Es ist doch unsere Schuld, dass wir alles – zuallererst unsere Beziehung zu Gott – zerstören! Wie sollte Gott da nicht zornig sein, dass seiner Hände Werk es schafft, alles in Schutt und Asche zu legen? Am Ende dieses Abschnitts hört das Fragen und Suchen nach Antworten nicht auf. Auch wenn alle sichtbare Nähe Gottes (wie damals der Tempel in Jerusalem) abhandengekommen ist. Auch wenn Gott scheinbar schweigt: Können wir so beharrlich dranbleiben und Gott in den Ohren liegen wie die Beter damals?

„Gott, schweige doch nicht! Gott, bleib nicht so still und ruhig!"
Psalm 83,2

Gott macht den kleinen Unterschied

Jesaja 65,1-10 **Donnerstag, 12.**

Auf all unsere Fragen und Klagen gibt Gott eine Antwort. Der vermeintlich stumme und verborgene Gott war und ist da und ist uns nah. Doch sein Volk hat in allem Wehgeschrei seine Stimme überhört und sich in seiner Ungeduld anderen Götzen zugewandt. Wie sollte Gott darauf in seiner Gerechtigkeit nicht zornig sein und entsprechend antworten? Doch auch wenn die große Mehrheit seines Volkes keinen Bezug mehr zu Gottes Wort und Weisungen hat, gibt selbst der letzte Tropfen Saft im Weinberg Gottes (vgl. V. 8 mit Jes 5,1-7) noch Hoffnung für alle. Gott erfüllt seine Verheißungen – letztendlich durch den Einen, der ihm gehorsam ist: Jesus Christus! Um dieses einen Gerechten willen gibt Gott uns nicht auf. Ist das nicht ein guter Grund, freudig auf sein Kommen zu warten und all unser Vertrauen auf ihn zu setzen?

Jesus spricht: „Ich bin der wahre Weinstock und mein Vater der Weingärtner."
Johannes 15,1

Fortsetzung folgt

Jesaja 65,17-25 **Freitag, 13.**

Wenn am Schluss eines dramatischen Films kein Happy End steht, lässt das den Zuschauer mit einem schlechten Gefühl zurück. Nun sind wir nicht nur Zuschauer, sondern Akteure im Film unseres Lebens, ja sogar dieser Weltgeschichte. Wünschen wir uns da nicht alle ein Happy End?

Die dramatischen Jahre in babylonischer Gefangenschaft gehen langsam zu Ende. Ein (vorerst) gutes Ende naht. Unser Text weckt Hoffnung auf die friedliche Zukunft in einer neuen, von Gott geschaffenen Welt. Kein Leid, kein Schmerz mehr. Leben in der Gegenwart Gottes, in der Wolf, Schaf und Löwe einander nichts mehr antun. Diese prophetische Vision steht allerdings (immer) noch aus. Das Happy End steht – an den Kapiteln davor sind wir selbst beteiligt. Wie sieht die Rolle meines Lebens aus: Nachfolger oder Gegenspieler des Hauptdarstellers?

„Wer durchhält und den Sieg erringt, wird dies alles besitzen. Ich werde sein Gott sein, und er wird mein Kind sein."

Offenbarung 21,7 (HfA)

Nicht schöner Schein, sondern echte Beziehung

Jesaja 66,1-4 **Samstag, 14.**

Gott blickt hinter den schönen Schein einer Frömmigkeit, die den wirklichen Kontakt mit ihm längst verloren hat. Der Opferbetrieb im Tempel wird deshalb kritisiert, weil es hier nicht um eine ehrliche Begegnung mit Gott, sondern um leere Rituale geht. In der Beziehung zu Gott kommt es aber nur auf eines an: dass wir ihm unser Leben anvertrauen. Gott will nicht den schönen Schein, sondern unser Herz. Wir kennen es wahrscheinlich aus unserem alltäglichen Leben anders: Hier wollen wir oft einen guten Eindruck bei anderen hinterlassen und zeigen darum nicht, wie es in uns wirklich aussieht. Bei Gott aber hat auch alles Platz, was zerbrochen und nicht in Ordnung ist. Und selbst aus dem, was bei uns bruchstückhaft ist, kann er etwas Gutes und Ganzes machen. Der erste Schritt dazu ist, dass wir beginnen, mit Gott ehrlich über unser Leben zu sprechen.

„Durch seine Wunden seid ihr heil geworden." *1. Petrus 2,24*

Wochenspruch
Bereitet dem HERRN den Weg; denn siehe, der HERR kommt gewaltig. *Jesaja 40,3.10*

Vergeben und vergessen

Psalm 130 **3. Adventssonntag, 15.**

Der Schreck fährt mir durch Mark und Bein – ich sitze vor dem Computer und das Dokument ist verschwunden, an dem ich gearbeitet hatte. Einfach gelöscht, trotz Autospeicherung. Psalm 130 wusste noch nichts von gelöschten Dokumenten, aber er spricht genau davon: dass gelöscht wird, was eigentlich sehr real ist: unsere Schuld. Das, was wir nicht gutmachen können und uns aber anhaftet wie eine zweite Haut. Gegen Schuld hilft nur Vergebung. Davon erzählt der Psalm. Gott löscht das, wovon wir eigentlich nicht loskommen. Im Neuen Testament wird deutlich: Gott selbst ist Mensch geworden, um am Kreuz unsere Schuld auf sich zu nehmen. Damit wir frei sind. Das Leben kann neu beginnen, wenn wir entdecken: Wir sind nicht festgelegt auf unsere Vergangenheit, weil Gott vergibt. Hier kann unsere Seele aufatmen.

„Siehe, das ist Gottes Lamm, das der Welt Sünde trägt!"
Johannes 1,29

Trostbedürftig

Jesaja 66,5-14 **Montag, 16.**

„Ich will euch trösten, wie einen seine Mutter tröstet". Wenn wir gute Erfahrungen mit der eigenen Mutter in uns tragen, haben wir

ein inneres Bild dafür, wie liebevoll Gott sich uns zuwendet. Wenn wir zwiespältige Erinnerungen haben, dann könnte dieses Bibelwort vielleicht für uns so formuliert werden: „Ich will dich trösten, weit besser als deine Mutter dies zu tun vermochte."
Gott tröstet. Damit ist uns ein Zweifaches gesagt. Das eine: Wir sind trostbedürftige Menschen und dürfen dies sein. Wir brauchen nicht zu denken, dass wir alles im Leben tapfer ertragen müssten. Das andere: Gott kümmert unser Leben. Keine Träne übersieht er. Er tröstet, indem er uns nahekommt. Mit nichts lässt er uns allein. Da mag nicht alles gut werden im Leben, aber in der tiefsten Tiefe ist er da. Bis er uns dann in der Ewigkeit in die Arme schließen wird.

„Und Gott wird abwischen alle Tränen von ihren Augen."

Offenbarung 21,4

Jahreslosung 2024

„Alles, was ihr tut, geschehe in Liebe" (1. Korinther 16,14)

Nicht so einfach …

Ein guter Satz. Ein sehr guter Satz. Wenn jeder nur so handeln würde, dann… Halt! Sollte es wirklich so einfach sein? Einfach lieben und dann entsprechend handeln? Aber was heißt hier „Liebe"? Grenzenloses Wohlwollen? Emotionale Zuneigung? Alles verzeihen, alles vergeben, alles vergessen? Vielleicht sollte man Liebe nicht so einfach definieren – sie nicht zuerst in der Sprache und dann im Handeln begrenzen.
Vielleicht ist Liebe hier einfach das Gespür dafür, was der oder die andere braucht, was ihm guttut, was ihr hilft zu leben, was ihn beglückt. Die Sensibilität für den Menschen vor mir. Die Zuneigung, die dadurch entsteht, dass ich ihn als Mensch wahr-

nehme, mit seinen Ängsten, Hoffnungen, Grenzen und Möglichkeiten – und dann entsprechend handle.
Da muss ich schon mal jemanden zur Seite schubsen, der sich selbst im Weg steht. Worte, die etwas schärfer sind als gewohnt. Die Selbstzweifel wecken, wo grenzenlose Selbstsicherheit einen Menschen in sich selbst einsperrt. Eine raue Liebe – aber eine Liebe, die zum Leben hilft.
Da muss ich schon mal jemanden zurückbegleiten, die sich in den schier unendlichen Möglichkeiten des Lebens verlaufen hat. Muss im Gespräch bleiben, mit ihm auf dem Weg sein. Geduldig zuhören. Widersprechen, wo es nötig ist. Wegweiser gemeinsam entschlüsseln. Eine langwierige Liebe – aber eine Liebe, die das Leben klärt.
Da muss ich mich schon mal zu jemandem setzen, der gestürzt ist. Ob aus eigenem Verschulden oder unverschuldet, ist egal. Ich muss dem Impuls widerstehen, ihn oder sie sofort aufzurichten, um weiterzumachen wie bisher. Liebe kann heißen, Menschen nahe zu bleiben, die plötzlich mit sich selbst konfrontiert sind, sich vor sich selbst erschrecken und liegen bleiben wollen. Eine mühsame Liebe – aber eine Liebe, die das Leben vertieft.
Es ist nicht unbedingt einfach, alles, was wir tun, aus Liebe geschehen zu lassen. Dazu ist das Leben zu vielfältig und damit die Liebe zu vielförmig. Aber es bereichert das Leben. Für den, der geliebt wird – aber auch für den, der liebt. (HN)

Harte Worte und tiefe Sehnsucht

Jesaja 66,15-24 — **Dienstag, 17.**

Es sind harte Worte, mit denen das Jesajabuch endet: Gott spricht ein scharfes Urteil über die, die sich von ihm abwenden. Zugleich erzählt Jesaja von einer Sehnsucht: dass Gott eine neue Welt schaffen wird, in der wir in Gemeinschaft mit ihm leben. In aller Dramatik von Gottes Urteil klingt eine Hoffnung an: dass Gott rettet und diese Rettungsbotschaft überall verkünden lässt. Jesaja konnte nicht ahnen, dass Gott selber Mensch wird, um eine verlorene Welt zu retten. Gott setzt alles ein, um die zu retten, die sich abwenden. Wie seine Liebe und das harte Gerichtsurteil zusammenpassen, können wir getrost Gott überlassen. Uns bleibt, ihm zu vertrauen und mit dem, was wir sagen und wie wir leben, von der Retterliebe Gottes zu erzählen.

„Denn also hat Gott die Welt geliebt, dass er seinen eingeborenen Sohn gab, auf dass alle, die an ihn glauben, nicht verloren werden, sondern das ewige Leben haben." *Johannes 3,16*

Korrekt informiert!

Lukas 1,1-17 **Mittwoch, 18.**

Lukas ist wichtig, dass die Menschen die Wahrheit über das Evangelium erfahren. Er beginnt mit der Geschichte von Zacharias und Elisabeth, einem tiefgläubigen Ehepaar, das ein ganz gewöhnliches Leben führt. Dieses Ehepaar wird nach langer kinderloser Zeit endlich einen Sohn bekommen, den sie Johannes nennen sollen. In einer Kultur, in der kinderlose Frauen nicht sehr geachtet waren, ist das eine dramatische Wende. Johannes hat einen klaren Auftrag: viele der Israeliten – nicht alle – in eine erneuerte Beziehung zu Gott einzuladen. Gott wirkt durch ganz normale Menschen, die sich mit halbherzigem Glauben und Hingabe für Gottes Pläne bereithalten. Was Lukas berichtet, ist wahrhaftig die Geschichte von Gott, der Welt und jedem von uns. Wir sind eingeladen, diese zu lesen.

„Und er wird viele der Israeliten zu dem Herrn, ihrem Gott, bekehren."
Lukas 1,16

Neuanfang durch Gott

Lukas 1,18-25 **Donnerstag, 19.**

Wir bekommen Einblick in Gottes Absichten und Zusagen. Gott hat lange geschwiegen, aber jetzt fängt er neu an. Obwohl es um die ganze Welt geht, werden die Bedürfnisse der ganz normalen Menschen nicht vergessen. Zacharias braucht ein Zeichen, das ihm hilft zu glauben. Menschlich gesprochen hat er ja gute Gründe skeptisch zu sein. Wir können den Engel Gabriel vor uns sehen, wie er Zacharias zurechtweist. Zacharias Kleinglaube ist für den Engel unglaublich. Zacharias bekommt das Zeichen als Strafe. Mit Zeichen und Gesten muss er nun beschreiben, was ihm passiert ist. Wie würden wir, nur mit Gesten, beschreiben, dass uns ein Engel begegnet ist? Mit ihrer Schwangerschaft zieht sich Elisabeth erst einmal zurück. Maria soll eben die Erste sein, die diese bedeutende Schwangerschaft, mit der Gott neu anfängt, bewundern darf.

„Und Zacharias sprach zu dem Engel: Woran soll ich das erkennen?"
Lukas 1,18

Gott kommt

Lukas 1,26-38 Freitag, **20.**

Die Treue Gottes fängt erneut mit einer Geburt an. Wir halten es heute für unmöglich, dass Jesus in Marias Bauch gezeugt wurde, bevor sie jemals sexuellen Verkehr hatte. Und doch wird die Geschichte von den Evangelisten Lukas und Matthäus unabhängig voneinander berichtet. Es scheint der jungen Kirche von großer Wichtigkeit zu sein, dass der göttliche Ursprung Jesu bezeugt wird, dass Gott der Vater Jesu ist. Sein Titel lautet „Sohn", seine Funktion ist das „Herrschen", sein Reich ist räumlich begrenzt, aber zeitlich unendlich. Auf die Berufung von Gott durch den Engel Gabriel gibt Maria die vorbildliche Antwort: „Hier bin ich!" Wir sollten nicht unberührt bleiben angesichts dieses göttlichen Retters und sind eingeladen, wie Maria, den Ruf Gottes zu hören und unsere Berufung anzunehmen.

„Maria aber sprach: Siehe, ich bin des Herrn Magd; mir geschehe, wie du gesagt hast."
Lukas 1,38

Gott ist der Grund zu feiern

Lukas 1,39-56 **Samstag, 21.**

Die Begegnung mit Elisabeth führt Maria in den Lobpreis. In ihrem Lied geht es um Gott und um eine Revolution. Gott hat die Initiative ergriffen, Gott der Herr, der Retter, der Heilige, der Gnädige und Treue. Nahezu jedes Wort in ihrem Lied ist ein Zitat des Alten Testaments. Dieses Lied ist Evangelium vor dem Evangelium. Ja, Gott bringt Menschen zusammen und in Bewegung. Dabei bedient er sich nicht nur der Worte, sondern auch der Sprache des Körpers. Der Segen Gottes ist zuerst Wort – aber als Wort Gottes zugleich auch Kraft. Denken wir daran, wenn wir Menschen segnen? Lukas beginnt sein Evangelium mit dem Segen für Maria und Jesus und endet mit dem Segen für die Jünger durch den Auferstandenen. Wir können das Gebet Marias im Glauben mitbeten, dass die Umkehr der Verhältnisse schon begonnen hat. Wir sind eingeladen, gegen Unterdrückung einzutreten und so Jesus ernst zu nehmen.

„Gesegnet bist du.“ *Lukas 1,42*

Wochenspruch

Freuet euch in dem Herrn allewege, und abermals sage ich: Freuet euch! Der Herr ist nahe! *Philipper 4,4.5b*

Es ist nicht alles gut

Psalm 102 **4. Adventssonntag, 22.**

In unserem Umfeld kennen wir Menschen, die schwer krank sind. Der Psalmbeter ist es auch. Eindringliche Bilder schildern seine körperlichen und seelischen Leiden. Gott ist ihm rätselhaft, er ringt darum, dass Gott ihm nicht abhandenkommt. Er wünscht sich, was wir uns alle für unsere Gebete wünschen: dass Gebete von Gott teilnahmsvoll wahrgenommen, geduldig gehört und beantwortet werden. Gerade wenn die Not ein schier unerträgliches Maß erreicht hat. Der Beter will Gott glauben, dass er sein

Leid beseitigen kann, dass er das zerstörte Jerusalem, das jetzt in Schutt und Asche liegt, wieder aufleben lässt. Menschliches Leben ist ein Sein – zum Tod. Die Lebenszeit ist begrenzt. Dies legt er Gott vor die Füße und überlässt es Gott, die richtigen Schlussfolgerungen zu ziehen. Gott kann Verhältnisse mühelos verändern.

„Und der auf dem Thron saß, sprach: Siehe, ich mache alles neu!"
Offenbarung 21,5

Überraschende Namensgebung

Lukas 1,57-66 **Montag, 23.**

Ein wichtiger Tag im Leben eines Neugeborenen: Mit der Beschneidung wird er in das Volk Gottes aufgenommen – und mit der Namensgebung wird er als unverwechselbare Person angesprochen. Selbstverständlich wird der erste Sohn von Zacharias wie sein Vater heißen. Er soll ja fortsetzen, was schon sein Vater gewesen war: ein Priester am Tempel in Jerusalem. Zacharias bedeutet: „Der Herr hat sich meiner erinnert." Ein guter Name für einen Priester. Doch die Mutter, Elisabeth, erhebt Einspruch: „Johannes" soll ihr Sohn heißen – „Gott ist gnädig" (V. 60). Und auch der herbeigerufene Vater bestätigt diese für seine Sippe ungewöhnliche Namenswahl (V. 63). Denn beiden ist klar, dass Gott durch ihren Sohn etwas Neues beginnen wird: Johannes wird der Wegbereiter des Messias sein. Der neue Name weist auf Gottes Neuanfang hin.

„HERR, zeige uns deine Gnade und gib uns dein Heil!" *Psalm 85,8*

In der Schlüsselposition

Lukas 1,67-80 **Heiligabend, 24.**

Worte eines stolzen Vaters. Er sieht eine prächtige Zukunft für seinen Sohn. Doch nicht Heldentaten werden Johannes auszeichnen. Er wird der Wegbereiter Gottes sein (V. 76), indem er Gottes Volk auf Gottes Heilsbringer, den Messias, vorbereitet. Er wird dem Volk die Vergebung der Sünden vermitteln (V. 77) und so die Barmherzigkeit Gottes für sein Volk erfahrbar machen (V. 78). Auch wenn Johannes nicht selbst „das aufgehende Licht aus der Höhe ist“ (V. 78), wird doch durch ihn dieses Licht Gottes, der Messias, heller erstrahlen. Johannes, den man später den „Täufer“ nennen wird, hat eine Schlüsselstelle im Heilsplan Gottes.

„Bereitet den Weg des Herrn, macht seine Steige eben!“ *Lukas 3,4*

Kein Platz für Gottes Sohn

Lukas 2,1-14 **1. Weihnachtstag. 25.**

Keine Idylle, sondern ein raues, aber vertrautes Geschehen. Eine Geburt im Stall war nicht ungewöhnlich, aber auch nicht alltäglich. Wer hochschwanger unterwegs ist, musste schon mit solchen Umständen rechnen. Doch zugleich wird es eng für das Neugeborene, „denn sie hatten sonst keinen Raum in der Herberge“ (V. 7). Für die Bedeutung, die dem Kind zuvor zugesprochen wurde (1,32), sind die Umstände seiner Geburt doch sehr beengt. „Kein Raum“ für jemanden, der „Sohn Gottes“ genannt wird (1,35)! Mit so einem Detail gelingt es dem Evangelisten Lukas die Spannung anzuzeigen, die sich durch das Leben von Jesus Christus ziehen wird: Die Menschen haben keinen Platz für den, der ihnen den Zugang zu Gott öffnen wird.

„Euch ist heute der Heiland geboren.“ *Lukas 2,11*

Zwei Resonanzräume

Lukas 2,15-20 **2. Weihnachtstag. 26.**

Das Wort von dem Kind, dem Heiland der Welt, klingt in zwei Resonanzräumen nach.

Zuerst in der Weite der vielen Hörer, der Hirten (V. 17): „Euch ist heute der Heiland geboren.“ Alle sollen, ja müssen es hören, denn es ist ja ihr Heiland, ihr Retter. Und es braucht Menschen, wie die Hirten, die weitersagen, was sie selbst empfangen haben.

Der zweite Resonanzraum des Wortes Gottes ist das Herz der Maria (V. 19). Während die Hirten das Wort ausbreiten, „behält" Maria es für sich und „bewegt es" in ihrem Herzen. Sie muss es erst noch begreifen. Die tiefe Wahrheit dieses Satzes erschließt sich eben nicht nur in der bloßen Weitergabe.
Beide Resonanzräume sind wichtig, damit die Menschen Gottes Wort hören und verstehen.

„Und diese Worte, die ich dir heute gebiete, sollst du zu Herzen nehmen."
5. Mose 6,6

Erfüllte Zeit

Lukas 2,21-24 **Freitag, 27.**

Welch ein Kameraschwenk: Eben noch richtete sich unser Blick auf eine wundersame Weihnacht, bei der Himmel und Erde völlig aus den Fugen geraten. Nun begegnet uns wieder der normale Alltag mit seinen gewohnten Abläufen. Jesus wird nach den geltenden religiösen Gepflogenheiten in das System eingegliedert, wie Millionen andere Neugeborene auch. Dabei gäbe es genügend Gründe, von diesen Standards abzuweichen. Jesus selbst wirkt in diesem Geschehen beinahe wie ein Objekt. Es sind andere, die handeln. Und dennoch stellt er sich auch in diesem Akt Gott und den Menschen ganz zur Verfügung. Er wird in aller Größe und in aller Schwachheit erfüllen, was sein Name verheißt: Gott rettet.

„Als aber die Zeit erfüllt war, sandte Gott seinen Sohn, geboren von einer Frau und unter das Gesetz getan, auf dass er die, die unter dem Gesetz waren, loskaufte, damit wir die Kindschaft empfingen."
Galater 4,4f.

Das Leben erwarten

Lukas 2,25-35 **Samstag, 28.**

Ein alter Mann in Wartestellung. Unruhig, unzufrieden. Lange schon leidet er unter den Umständen, die früher auch nicht besser waren. Doch er wartet nicht auf den Tod, er wartet auf das Leben. Simeon weiß, dass es mehr braucht als ein paar Neuerungen: eine echte Zeitenwende – für ihn selber, für sein Volk, für die ganze Welt! Geistesgegenwärtig erkennt er im Jesuskind das Heil und greift buchstäblich zu. Es ist ein Eingriff in das Leben Jesu. Er wird herausgegriffen aus vielen Neugeborenen, die dort im Tempel beschnitten wurden, und wird in die Heilsgeschichte Gottes für sein Volk hineingenommen. In diesem Bewusstsein erfasst Simeon Jesus und wird von ihm erfasst. Freudig erkennt er, wie sein Leben nun ans Ziel gekommen ist.

„Denn meine Augen haben deinen Heiland gesehen.“ *Lukas 2,30*

Wochenspruch

Und wir sahen seine Herrlichkeit, eine Herrlichkeit als des eingeborenen Sohnes vom Vater, voller Gnade und Wahrheit.
Johannes 1,14 b

Eine Welt in Aufruhr

Psalm 2 **Sonntag, 29.**

Auch dieser Text erzählt die Geschichte von Weihnachten. Aber von stiller Nacht, heiliger Nacht ist nichts zu spüren. Eine weltumspannende Koalition der Aufmüpfigen hat sich gebildet. Eine Gesellschaft, die nach Unabhängigkeit strebt und die Bindung zu Gott ablehnt. „Warum das denn?“, fragt der Psalmist erstaunt. Verliehene Macht verpflichtet doch zur Verantwortung. Viele unserer Warum-Fragen haben ihren Ursprung in der Rebellion gegen Gott. Doch menschliches Autonomie- und Imponiergehabe wirkt aus Gottes Sicht wie ein lächerlicher Zwergenaufstand. Demgegenüber setzt er einen Neuanfang mit seinem Sohn. Hier begegnet uns mehr als das Kind in der Krippe oder der Gekreuzigte und der Auferstandene. Er ist ebenso der von Gott eingesetzte Weltenrichter und Weltenherrscher. Glücklich, wer sich an ihn bindet.

„Ehre sei Gott in der Höhe und Friede auf Erden bei den Menschen seines Wohlgefallens.“ *Lukas 2,14*

Eine Frau muss reden

Lukas 2,36-40 **Montag, 30.**

Verliebt – verlobt – verwitwet. Vermutlich war sie Mitte 20, als der Traum zu Ende war. Sie musste reden. Mit Gott. So wurde Hanna zu einer Frau des Gebets. Die Erfahrung der Not hat sie sensibel gemacht für andere. Sie wurde Teil des Netzwerks der Wartenden, der Hoffenden, der Nicht-Aufgebenden. Mit Gott in Verbindung stehen, reden und hören, Einblick gewinnen in Gottes Wirklichkeit – Hanna wurde zur Prophetin. Inzwischen gehört sie im Tempel zum Inventar. Uralt und dennoch voller Hoffnung trifft sie auf das Jesuskind und erkennt in ihm den Erlöser. Und wieder muss sie reden. Was sie sagt, ist nicht überliefert. Hanna ist keine Frau der Worte, sondern der Inhalte. Gott zu loben und die Menschen auf Jesus hinzuweisen ist ihre Botschaft. So wird sie zur ersten christlichen Influencerin.

„Wir können's ja nicht lassen, von dem zu reden, was wir gesehen und gehört haben.“ *Apostelgeschichte 4,20*

Zu Hause bei Gott

Lukas 2,41-52 **Silvester, 31.**

Helikoptereltern waren Maria und Josef wahrlich nicht. Bisher war Jesus ja auch auffallend verständig gewesen. Und nun das. Eigentlich hätten sie es nach dieser Vorgeschichte mit Engelsgesang und Prophezeiungen ahnen können. Doch die Anforderungen des Alltags sind auch bei ihnen so stark, dass das Göttliche aus dem Blick gerät. So möchte ich am Ende des Jahres von Jesus lernen: einfach mal innehalten, nicht hinterherkommen müssen und den Erwartungen anderer nacheilen. Aussetzen dürfen. Einen Platz haben und in Gottes Gegenwart bleiben. Fragen dürfen. Endlich verstehen und verstanden werden. Bei Gott zu Hause sein. Erkennen: Ich bin sein geliebtes Kind. Und dann wieder hinausgehen, um so gestärkt Gott und den Menschen zu dienen.

„Die gepflanzt sind im Hause des HERRN, werden in den Vorhöfen unseres Gottes grünen. Und wenn sie auch alt werden, werden sie dennoch blühen, fruchtbar und frisch sein." *Psalm 92,14f.*

Gebete, Meditationstexte und Segenszusprüche

Luthers Morgensegen

Das walte Gott Vater, Sohn und Heiliger Geist! Amen.
Ich danke dir, mein himmlischer Vater, durch Jesus Christus, deinen lieben Sohn, dass du mich diese Nacht vor allem Schaden und Gefahr behütet hast, und bitte dich, du wollest mich diesen Tag auch behüten vor Sünden und allem Übel, dass dir all mein Tun und Leben gefalle. Denn ich befehle mich, meinen Leib und Seele und alles in deine Hände. Dein heiliger Engel sei mit mir, dass der böse Feind keine Macht an mir finde. Amen.

Morgengebet

Du willst mich früh umhüllen
mit Deinem Wort und Licht,
verheißen und erfüllen,
damit mir nichts gebricht;
willst vollen Lohn mir zahlen,
fragst nicht, ob ich versag.
Dein Wort will helle strahlen,
wie dunkel ist der Tag.
(Jochen Klepper, 1903–1942)

Bitte um Vergebung

HERR, höre mein Gebet, vernimm mein Flehen!
Du bist doch treu und schenkst Rettung, bitte antworte mir!
Geh nicht ins Gericht mit mir, deinem Diener
– vor dir könnte doch kein Mensch bestehen.

Ich strecke meine Hände zu dir aus,
meine Seele dürstet nach dir wie dürres Land nach Wasser.
Erhöre mich rasch, HERR,
ich verzehre mich vor Verlangen nach deiner Hilfe.
Verbirg dein Angesicht nicht vor mir,
sonst gleiche ich denen, die sterben und unter die Erde kommen.

Lehre mich, so zu handeln, wie du es willst;
denn du bist mein Gott. Dein guter Geist führe mich wieder über ebenes Land.
(aus Ps. 143, nach NGÜ)

Jesus sprach: „Ich verurteile dich auch nicht; du darfst gehen. Sündige von jetzt an nicht mehr!“
(Joh 8,11, NGÜ)

Gebet um Vertrauen
Auferstandener Christus, wenn wir die leise Sehnsucht verspüren, deine Liebe zu empfangen, dann entzündet sich zutiefst in uns eine Flamme. Der Heilige Geist hält sie am Brennen; mag sie auch flackern, sie wird nicht verlöschen. Und wenn wir begreifen, dass du uns liebst, wird das Vertrauen des Glaubens in uns zum Lied.
(Taizé)

Sehnsucht (Fürbitte)
Sehnsucht
streckt sich und reckt sich
und dehnt unser Leben

Sehnsucht
weitet die Seele
und tut manchmal weh

Sehnsucht
wird oft erstickt
weil sie schmerzt

Sie verbindet uns
mit dem Leben
Mit dem
was werden
und sich entfalten will

Zu dir schauen wir hin
voller Erwartung, o Gott
Still du unsere Sehnsucht
Den Hunger nach Leben

Schaff Recht, wo sonst Willkür herrscht
und beende die Macht der Gewalt
Nimm den quälenden Hunger weg
und die Armut in unserer Welt

Gib Rückgrat allen
die es so dringend brauchen
Und Schutz
den Schutzbedürftigen

Öffne uns die Augen
für das, was kostbar ist
für das Leben
und für dich, o Gott

Reiner Knieling
(nach Psalm 145,15-16 + 146.5-9, aus: Rainer Knieling, Kraftworte. © 2021, adeo-Verlag in der SCM Verlagsgruppe GmbH, Asslar. Abdruck mit freundlicher Genehmigung.)

Fürbitte konkret

(In die Lücken bitte einen Namen aus dem Bekanntenkreis einsetzen)

Lieber Vater, schenke heute _______________ viele schöne Begegnungen.

Herr Jesus, bitte gib _______________ den Mut, heute unangenehme Sachen anzupacken.

Heiliger Geist, ich bitte dich, dass Du _______________ auf ihren Wegen beschützt.

Lieber Vater, schenke heute _______________ Kraft für seinen Arbeitstag.

Herr Jesus, bitte gib ______________ heute einen fröhlichen Tag.
Heiligen Geist, ich bitte dich, versorge ______________ mit viel Geduld für ihre Aufgaben.
Lieber Vater, mache mich aufmerksam für meinen Nächsten.
Herr Jesus, bitte schenke mir Liebe für meine Feinde.
Heiliger Geist, mache mich zum Werkzeug Deines Friedens. Amen.
(Ronald Rosenthal)

Gebet in besonderer Not

Herr Gott,
großes Elend ist über mich gekommen.
Meine Sorgen wollen mich erdrücken
ich weiß nicht ein noch aus.
Gott, sei gnädig und hilf
Gib Kraft zu tragen, was du schickst.
Lass die Furcht nicht über mich herrschen.
Sorge du väterlich für die Meinen,
besonders für Frau und Kinder,
schütze sie mit deiner starken Hand
vor allem Übel und vor aller Gefahr.
Barmherziger Gott,
vergib mir alles, was ich an dir
und an Menschen gesündigt habe.
Ich traue deiner Gnade
und gebe mein Leben ganz in deine Hand
Mach du mit mir,
wie es dir gefällt und wie es gut für mich ist.
Ob ich lebe oder sterbe,
ich bin bei dir und du bist bei mir, mein Gott.
Herr ich warte auf dein Heil und auf dein Reich.
Amen
(Dietrich Bonhoeffer)

Tischgebet

Guter Gott, bevor wir essen und trinken
Wollen wir innehalten.

Segne alle, denen wir dieses Mahl verdanken:
Den Bauern, den Müller und den Bäcker,
die Lastwagenfahrerin, den Verkäufer,
alle, die kochen und den Tisch decken.
Erfülle alles, was wir essen, mit deinem Leben.
Lass uns dich erkennen,
du guter Gott.
Amen

Segen
Der Herr segne
deinen ersten und deinen letzten Tag.
Er segne die Stunden, die er dir schenkt.
Was du berührst, was du hörst,
was du siehst, was du redest,
soll gesegnet sein.
Der Herr halte dich in seinen Händen,
seinen Augen und seinem Herzen –
an diesem und an allen Tagen deines Lebens.
(aus Irland)

Segen
Gott, segne die Erde, auf der ich stehe.
Gott, segne den Weg, den ich gehe.
Gott, segne das Ziel meines Lebens.
Gott, du bist immer da, immer wachsam,
so segne mich, wenn ich ruhe.
Segne mich, wie du es willst.
Segne mich mit deiner Liebe.
Segne meine Hoffnung in dir.
Du bist der König der Könige,
Herr aller Herren.
Blicke stets gnädig auf mich.
(Patrick von Irland zugeschrieben, 5. Jh.)

Abendgebet

Ich liege, Herr, in Deiner Hut
Und schlafe ganz mit Frieden:
Dem, der in Deinen Händen ruht,
ist wahre Rast beschieden.
Dein starker Arm ist ausgereckt,
dass Unheil mich verschone
ich, was auch den Schlaf noch schreckt,
beschirmt und sicher wohne.
(Jochen Klepper, 1903–1942)

Luthers Abendsegen

Das walte Gott Vater, Sohn und Heiliger Geist! Amen
Ich danke dir, mein himmlischer Vater, durch Jesus Christus, deinen lieben Sohn, dass du mich diesen Tag gnädiglich behütet hast, und bitte dich, du wollest mir vergeben alle meine Sünde, wo ich Unrecht getan habe, und mich diese Nacht auch gnädiglich behüten. Denn ich befehle mich, meinen Leib und Seele und alles in deine Hände. Dein heiliger Engel sei mit mir, dass der böse Feind keine Macht an mir finde. Amen.

Mitarbeiter „Termine mit Gott 2024“

Alle Autorinnen und Autoren, deren Namen mit einem * versehen ist, sind unter **terminemitgott@brunnen-verlag.de** erreichbar.

Paul Ulrich Lenz*	1. Januar
Matthias Flaßkamp, matthias.flasskamp@vg-sh.de	2.–5. Januar
Rita Grundmüller*	6. Januar
Paul Ulrich Lenz*	7. Januar
Rita Grundmüller*	8.–10. Januar
Veit-Sebastian Dietrich, vs.dietrich@googlemail.com	11.–14. Januar
Alena Dörr, alena.doerr@brunnen-verlag.de	15.–18. Januar
Andreas Schmierer, andreas.schmierer@t-online.de	19.–20. Januar
Paul Ulrich Lenz*	21. Januar
Andreas Schmierer, andreas.schmierer@t-online.de	22.–23. Januar
Dr. Andreas Scheuermann, andy.scheuermann@gmx.de	24.–27. Januar
Paul Ulrich Lenz*	28. Januar
Jens Märker, jens.maerker@evlks.de	29. Januar–1. Februar
Dr. Jörg Kailus, njkailus@web.de	2.–3. Februar
Paul Ulrich Lenz*	4. Februar
Dr. Jörg Kailus, njkailus@web.de	5.–7. Februar
Uwe Bertelmann*	8.–11. Februar
Bernd Kisse, bkisse@freenet.de	12.–15. Februar
Markus Nietzke, markus.nietzke@web.de	16.–17. Februar
Michael Stollwerk *	18. Februar
Markus Nietzke, markus.nietzke@web.de	19.–21. Februar
Carola Zucht*	22.–25. Februar
Dr. Christoph Morgner, christoph.morgner@gmx.de	26.–29. Februar
Dr. Jörg Kailus, njkailus@web.de	1.–5. März
Sandra Herrendörfer-Pick, s.herrendoerfer@gmx.de	6.–10. März
Valentin Späth*	11.–15. März
Thomas Sczigiol, thomas.sczigiol@brunnen-verlag.de	16. März
Michael Stollwerk*	17. März
Thomas Sczigiol, thomas.sczigiol@brunnen-verlag.de	18.–21. März
Hartmut Völkner, voelkner.h@t-online.de	22.–23. März
Matthias Hennemann, hennemann@egfd.de	24. März
Hartmut Völkner, voelkner.h@t-online.de	25.–27. März
Stefan Loss, stefan.loss@brunnen-verlag.de	28. März–1. April
Matthias Hennemann, hennemann@egfd.de	2.–4. April

Sebastian Rink, mail@sebastianrink.de	5.–8. April
Tilo Benner*	9.–13. April
Daniel Trick*	14.–18. April
Alfred Preuß, alfred.preuss@heilsarmee.de	19.–22. April
Christine Adolphs, christine.adolphs@freenet.de	23.–26. April
Manfred Heinzelmann, manfred-bernd.heinzelmann@t-online.de	27.–30. April
Carola Kieker, carola.kieker@t-online.de	1.–4. Mai
Michelle Rath, michelle.rath@gmx.de	5.–8. Mai
Harald Orth, harald.orth@feg-wiesbaden.de	9.–12. Mai
Marion Kuhn*	13.–16. Mai
Ronald Rosenthal, ronald.rosenthal@cvjm-pfalz.de	17.–20. Mai
Dr. Ingeborg Schüler, ingeborgschueler@arcor.de	21.–24. Mai
Sabine Schmalzhaf-Sievers, sabineschmalzhaf@gmx.de	25.–28. Mai
Dr. Jörg Kailus, nj.kailus@web.de	29. Mai–1. Juni
Laura Müller*	2.–5. Juni
Wolfgang Kraska, wolfgang.kraska@feg.de	6.–9. Juni
Mareike Kießling*	10.–13. Juni
Michael Stollwerk*	14.–16. Juni
Christa Albrecht, Christa.Albrecht@elkw.de	17.–21. Juni
Michael Götz, goetz@cvjm-bayern.de	22.–26. Juni
Albrecht Kaul, albe.kaul@web.de	27. Juni–1. Juli
Matthias Kerschbaum, matthias.kerschbaum@cvjmbaden.de	2.–6. Juli
Frank Weber, weber@cvjm-hochschule.de	7.–11. Juli
Dr. Roland Werner, rw@rolandwerner.de	12.–16. Juli
Holger Noack, holger-noack@unitybox.de	17.–25. Juli
Martin Schrott, m.schrott@die-apis.de	26.–30. Juli
Dr. Ulrike Treusch, Treusch@fthgiessen.de	31. Juli–3. August
Friedemann Kretzer, friedemann.kretzer@web.de	4. August
Dr. Ulrike Treusch, treusch@fthgiessen.de	5. August
Joakim Noack*	6.–10. August
Markus Laber*	11.–14. August
Friedemann Kretzer, friedemann.kretzer@web.de	15.–17. August
Georg Klein*	18.–21. August
Andreas Lötzer, andi.loetzer@kabelmail.de	22.–24. August
Roman Kunze*	25. August
Andreas Lötzer, andi.loetzer@kabelmail.de	26.–27. August
Roman Kunze*	28.–31. August
Holger Noack, holger-noack@unitybox.de	1. September
Oliver Battram*	2.–6. September
Dr. Friedmann Eißler, Friedmann.Eissler@elkw.de	7.–11. September

Matthias Kaden*	12.–15. September
Hartmut Bärend, hfb74@aol.com	16.–19. September
Dr. Tobias Eißler, Tobias.Eissler@elkw.de	20.–24. September
Matthias Rapsch, matthias.rapsch@promission-deutschland.de	25.–28. September
Denis Werth, d.werth@cvjm-westbund.de	29. September–2. Oktober
Christoph Wolf*	3.–6. Oktober
Dr. Malte Schilling, malteschilling@gmail.com	7.–10. Oktober
Dr. Klaus Schulz*	11.–15. Oktober
Martin Stäbler*	16.–19. Oktober
Holger Blaskowski, mail@blaskowski.de	20.–24. Oktober
Hansjörg Kopp, kopp@cvjm.de	25.–26. Oktober
Ralf Albrecht, praelatur.heilbronn@elk-wue.de	27. Oktober
Hansjörg Kopp, kopp@cvjm.de	28.–29. Oktober
Ralf Albrecht, albrecht@evang-kirche-nagold.de	30. Oktober–1. November
Norbert Held, norbert.held@web.de	2.–5. November
Matthias Büchle, m.buechle@cvjm-westbund.de	6.–8. November
Cornelia Fastner-Boß, conny.fastner-boss@cvjm-lippe.de	9. November
Matthias Büchle, m.buechle@cvjm-westbund.de	10. November
Cornelia Fastner-Boß, conny.fastner-boss@cvjm-lippe.de	11.–13. November
Gunder Gräbner, gundergraebner@lkgsachsen.de	14.–17. November
Dr. Eberhard Hahn, e.fritz.hahn@gmail.com	18.–23. November
Denis Werth, d.werth@cvjm-westbund.de	24. November
Tobias Liebmann, t.liebmann@cvjm-westbund.de	25.–28. November
Tobias Hoffmann, hoffmann.tobias@gmail.com	29. November–3. Dezember
Burkhard Hesse, burkhard.hesse@ewe.net	4.–7. Dezember
Cornelius Kuttler, cornelius.kuttler@ejwue.de	8. Dezember
Reiner Kutsche*	9.–13. Dezember
Cornelius Kuttler, cornelius.kuttler@ejwue.de	14.–17. Dezember
Jürgen Kehrberger, juergen.kehrberger@web.de	18.–22. Dezember
Holger Noack, holger-noack@unitybox.de	23.–26. Dezember
Gaby Schrott, m.schrott@die-apis.de	27.–31. Dezember

Redaktionelle Texte:

HN	Holger Noack
JK	Dr. Jörg Kailus
UB	Uwe Bertelmann

Bibelstellenregister

Abkürzungen

E	Einheitsübersetzung der Heiligen Schrift © 2016 Katholische Bibelanstalt, Stuttgart.
GNB	Gute Nachricht Bibel, durchgesehene Neuausgabe, © 2018 Deutsche Bibelgesellschaft, Stuttgart.
HfA	Hoffnung für alle®, © 1983, 1996, 2002 by Biblica Inc.™. Alle weiteren Rechte weltweit vorbehalten. Verwendet mit freundlicher Genehmigung von 'fontis – Brunnen Verlag Basel.
Kap.	Kapitel
LUT 84	Lutherbibel, revidierter Text 1984, durchgesehene Ausgabe, © 1999 Deutsche Bibelgesellschaft, Stuttgart.
NGÜ	Neue Genfer Übersetzung – Neues Testament und Psalmen, Copyright © 2011 Genfer Bibelgesellschaft.
SLT	Schlachter-Übersetzung. Copyright © 2000 Genfer Bibelgesellschaft.
V.	Vers